Jochen Schmidt

Politische Brandstiftung

Warum 1992 in Rostock
das Ausländerwohnheim
in Flammen aufging

Mit einem Nachwort von
Prof. Reinhard Kühnl, Marburg

edition ost

Für Katja
und alle, die in dieser Nacht
zu engen Freunden geworden sind

Das Buch

Die Bilder aus Rostock-Lichtenhagen gingen Sommer 1992 um die Welt. Vor einer Asylbewerberaufnahmestelle und einem Ausländerwohnheim tobte tagelang der Mob. Die Polizei reagierte hilflos, die Politik schien gleichfalls gelähmt.
Der damals hinter vorgehaltener Hand geäußerte Verdacht, die Eskalation sei gewollt gewesen, die in Land und Bund regierende CDU habe das Problem nur zuspitzen wollen, um Mehrheiten auf der Straße und im Parlament für die von ihr beabsichtigte Änderung des Asylrechts zu bekommen, scheint begründet gewesen zu sein.
Der Journalist Schmidt, seinerzeit selbst in die Vorgänge involviert, hat bislang unbekannte Unterlagen gesichtet und Beteiligte befragt und kommt zu der Auffassung: Rostock war eine Inszenierung.
Unter Mißachtung des Rechtsstaats und seiner Regeln wurde die vorhandene fremdenfeindliche Stimmung geschürt, um das Grundgesetz wieder einmal ändern zu können.

Der Autor

Jochen Schmidt, Jahrgang 1964, studierte evangelische Theologie, Politikwissenschaften und Geschichte an der Philipps-Universität Marburg. Seit 1989 tätig als freier Journalist.
Im Sommer 1992 Hospitant beim ZDF, Redaktion KENNZEICHEN D. Er gehörte zu dem ZDF-Team, das in der Brandnacht von Rostock-Lichtenhagen mit etwa 120 Vietnamesen in dem brennenden Haus eingeschlossen war.
Für die Beiträge erhielt das Team den Ehrenpreis der IG Medien 1992 und die Carl-von-Ossietzky-Medaille 1992 der Internationalen Liga für Menschenrechte.
1994 Mitinitiator des »Dokumentations- und Informationszentrum für Rassismusforschung (D.I.R.).
Seit 1996 Fernsehjournalist beim Hessischen Rundfunk.

Inhalt

Vorwort

Es gab keine Toten. Und doch ist eine Stadt zum Synonym für rassistische Gewalt geworden: Rostock-Lichtenhagen im August 1992.

Ich habe lange gezögert, dieses Buch zu schreiben. 1992 ist schließlich schon lange her, Schnee von gestern. Und überhaupt: Rechtsextreme Anschläge gibt es in Deutschland zuhauf. Inzwischen ist die Liste der Orte, in denen Menschen umgebracht wurden, nur weil sie keine Deutschen waren, lang, in der ersten Hälfte der 90er Jahre besonders. Hünxe, Mölln, Quedlinburg, Solingen, Eberswalde und und und.

Geändert hat sich freilich nichts. Während man sich schwer tut, die NPD zu verbieten (was schon deshalb ein Problem ist, weil die Partei der Rattenfänger offenbar geradezu überquillt mit V-Männern des Verfassungsschutzes), feiert der Rechtsextremismus selige Urständ. Die Medien haben ihn mehr oder weniger aus dem Blick verloren; die Zeit quotenträchtiger Aufregerstücke ist erst einmal vorbei. Die Karawane der Nachrichtenjäger zieht weiter, bestenfalls findet sich ein Fünfzeiler in der Rubrik »Vermischtes«, ab und an rückt eine Dokumentation im Fernsehen das Thema noch einmal kurz in den Mittelpunkt. Aber wen interessiert es?

Rostock ist anders, eine ganze Reihe von Faktoren unterscheidet die Stadt von anderen Orten der Gewalt. 3.000 Bürger der Hansestadt sahen zu, wie ein Haus in Brand gesetzt wurde, in dem sich weit über 100 Menschen aufhielten. 120 von ihnen waren Vietnamesen, mit ihnen eine Handvoll Deutsche, die ihnen Schutz zu bieten versuchten. Dabei war auch der Ausländerbeauftragte der Stadt, Dr. Wolfgang Richter, und, eine weitere Besonderheit, ein Kamerateam der ZDF-Redaktion KENNZEICHEN D. Ich selbst war dort Hospitant und mit in diesem Haus in jener Nacht. Nicht nur als Zeuge, sondern auch unfreiwillig als Betroffener. Die Erfahrungen, die ich dort machen konnte, haben den Entschluß bekräftigt, mich jetzt noch einmal mit dem Thema zu befassen.

Ein wesentlicher Faktor für die exponierte Stellung Rostocks in der Reihe der Pogrome bestand auch in der Medienpräsenz. Niemals zuvor und danach wurde ein Brandanschlag live in alle Welt übertragen. Rostock war in aller Munde, eben weil es exklusive Bilder gab. Licht an, Bühne frei. Nicht wenige haben später die Vermutung geäußert, gerade die Kamerateams hätte den Brandanschlag begünstigt, ihre Anwesenheit wäre von den Brandstiftern als Angebot, wenn nicht gar als Aufforderung verstanden worden. Nie zuvor kam man schneller »ins Fernsehen« als in Rostock-Lichtenhagen.

Was aber, drittens, mich drängt, an das Pogrom zu erinnern: Rostock steht auch und besonders für einen Polizeieinsatz, der im wesentlichen Moment keiner war. Während das Haus lichterloh brannte, war von den »Freunden und Helfern« nichts zu sehen. Warum? Diese Frage ist bislang nicht überzeugend beantwortet worden. Weder in den beiden parlamentarischen Untersuchungsausschüssen, in Gerichtsverfahren, noch in diversen publizistischen Untersuchungen.

Denn diese Frage zielt auf die Politik in Stadt, Land und Bund. Daß es in Rostock zum Pogrom kam, liegt mit in ihrer Verantwortung, denn das eklatante Versagen der Polizei ist zwar vielfach beschrieben, aber nur selten ausführlich untersucht worden. Die Handlungen der Hauptakteure innerhalb der Einsatzleitung sind untrenn-

Jochen Schmidt.
Foto: Bernd Nebeling/ art und weise

bar verbunden mit den Handlungen verantwortlicher Politiker. Dafür stand erstmals umfangreiches Material zur Verfügung, das bislang nie veröffentlicht wurde und für eine Analyse der Ursachen für das Pogrom von beträchtlichem Wert ist. Zwei Untersuchungsausschüsse befaßten sich mit dem Brandanschlag, ein städtischer und einer des Landes. Beide sind voll mit interessanten Zeugenaussagen von Polizei und Feuerwehr, Nachbarn und Opfern. Sie belegen Hilflosigkeit und Unfähigkeit auf allen Seiten.

Die wohl wichtigste Frage aber besteht darin, ob es eine Verbindung zwischen politischen Handlungen und rechtsextremistischen Straftaten gibt. Bislang wurde vornehmlich von Medienvertretern der Verdacht geäußert, als hätten Politiker aller Ebenen durch das Unterlassen von deeskalierenden Maßnahmen das Pogrom begünstigt. Das wäre der passive Part.

Aber vieles spricht dafür, daß es noch mehr gab. Daß es auch ein aktives Handeln gab mit einer bestimmten Absicht, nämlich um ein Fanal zu erzeugen mit dem Ziel, 1992 eine Änderung des Asylrechts voranzutreiben.

Viele Gespräche mit Politikern, Polizeibeamten und Juristen in Rostock und anderen Orten haben dabei geholfen, den tatsächlichen Hintergründen des Pogroms auf die Spur zu kommen.

Ich weiß, daß viele der damals Verantwortlichen schon lange einen Schlußstrich unter das Kapitel Lichtenhagen gezogen haben. Sie glauben, daß hinlänglich Gras über die Sache gewachsen und das Pogrom verjährt ist.

Da täuschen sie sich.

Denn Verantwortung verjährt nicht.

Marburg im Sommer 2002
Jochen Schmidt

Dienstag, 25. August 1992, 4.00 Uhr morgens Hotel Neptun, Warnemünde

Der Kellner ist nicht gerade begeistert, als fünf späte Gäste die Sky-Bar im Warnemünder Hotel Neptun betreten. Verdreckt und stinkend, nicht gerade das, was man hier im ersten Haus am Platz gewohnt ist.

»Wir haben geschlossen«, sagt er entsprechend reserviert und weist auf die Tür. Man kann es dem Mann nicht verdenken. Woher soll er auch wissen, warum wir so aussehen. Wir: Das sind Jürgen Podzkiewitz, Kameramann, Thomas Höper, Kameraassistent, die Redakteure Thomas Euting und Dietmar Schumann und ich, der Praktikant von KENNZEICHEN D.

In dieser Nacht hätten wir jede Kneipe in Warnemünde wieder geöffnet. Bloß raus aus Lichtenhagen, weg von der Brandstelle, weg von den Polizeistrategen und Politikern, die in den letzten Stunden eine Menge Energie aufbrachten, um den Totalausfall ihres Verantwortungsbewußtseins zu kaschieren, die nichts wissen wollten von der Angst der über 120 Menschen.

Berufsversager oder Berufs-Versager.

Mürrisch bringt der Barkeeper ein paar Gläser an den Tisch mit den edlen Lederfauteuils, langsam kehrt Ruhe ein.

Durchatmen.

Aber unsere Köpfe sind voll mit Bildern von Flammen, verqualmten Fluren, verängstigten Menschen, die um ihr Leben kämpfen. Und wir mit ihnen. »Das kann doch alles nicht wahr sein«, sagt Jürgen. »Wo leben wir denn?«

Tja, wo? In einem Land, in dem das Leben von Menschen nicht viel zu zählen scheint, wenn diese sich »schuldig« gemacht haben, anders auszusehen als der »gute Deutsche«. Mehr nicht. Aber das reicht für versuchten Mord an 120 Vietnamesen und an denen, die ihnen helfen wollten. Eine Handvoll Deutsche, Wachmänner und engagierte Rostocker aus dem alternativen Jugendzentrum »Jaz«, die man als »linke Autonome« abstempelte. Und eben auch wir fünf, die wir eher zu-

Weil nicht sein kann, was nicht sein darf. Die DDR und der Rechtsextremismus

In der DDR gab es eine Erziehung gegen Rassismus
und Ausländerfeindlichkeit,
auch wenn sie in der Praxis wenig geübt werden konnte.
Lothar de Maizière, letzter DDR-Ministerpräsident

»Einer der großen Vorzüge der DDR gegenüber der Bundesrepublik ist, daß es im sozialistischen deutschen Staat keinen Rechtsradikalismus gibt.« Da war sich der Glasnost-Anhänger und »linientreue Dissident« Jürgen Kuczynski ziemlich sicher, damals 1988.

Allerdings: Damit war nichts gesagt über die tief im Inneren der Gesellschaft wurzelnden Denkmuster und Gefühlslagen. Denn kaum war die Mauer gefallen, stieg auch in Ostdeutschland die Zahl der rechtsextrem eingestellten Bürger rapide an. Der Schoß war eben fruchtbar noch.

Ab dem III. SED-Parteitag im Juli 1950 sprach man in der DDR vom »ersten antifaschistischen Arbeiter- und Bauernstaat auf deutschem Boden, in dem die Wurzeln des Faschismus ausgerottet sind«. Das stimmte allerdings nur, wenn man, gemäß der Dimitroff-Definition, Faschismus ausschließlich als Produkt des Imperialismus und seiner ökonomischen Gesetze definierte. Die Macht der Monopole war gebrochen: es gab weder Finanz- noch Industriekapital, keine Krupps und keine IG Farben, die an der industriemäßigen Vernichtung mordsmäßig verdient hatten.

Aber gründete sich Faschismus nur auf Ökonomie? War da nicht auch Ideologie und Massenpsychologie mit im Spiel?

Eine lebendige und vielfältige Auseinandersetzung mit der Geschichte des Nationalsozialismus wurde im Lauf der Zeit nicht selten allein auf den kommunistischen Widerstand gegen das NS-Regime reduziert. Informationen über das Alltagsleben der Deutschen unter dem Nationalsozialismus, über das Sichanpassen der Bürger an die

Diktatur, über die Erfahrungswelt der Wehrmachtangehörigen, das alles fehlte. Die Ursachen für den Führerkult und der Verführbarkeit von Menschen wurden in der Schule nicht näher thematisiert, ebensowenig die Frage nach der Schuld oder Mitschuld von Deutschen in Ost und in West, der Eltern- bzw. der Großelterngeneration.

Stattdessen wurde fast ausschließlich der Kampf der KPD behandelt; Sozialdemokraten und Christen wurden nur der Vollständigkeit halber genannt. Informationen über deren Widerstand gab es, wenn überhaupt, dann nur ganz am Rande. Und militärischer Widerstand gegen Hitler paßte gar nicht ins Bild. Der Verschwörung des 20. Juli 1944 blieb bis in die 80er Jahre hinein die Anerkennung als Widerstand verwehrt. Es gab nur Faschisten und Antifaschisten, Täter und Widerstandskämpfer. Dazwischen gab es nichts.

Das grobe und wenig differenzierte Bild, das fortgesetzt rekapituliert wurde, hatte gleichermaßen Ursachen wie Folgen. Erstere lagen auf der Hand und ließen sich schon daran festmachen, daß man in der DDR grundsätzlich vom »Faschismus«, nie aber vom »Nationalsozialismus« sprach. Ideologisch trennten die Nazi-Diktatur und die Diktatur des Proletariats sicher Lichtjahre – aber bestimmte Ähnlichkeiten im Auftritt waren nicht zu übersehen.

Die Auswirkungen der einseitigen Geschichtsdarstellung spiegelten sich in einer 1988 erstellten Studie des Leipziger Zentralinstituts für Jugendforschung »Zum Geschichtsbewußtsein Jugendlicher« wider. Eines der Ergebnisse bestand in der Feststellung, daß zwischen 10 und 15 Prozent der Befragten Teile der faschistischen Ideologie akzeptierten oder Sympathie dafür zeigten. Eine öffentliche Diskussion solcher Erkenntnisse fand nicht statt. Daß diese Studie überhaupt erstellt worden war, war ungewöhnlich, denn soziologische Untersuchungen zu allen heiklen Fragen, die ideologisch in irgendeiner Form relevant waren, also Fragen zum historisch-politischen Bewußtsein und der Einstellung zur NS-Vergangenheit, waren nicht gewünscht und, wenn sie denn doch erfolgten, unterlagen strengster Geheimhaltung. Und so landeten diese Ergebnisse im Giftschrank. Erst nach der Wende konnten sie veröffentlicht werden.

Anfang der 80er Jahre nahm die Skinhead-Bewegung einen eigenen, wenn auch kleinen Raum ein. Anders als die DDR-Spitze, die Glatzköpfe mit Bomberjacken und Springerstiefeln allenfalls als importierte Modeströmung auffaßte, sahen einige wenige Fachleute durchaus den politisch-sozialen Hintergrund.

Der Leipziger Kriminalsoziologe Wolfgang Brück nannte fünf Bereiche, aus denen DDR-Jugendliche hauptsächlich zu dem neuen subkulturellen Bereich stießen:

– Der Hauptteil stammt aus dem Bereich der frustrierten »Normaljugendlichen«
– Ebenfalls aufgrund von Konflikten mit den herrschenden Autoritäten (Schule, Eltern, Staat) sind Fußballfangemeinden zum Sammelbecken vieler Skinheads geworden
– Andere sind aus der als asozial geltenden Punkbewegung ausgestiegen und haben sich den Skins angeschlossen
– Nach dem Ende der Wehrpflicht suchen einige Jugendliche Ersatz für militärische Elemente in der Skinheadbewegung
– Jugendliche Gewaltstraftäter finden dort Gleichgesinnte

Allen gemeinsam war die Übernahme von Bestandteilen rechtsextremer Ideologie. Einige dieser Jugendlichen bildeten in der Folgezeit die Basis für den organisierten Rechtsextremismus. Dennoch war die Skinheadbewegung innerhalb der DDR vor der Wende eher eine Protestbewegung: Das Aufkommen der ultrarechten Jugendszene nahm die DDR-Bevölkerung zunächst mit einigem Befremden wahr. Mehr wollten die Skins auch nicht, nur zeigen, daß sie nicht mehr klar kamen mit den gesellschaftlichen Widersprüchen. Auch der Rückgriff auf die rechtsextreme Ideologie war in den Anfängen nicht mehr als eine bewußte Abgrenzung von einem Gesellschaftssystem, mit dem man sich nicht mehr identifizieren wollte.

Die Werte dieser Jugendlichen unterschieden sich aber nicht in allem von der sozialistischen Werteordnung. Fleiß, Pünktlichkeit, Sauberkeit, Kameradschaft, auch die Treue zu einer Idee hatten sie bereits in der Schule gelernt. Dann zog immer mehr der Schlendrian in viele DDR-Betriebe ein. Die Arbeitsmoral sank, die Werte drohten wertlos zu werden. Ausgerechnet die jungen Rechtsextremisten sahen hier ihre Chance als Bewahrer jener Normen, zur Not auch mit Gewalt.

Wie groß das Gewaltpotential war, wurde beim Überfall auf die Zionskirche im Ostberliner Stadtteil Prenzlauer Berg am 17. Oktober 1987 deutlich. Nach einem Konzert überfielen 80 Skinheads (darunter 20 aus dem Westteil der Stadt) die Kirche und verprügelten die Besucher. Die Polizei, obwohl vor Ort, griff erst ein, als die Schläger bereits im Abmarsch waren, was den »Schutz- und Sicherheitsorganen« den Vorwurf eintrug, daß sie sonst schneller seien, wenn es gegen Oppositionelle und die ebenfalls hier bestehende Umweltbibliothek gehe. Die Urteile waren vergleichsweise milde, was diesen Verdacht noch nährte. Jedoch: Protest – unter anderem aus den Reihen der FDJ, der in der »Jungen Welt« veröffentlicht wurde – führte zu einem zweiten Verfahren und zu wesentlich schärferen Strafen. Die politische Führung wollte offenkundig ein Exempel statuieren.

Die Anweisung, vergleichbare Prozesse künftig unter großer Medienpräsenz durchzuführen, wurde jedoch schnell wieder zurückgenommen. Jetzt durften nur noch die lokalen Medien – allenfalls als kurze Polizeinotiz – über Skinhead-Ausschreitungen berichten. Und wieder herrschte die übliche Ruhe im Staatsschiff. Eine inhaltliche Auseinandersetzung war nicht gewollt, und so waren es eben nicht Skinheads oder Rechtsextremisten, die man vor den Kadi brachte, sondern entsprechend der Sprachregelung »Rowdys«.

Im gleichen Jahr 1988 wurden in Rostock neun und in Schwerin drei rechtsextrem motivierte Straftaten verübt, was nicht mehr an die Öffentlichkeit gelangte. Die Ministerin für Volksbildung, Margot Honecker, informierte im Juni 1988 zwar die Bezirksschulräte von Rostock, Schwerin und Neubrandenburg über die rechtsextreme Jugendszene. Das Schreiben aber landete im Wesentlichen dort, wo es auch hin sollte: in der Ablage. Damit hatte es sich. Das »Problem Rechtsextremismus« wurde totgeschwiegen.

Unterdessen entstanden innerhalb der Skinhead-Bewegung organisierte Gruppen mit eindeutig politischer Ausrichtung. In Berlin bildete sich 1988 die »Bewegung 30. Januar«, in Wolgast gründeten im Juli des selben Jahres acht Personen im Alter von 17 bis 35 Jahren eine streng konspirative SS-Geheimorganisation. Der Staatssicherheit war das bekannt, trotzdem konnte sich der Rechtsextremismus still und leise etablieren. In einer Verschlußsache der MfS-Bezirksverwaltung Rostock vom 7. März 1988 mit dem Aktenzeichen VVS-0001 BVfS-Rst. 114/88 hieß es dazu: »Nach vorliegenden zentralen Angaben existieren in der DDR im Jahre 1987 ca. 800 Personen (ca. 35 Gruppierungen) im Alter von 16-25 Jahren, die durch ihr äußeres Erscheinungsbild und ihre Verhaltensweisen den Skinheads zuzuordnen sind. (...) Skinheads zeichnen sich durch übersteigertes ›Bewußtsein als Deutsche‹ aus (...) Insbesondere aufgrund des durch sie vertretenen nationalistischen Gedankengutes sind die meisten Skins der Auffassung, daß beide deutsche Staaten vereint werden müssen, was eine Ablehnung der DDR-Grenzsicherung mit sich bringt (...) Im Gegensatz zu anderen negativ-dekadenten Jugendlichen zeigen sie zum

Teil gute Arbeitsleistungen, Arbeitsdisziplin und werden in den Arbeitskollektiven anerkannt.«

Auch im Umgang mit diesem Problem zeigt sich die Widersprüchlichkeit der DDR-Gesellschaft. Dabei gab es sehr wohl hinlänglich sensibilisierte Verantwortungsträger im Partei- und Staatsapparat, die mitbekamen, was sich dort zusammenbraute. Kriminalisten, Pädagogen, Jugendfunktionäre und natürlich auch die Staatssicherheit sendeten auf ihren Kanälen entsprechende Signale aus. Doch in der zentralistisch geführten DDR wurden Botschaften auf dem Weg nach oben gebremst oder geschönt. Und was nicht oben entschieden wurde, wurde nie entschieden. Rechtsextremismus gab es nur als Verschlußsache: Die große Masse der DDR-Bevölkerung hatte davon keine Ahnung, so geheim wurde das »Problem« in der DDR-Politik behandelt. Den Rechtsextremisten konnte das nur recht sein: Der fehlende Widerstand sorgte für Zulauf.

Und man tauchte wieder unter in der großen Masse. Die »Faschos« kleideten sich wieder völlig unauffällig. »Sie sind normaler, als viele wahrhaben wollen«, urteilte der damalige Leiter der Kommission für Jugendarbeit in der evangelischen Kirche der DDR über Neonazis. Und das, sagte er, mache sie so gefährlich.

Am 20. April 1989, dem 100. Geburtstag Adolf Hitlers, kam es in verschiedenen Städten der DDR zu Ausschreitungen. Einige Jugendliche wurden festgenommen und genauso schnell wieder entlassen. Egon Krenz, im Politbüro zu jener Zeit zuständig für Jugend- und auch Sicherheitsfragen, schickte an Erich Honecker eine Hausmitteilung über diese Vorfälle, spielte sie aber herunter, wohl um den Staatsratsvorsitzenden nicht unnötig zu beunruhigen. Es sei eine »insgesamt ruhige Lage« gewesen, einige Jugendliche hätten allerdings »erhebliche Mengen Alkohol« zu sich genommen. Im übrigen habe er mit Eberhard Aurich, dem 1. Sekretär des FDJ-Zentralrats, verabredet, daß der »Jugendverband verstärkt die politische Auswertung vornimmt und die politische Erziehungsarbeit verstärkt«. Der letzte Satz klingt danach, als hätte Egon Krenz die Gefahr erkannt. Faktisch aber war es eine Worthülse, denn Ende der 80er Jahre war der pädagogische Einfluß der FDJ auf die DDR-Jugend kaum noch spürbar. Also ging man dazu über, die Ereignisse schlicht als Einzelerscheinungen zu betrachten und ihre Auswirkungen klein zu halten. Man beschränkte sich darauf, lediglich juristisch zu reagieren.

In der Folgezeit häuften sich die rechtsextrem motivierten Straftaten in der DDR. 1988 gab es 44 Strafverfahren wegen rechtsradikaler Delikte, bis November 1989 waren es bereits 144. Die Zahlen wurden erst nach der Wende veröffentlicht: im »Sozialreport 1990, Daten und Fakten zur sozialen Lage in der DDR«. Offenbar war es aber nur die Spitze des Eisbergs. Allein in Ostberlin registrierte die Kriminalpolizei für eine im Januar 1990 angefertigte Studie die Daten von 264 straffällig gewordenen rechtsextremen Jugendlichen. Die von ihnen ausgehende Gewalt war in erster Linie *ausländerfeindlich* motiviert.

In der gesamten DDR aber lebten vor der Wende nur 191.000 Ausländer, was umgerechnet einem Anteil von gerade mal einem Prozent der Gesamtbevölkerung entsprach. Die größte Gruppe bildeten die Vertragsarbeiter, wobei diese weitgehend isoliert von der Masse der DDR-Bevölkerung lebten. Sie lebten in eigenen Ausländerwohnheimen, um eine Integration von vornherein zu unterbinden. Wenn man sich traf, dann am Arbeitsplatz. Ansonsten ging man sich aus dem Weg – so blieben sich beide Seiten fremd.

Das Kölner Institut für Sozialforschung und Gesellschaftspolitik befragte im Oktober 1990 im Auftrag des Bundesarbeitsministeriums ostdeutsche Bürger zur Ausländerfeindlichkeit. Die genannten Gründe klangen eher diffus: Wohnungsnot, eine schlechte Versorgung, die durch Hamsterkäufe der Ausländer verursacht worden sei, und die Annahme, die Ausländer würden über mehr »Westgeld« verfügen und könnten sich dadurch einen besseren Lebensstandard leisten. Entsprechend einstimmig fiel die Lösung des Problems aus: Der Ausländeranteil sei viel zu hoch, müsse also reduziert werden.

Wie hoch er denn sei, wollten die Soziologen wissen.

Jeder dritte Befragte ging von über zehn Prozent aus, das heißt: In ihrer Wahrnehmung lebten zehnmal mehr Ausländer als tatsächlich in der DDR.

Diese Täuschung lag weniger an den Vertragsarbeitern als am politischen System. Denn die DDR-Bevölkerung war ein Inselvolk. Ein Ausländer hatte für viele den Status eines Eindringlings, der Angst erzeugte. Die Ablehnung paarte sich mit einer groben Überschätzung von Macht, Größe und Gefährlichkeit der Ausländer.

Wie verfestigt Ressentiments ihnen gegenüber bereits in der DDR waren und nicht erst während und nach der Wende entstanden sind, machte ein Ergebnis der Studie über ostdeutsche Jugendliche und über deren ausländerfeindliche und rechtsextreme Orientierung durch Walter Friedrich und Wilfried Schubarth im Dezember 1990 deutlich: Als am meisten abgelehnte Ausländergruppen wurden Sinti und Roma sowie Türken genannt. Zu beiden Gruppen aber konnten die Jugendlichen in der DDR nahezu keinen Kontakt haben, weil es sie nicht gab. Ebenso latent vorhanden war auch zu DDR-Zeiten der Antisemitismus. So richtete sich rechtsextreme Gewalt auch gegen jüdische Friedhöfe, die in verschiedenen Städten wiederholt geschändet wurden.

Sowohl die politische Motivation als auch eine schon in Ansätzen vorhandene Organisationsstruktur wurden nie näher untersucht, eine gar offene Auseinandersetzung mit dem Thema hat zu keiner Zeit stattgefunden. So mußte es also 1989/90 scheinen, als sei die Wende Auslöser und Verursacher der großen Zahl an rechtsextremistischen Straftaten in den neuen Bundesländern. Teilweise war sie es, aber eben nicht allein.

Erste Kontakte zu westdeutschen Neonazis hatte es schon zu DDR-Zeiten gegeben. Ende 1988 hatte der ostdeutsche Rechtsextremismus parteiähnliche Strukturen angenommen. Man traf sich regelmäßig mit Gesinnungsfreunden aus dem Westen zum Gedankenaustausch, mal in Budapest, mal am Plattensee, mal in Prag. Einschlägiges Material wurde dabei den »Freunden« aus dem antifaschistischen Staat DDR übergeben, sogar mögliche Aktionen wurden besprochen. Dann trennte man sich wieder in aller Freundschaft: Heil, Kameraden, bis zum nächsten Mal.

Darauf aufbauend suchten Rechtsextreme nach dem Fall der Mauer sofort den Kontakt zu ostdeutschen Gesinnungsgenossen. Im Januar 1990 legte der Anführer der »Deutschen Alternative« (DA), Michael Kühnen, sein »Arbeitspapier Ost« vor. »Eine Partei unter einem ganz unverfänglichen Namen« werde er gründen, eine, »für die es in der DDR keine Parallele gibt«. Am 1. Februar 1990 wurde von ihm die Nationale Alternative (NA) gegründet. Die meisten der Gründungsmitglieder gehörten früher zur Gruppe »Bewegung 30. Januar«. Im Ostberliner Stadtteil Lichtenberg wurde die Zentrale der NA eingerichtet. In Berlin hatte die Gruppe auch ihr Hauptaktionsfeld. Gleichzeitig fungierte die »Deutsche Alternative« als Mutterorganisation und versuchte, sich als landesweite Partei zu etablieren.

Die »Republikaner« gründeten am 29. Januar 1990 in Leipzig den ersten Kreisverband einer westdeutschen Partei. Das DDR-Recht ließ zwar nicht zu, daß Schönhubers Partei zur Volkskammerwahl am 18. März 1990 antrat. Das Werbematerial wurde trotzdem verteilt. Auch die Deutsche Volksunion (DVU), die Nationaldemokratische Partei Deutschlands (NPD) und die Ökologisch-Demokratische Partei (ÖDP) bildeten Landes- und Kreisverbände.

Der alte Staat war noch nicht der neue, die Demokratie begann zwar überall zu sprießen und hatte das MfS mehr oder weniger beseitigt, aber damit war auch ein autoritärer Kontrollmechanismus verschwunden. Der Zulauf, den die rechtsextremen Gruppierungen nach 1989 erlebten, läßt sich teilweise auch mit dem Wegfall dieser staatlichen Kontrolle begründen. Die rechte Gewalt war sowohl quantitativ als auch qualitativ auf einer bisher nicht da gewesenen Stufe angelangt. Das damals noch als Übergangslösung bestehende Gemeinsame Landeskriminalamt der neuen Bundesländer (GLKA) registrierte von Januar bis November 1990 »131 Straftaten gegen Leben und Gesundheit von Personen sowie die öffentliche Sicherheit«.

»Die Überfälle und Schlägereien rechtsradikaler Jugendlicher werden immer brutaler«, stellte Bernd Wagner, Leiter der GLKA-Extremismusabteilung, im November 1990 fest. Und auch Soziologen sprachen vom Anfang einer Welle der Gewalt. Zählte man allein die Strafverfahren zwischen Januar und November 1990 zusammen, dann hatte die ostdeutsche Kripo 1.500 Rechtsextreme festgestellt: Skinheads, Hooligans und Neonazis. Die Dunkelziffer der Straftaten und Straftäter aber wurde von den in Ostdeutschland arbeitenden Experten als wesentlich höher eingeschätzt.

Der Bundesverfassungsschutz aber bagatellisierte die Gefahr von rechts. Im Bericht von 1990 benötigte er für die Darstellung des Rechtsextremismus in Ostdeutschland ganze fünf Seiten.

Das änderte sich in erschreckender Weise: Im Oktober 1991 zählten die Verfassungsschützer im gesamten Bundesgebiet 3.000 militante Neonazis, im Dezember bereits 4.500. Im Bundesland Sachsen seien es allein 1500 Rechtsextreme.

Obwohl in Dresden der Moçambiquaner Jorge Gomondai aus der fahrenden S-Bahn geworfen wurde und starb, in Eberswalde Rechtsextreme den Angolaner Antonio Amadeu Kiowa erschlugen, in Hoyerswerda im September 1991 ein Pogrom stattfand und die Liste der Gewalttaten in dieser Zeit täglich ergänzt werden mußte, betonte Generalbundesanwalt Alexander von Stahl, daß »keine aktuell erkennbare Gefährdung« vorliege. Das seien keine organisierten Gruppen, die da marodierend herumzögen, vielmehr fehlgeleitete Jugendliche, die zwar einen rechtsextremen Hintergrund hätten, aber doch nur aufgeputscht worden wären. Eine derart geschönte Darstellung widersprach deutlich den Erkenntnissen des Gemeinsamen Landeskriminalamtes der neuen Bundesländer. Dort wurde festgestellt, daß Neonazis ihre Aktionen stabsmäßig bei Führertreffen planten. Das Pogrom von Hoyerswerda und eine ganze Reihe anderer Anschläge hatten nach den Kripo-Ermittlungen ihren Ursprung im März des Jahres 1991, als die *Nationalistische Front* ihre Bundesversammlung in Kassel abhielt.

Mecklenburg-Vorpommern nahm 1992 in einer bundesweiten Statistik bei der Häufigkeit ausländerfeindlicher Straftaten den zweiten Platz ein: 251 Anschläge auf Menschen oder Sachen. Gemessen an der Bevölkerungszahl führt das Bundesland die Statistik an: Auf 100.000 Einwohner kamen statistische 9,52 Gewalttaten. (Brandenburg folgte mit 8,83.) Das sorgte im Schweriner Innenministerium für Unruhe. Schließlich hatte man schon ein Jahr zuvor eine Arbeitsgruppe »Gewaltbereite Gruppierungen« gegründet, die rechte Straftaten unter die Lupe nehmen sollte, um daraus Konzepte für das polizeiliche Handeln zu entwickeln.

»Die Analyse der Daten zeigt, daß schwerpunktmäßig bereits 1991 in Mecklenburg-Vorpommern Asylbewerber und Ausländer und ihre Wohnungen Ziel der Gruppengewaltstraftäter waren. Von 69 Straftaten, in denen Objekte das Ziel einer Straftat waren, liegen Wohnunterkünfte von Asylbewerbern/Ausländern an der Spitze.« So faßte die Leiterin des Referats Rechtsextremismus im Landeskriminalamt die Ergebnisse zusammen.

Insofern kann unterstellt werden, daß bekannt war, welch gefährliches Pflaster für Ausländer etwa Rostock-Lichtenhagen darstellen würde. Trotzdem wurde mitten in der Plattenbausiedlung, direkt neben dem Wohnheim für vietnamesische Ex-Vertragsarbeiter, die Zentrale Aufnahmestelle für Asylbewerber (ZAst) eingerichtet. Eine geballte Ladung Fremdheit im deutschen Wohngebiet, fast schon eine Einladung für Rechtsextremisten.

»Es zeichnete sich schon hier eine Entwicklungstendenz ab, die schließlich in den Ereignissen in Rostock-Lichtenhagen eskalierte«, resümierte die Referatsleiterin im LKA. Schutzbedürftig aber waren die Ausländer für die Polizei nicht, obwohl die Notwendigkeit zu handeln bald täglich durch neue Vorfälle offenbar wurde.

In Rostock wurde wiederholt der jüdische Friedhof geschändet, am 20. Juli 1991 griffen Skinheads ein Asylbewerberheim in der Rostocker Südstadt an, in Saal bei Rostock prügelten am 14. März 1992 25 Jugendliche einen Rumänen zu Tode.

Von alledem wollten die Politiker in Schwerin offenkundig nichts wissen. Sie reagierten so, als hätte es alle Vorfälle und auch die polizeiliche Einschätzung nie gegeben. Totschweigen hieß die Devise, und wenn das nicht mehr ging, dann wurde das Thema Ausländerfeindlichkeit bagatellisiert. Der Innenminister von Mecklenburg-Vorpommern Georg Diederich (CDU) erklärte am 5. Juli 1991 vor der Presse, »daß im rechten Spektrum nur geringe Aktivitäten von NPD und DVU festzustellen seien. Die Skinheads, die besonders Ausländerfeindlichkeit an den Tag legten, würden ohne irgendeine politische Orientierung arbeiten (...) ›Wir haben die Szene im Griff‹, sagte der Minister, womit er sowohl die linke als auch die rechte meinte«. So zitierte ihn die in Rostock erscheinende *Ostseezeitung* anderentags. Auch in Kreisen der Justiz wurde die Lage als »relativ ruhig« eingeschätzt und als »temporäre Erscheinung« gesehen.

Der zuständige Hauptkommissar der Rostocker Kriminalpolizei erklärte am 6. August 1991, daß es in der Stadt keine rechte Szene gebe.

Die Ignoranz der neuen Obrigkeit war trotz politischen Wechsels ungebrochen.

»Die Sonne scheint«

Wir hatten zu der Zeit sehr wechselhaftes
Wetter. Und das wollte ich ändern,
im übertragenen Sinne.
Jürgen Deckert zur
Entstehung des Einsatzcodes

»Wenn ich eines nicht kann«, sagt Jürgen Deckert entschuldigend, »dann ist es Kaffee kochen«. Es ist Ende April 2002, als wir uns bei ihm zuhause in der Nähe von Rostock treffen. Und während in der Küche nebenan der Automat lautstark versucht, mit der ungeheuren Menge an Kaffeepulver fertig zu werden, beginnt der Polizeibeamte zu erzählen, von seiner Angst zu versagen und von dem Gefühl, daß er damals bewußt alleingelassen und »verheizt« wurde.

Deckert leitete seinerzeit den Polizeieinsatz und wurde bundesweit dadurch bekannt, daß er im wesentlichen Moment alles falsch gemacht habe, was man als Einsatzleiter habe falsch machen können. Das also ist er, der Verantwortliche dafür, daß die Polizei sich zurückgezogen hat und wir deshalb fast verbrannt wären.

Manchmal sind Wahrheiten einfach. Aber die ist zu einfach.

Jürgen Deckert ist der einzige Verantwortliche, gegen den ernsthaft ermittelt worden ist wegen unterlassener Hilfeleistung im Amt. Erst im Jahr 2000 wurde das Verfahren eingestellt. Bis dahin hatte der Polizeioberrat Beförderungssperre. Nicht deshalb stürzte er ab. Die Brandnacht hatte ihn im Nachhinein derart getroffen, daß er unter der seelischen Last zusammenbrach. Er begann zu trinken, seine Frau trennte sich von ihm.

Jetzt sitzt ein Mann vor mir, der wieder Boden unter den Füßen hat und nach Jahren beharrlichen Schweigens reden will, weil er selbst nach der Wahrheit sucht über die Hintergründe des Anschlages. »Es tut immer noch weh«, sagt er, und würde den Satz am liebsten zurücknehmen, weil ein Opfer von damals vor ihm sitzt. Aber es schmerzt ihn tatsächlich, nicht zu wissen, ob er nicht von A bis Z mißbraucht wurde. »Oder glauben Sie, daß ich glücklich darüber bin, daß das Ding so gelaufen ist? Das können Sie mir abnehmen: Wenn's einem wirklich nahe gegangen ist, dann mir.«

Deckert hatte am 1. Dezember 1991 seinen Dienst in der Polizeidirektion Rostock angetreten. Der Westbeamte aus Brinkum bei Bremen hatte zuvor die Abteilung Aus- und Fortbildung bei der Bremer Polizei geleitet, im Osten wurde er Chef der Rostocker Schutzpolizei. In den ersten Jahren fuhr er an den Wochenenden nach Hause zu seiner Familie. So auch am Freitag, dem 21. August 1992. Zuvor hatte er den damals noch in der Ausbildung befindlichen Kollegen Siegfried Trottnow gebeten, »für den Fall X gegebenenfalls, wenn die Lage sich weiter dimensionieren sollte, was wir nicht wußten und auch nicht ahnen konnten, die Führung zu übernehmen«. Wenn was ist, solle er anrufen, schrieb Deckert auf den Zettel, ehe er gen Westen reiste.

Der wichtige Anlaß war aus der Zeitung bekannt geworden. Unter den Überschriften »Lichtenhäger wollen Protest auf der Straße« und »Lichtenhäger Bürgerwehr will ZAst ›aufräumen‹« hatten die beiden Rostocker Tageszeitungen an diesem Freitag von einem anonymen Anruf berichtet. Eine »Interessengemeinschaft Lichtenhagen« wolle die Sache selbst in die Hand nehmen, war da zu lesen. »Wenn die Stadt nicht bis Ende der Woche in Lichtenhagen für Ordnung sorgt, machen wir das. Und zwar auf unserer Weise«, zitierten die *Norddeutschen Neuesten Nachrichten* (NNN). Und weiter hieß es: »›In der Nacht vom Samstag zum Sonntag räumen wir in Lichtenhagen auf. Das wird eine heiße Nacht‹, droht der Anrufer unverhohlen.«

Die *Ostseezeitung* (OZ) zitierte drei Jugendliche, die davon wissen wollten, »daß die rumänischen Roma aufgeklatscht werden sollen. ›Die Rechten haben die Schnauze voll!‹ – ›Wir werden dabei sein‹, sagt Thomas, ›und du wirst sehen, die Leute die hier wohnen, werden aus den Fenstern schauen und Beifall klatschen‹.«

Im Rostocker Rathaus herrschte Ratlosigkeit. Von einer »Interessengemeinschaft Lichtenhagen« hatte bisher noch niemand gehört. Und auch bei der Polizei Fehlanzeige. Jürgen Deckert und Innensenator Peter Magdanz (SPD) berieten sich und telefonierten mit Schwerin. »Wir haben gemeinsam mit dem zuständigen Leiter im Innenministerium gesprochen, mit dem Herrn Rusch, und ihm sehr deutlich gemacht, er soll, um alle Eventualitäten auszuschließen, dafür sorgen, daß das Heim geräumt wird. Das hat er nicht getan. Er ist dann ins Wochenende gefahren.«

Wie Deckert auch. Eine Demonstration war für das Wochenende schließlich nicht angemeldet. Trotzdem wurde beim Landespolizeiamt in Schwerin für den Samstag ein Zug Bereitschaftspolizei ange-

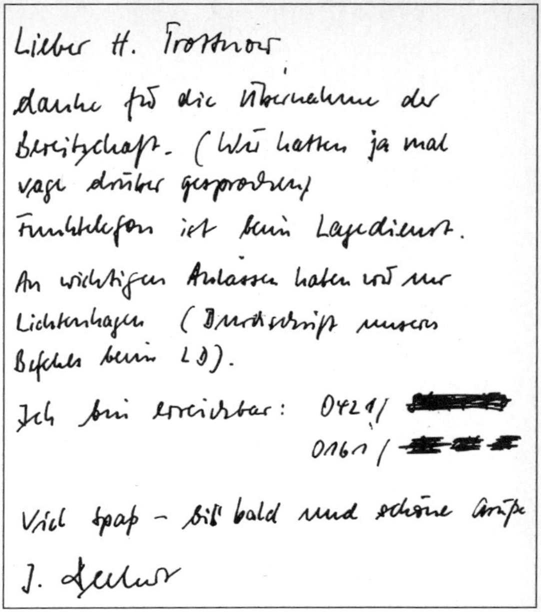
Lieber H. Trottnow

danke für die Übernahme der Bereitschaft. (Wir hatten ja mal vage drüber gesprochen)

Funktelefon ist beim Lagedienst.

An wichtigen Anlässen haben wir nur Lichtenhagen (Durchschrift unseres Befehls beim LD).

Ich bin erreichbar: 0421/ [redacted]

0161/ [redacted]

Viel Spaß – bis bald und schöne Grüße

J. Deckert

Am Freitag, dem 21. August 1992, verabschiedete sich Jürgen Deckert ins Wochenende nach Bremen. Diese Nachricht mit seinen Telefonnummern klemmte er seinem Vertreter Trottnow unter den Scheibenwischer. Auch eine Form von Dienstübergabe

fordert, also rund 25 Mann. Sicherheitshalber, falls an den anonymen Anrufen etwas dran sein sollte.

Siegfried Trottnow rief am Sonntagmorgen gegen fünf Uhr an. »Mensch, du mußt zum Dienst kommen, hier brennt die Luft!« Deckert machte sich auf den langen Weg von Brinkum in die Rostocker Polizeidirektion, um sich bei seinem Chef, dem Polizeidirektor Siegfried Kordus, über die Lage zu informieren. Es gebe Probleme bei den Aufräumarbeiten, lautete dessen erhellende Auskunft. Mehr konnte der Haupteinsatzleiter Kordus am Sonntagvormittag nicht berichten. Also fuhr Deckert nach Lichtenhagen, um den Einsatz zu organisieren. Ein Codename war schnell gefunden: »Die Sonne scheint«.

Am späten Sonntagnachmittag stürmten rechtsextreme Jugendlichen das Ausländerwohnheim.

Stopp, also wußte er, daß dort Vietnamesen wohnten, halte ich ihm vor.

Jürgen Deckert hebt die Arme über den Kopf und schaut auf mein Tonband auf dem Tisch. »Hier muß ich gestehen: Ich habe, bis es am Montag wirklich geknallt hat, die Eingänge 18 und 19 nicht unter-

schieden. Das war für mich alles ZAst. Es hat mir keiner gesagt, daß die Nr. 19 ein Wohnheim ist. Es tut mir leid, was da passiert ist. Aber die Vietnamesen waren für mich nicht gefährdet, das muß man mir einfach abnehmen.«

Das Konzept der scheinenden Sonne hatte sich hinter dicken Wolken zurückgezogen. Deckert mußte zum ersten Mal umdisponieren und ordnete einen Objektschutz an. Aber schon da hatte er das Gefühl, allein auf weiter Flur zu stehen. Warum hatte ihn keiner aufgeklärt? Die Polizei-Inspektion Lütten-Klein zum Beispiel, voll besetzt mit Ost-Kollegen, die seit Jahren für Lichtenhagen zuständig waren, hätten ihn aufmerksam machen können. Dort kannte man den Unterschied zwischen ZAst und Wohnheim. Aber Deckert war der Chef und Wessi, dem erzählte man nichts ungefragt. Die Wessis wußten doch sonst immer alles. Deckert hatte nicht gefragt. Er fühlte sich als Einzelkämpfer, der von allen Seiten unter Druck stand.

»Ich hatte Angst, daß die Leute von der nahen Brücke über den Bahngleisen stürzen konnten, weil mehr als zulässig sich dort aufhielten. Ich hatte Angst, daß da irgendwo im Objektschutz die Kameraden nicht durchstehen, oder der BGS sagen würde, man müsse jetzt die Wasserwerfer rausziehen, weil die Fahrer sechs Stunden im Einsatz seien und wir die Sozialvorschriften nicht vernachlässigen dürften … Ich hatte den Kopf voller Sorgen. Da brauchen sie ein Hinterland, auch führungstechnisch gesehen. Und wenn das nicht da ist, dann gehen Sie baden.«

Deckert ging baden.

Verstärkung sei dringend nötig, hatte er Kordus am Telefon mitgeteilt. »Ja, ja, kriegst du«, kam die Antwort. Er habe eine Hundertschaft aus Schwerin angefordert. Irgendwann am Abend würde die schon kommen.

Und bis zum Abend?

Das Tonbandgerät surrt leise vor sich hin. Immer wieder wischt sich Jürgen Deckert über die Stirn. »Mir fehlte Erfahrung für Einsätze solcher Größenordnungen, so was hatte ich noch nicht erlebt. Mir war mulmig, a) wegen der Verantwortung und b) weil ich gesehen habe, wie unbändig diese Menge ist, wie sie einfach nicht zurückgehalten werden konnte. Und die Neugierigen hingen aus den Fenstern und applaudierten, selbst wenn verletzte Beamte zurückgetragen wurden.«

Es kam am späten Nachmittag eine von Kordus organisierte Verstärkung.

»Da kriegte ich dann zwanzig, fünfundzwanzig Beamte. Wasserschutz. Mit Mütze und Mantel und sonst nix. Was wollen Sie damit gewinnen? Nette Kerle. Die können Sie auf Funkstreife schicken, aber nicht in eine Schlacht. Da werden sie nur verheizt.«

Trotzdem glaubte Deckert, die Lage im Griff zu haben.

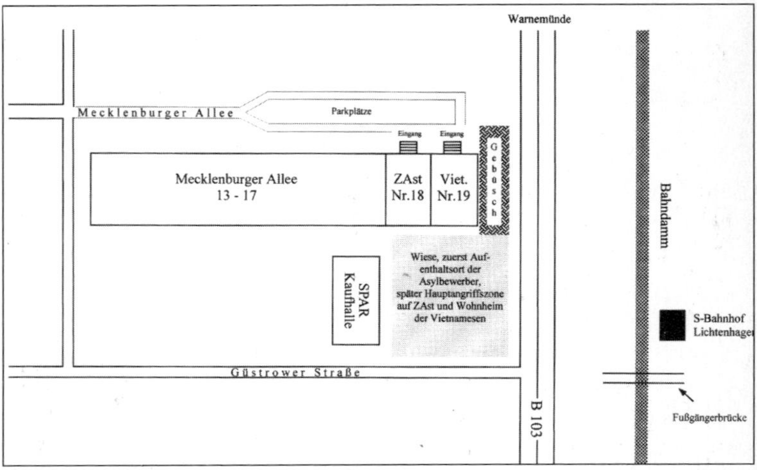

Lageplan von ZAst und Ausländerwohnheim in Lichtenhagen

Samstag, Sonntag: Steine, Mollis und Parolen

Ich bin nicht ausländerfeindlich. Aber wie die sich hier bewegen, das geht doch gegen jede deutsche Norm. Da sind wir Deutschen ganz anders: Für Sauberkeit, für Ehrlichkeit.
Älterer Anwohner der Mecklenburger Allee, 21. August 1992

Bis zu 2.000 Menschen hatten sich am frühen Samstagabend vor dem Haus versammelt. Wo bis vor kurzem noch Asylbewerber campierten, lud jetzt die Wiese wieder zum Flanieren ein. Wer Hunger hatte, versorgte sich am Imbißstand. Der anonyme Anruf bei der Presse, von dem bis heute keiner weiß, woher er eigentlich kam, hatte erste Wirkung gezeigt: Nicht nur Lichtenhäger Bürger hatten sich versammelt, sogar das Fernsehen war da. Das öffentliche Interesse war endlich geweckt. Einzelne Gruppen von Anwohnern diktierten aufgeregt Medienvertretern die Situation rund um die ZAst in die Notizblöcke: daß man sich abends nicht mehr vor die Tür trauen könne angesichts der vielen Ausländer, daß die überall ihre Notdurft verrichteten und es entsprechend stinke, daß man nachts nicht mehr ruhig schlafen könne, und und und.

Gegen 20 Uhr flogen die ersten Steine gegen die ZAst. Betonplatten wurden aus dem Gehweg gerissen, zertrümmert und als Wurfgeschosse benutzt. Die Asylbewerber, die dem Treiben von den Balkonen aus zugesehen hatten, zogen sich verängstigt in die Wohnungen zurück. Rund 200 Jugendliche und Erwachsene nahmen die ZAst unter Beschuß, bis hinauf zur sechsten Etage gingen Fenster zu Bruch. Ein Molotow-Cocktail flog auf einen Balkon in der zweiten Etage, Flammen loderten auf. Mit Tüchern vermummte Jugendliche skandierten lauthals »Deutschland den Deutschen, Ausländer raus!« und »Sieg Heil!«: Die angekündigte »heiße Nacht« nahm ihren Anfang.

Ungefähr zur gleichen Zeit erschien die Polizei, den sommerlichen Temperaturen angepaßt mit Mütze und kurzärmligem Diensthemd.

Mit einem ernsthaften Einsatz in Lichtenhagen hatte man offenbar nicht gerechnet – trotz eindeutiger Ankündigung mit Tag, Uhrzeit und Ort.

Sofort änderte der Angriff seine Richtung: 150 Jugendliche stürmten gegen die 30 Schutzpolizisten, einige von ihnen wurden vor laufenden Kameras brutal zusammengeschlagen. Mit Stiefeln wurden Beamte in Gesicht und Bauch getreten, als sie bereits am Boden lagen.

Währenddessen hielt sich der Rostocker Ausländerbeauftragte Wolfgang Richter in der ZAst auf, um den Asylbewerbern beizustehen. Gegen 23 Uhr rief er die u. a. auch für Lichtenhagen zuständige Polizeiinspektion im Nachbar-Stadtteil Lütten-Klein an und teilte dem dortigen Einsatzleiter Siegfried Trottnow mit, daß dessen Beamte massiv angegriffen würden.

Es seien keine zusätzlichen Kräfte verfügbar, war die lapidare Antwort, aber er, Richter, solle sich keine Sorgen machen: In einer halben Stunde würden zwei Wasserwerfer eintreffen, dann sei die Polizei wieder Herr der Lage.

Lichtenhäger wollen Protest auf der Straße

Lichtenhagen. „Am Sonnabend werden wir auf die Straße gehen!" Richard B. (alle Namen geändert) versucht verzweifelt, seinem Zorn am OZ-Telefon Luft zu verschaffen. B. spricht von Bürgerinitiative und Bürgerwehr, die sich aus Anwohnern der Zentralen Aufnahmestelle für Asylbewerber gebildet haben. Wo er auf die Straße gehen will, wußte B. am Dienstag noch nicht.

Chris (22), Thomas (22) und Mathias (24) saßen gestern Mittag im Imbiß-Kiosk an der Sparkaufhalle. „Wir werden am Sonnabend hier sein", sagt Chris. Die drei wollen davon wissen, daß die rumänischen Roma „aufgeklatscht" werden sollen. „Die Rechten haben die Schnautze voll!" „Wir werden dabei sein", sagt Thomas, „und du wirst sehen, die Leute, die hier wohnen, werden aus den Fenstern schauen und Beifall klatschen."

Die drei unterscheiden zwischen Asylbewerbern und Zigeunern. „Mit den Fitschis (Vietnamesen d. R.) können wir gut leben", beteuern sie.

Innensenator Peter Magdanz (SPD) wußte bis gestern abend nichts von einer Bürgerinitiative oder Bürgerwehr. „Ich habe nur durch eine Zeitung von einem anonymen Anruf erfahren", beteuert der Senator. Heute wolle er sich mit der Polizei und der Landesregierung in Verbindung setzen, um einer Eskalation der Gewalt vorzubeugen.

„Nicht nur in Rostock verschärft sich die Situation von Tag zu Tag. Ich hoffe nur, daß die Herren in Bonn bald aus ihrer Sommerpause aufwachen", sagt Magdanz.

»Ostseezeitung« vom Freitag, dem 21. August 1992

Als nach einer dreiviertel Stunde von den Wasserwerfern immer noch nichts zu sehen war, erkundigte sich Richter beim Einsatzleiter vor Ort nach dem Verbleib der Wasserwerfer, die doch schon längst da sein müßten.

Der Beamte höhnte. Trottnow wisse doch genau, daß die Kraftfahrer erst gegen 22 Uhr aus Rostock losgeschickt worden seien, um die beiden Wasserwerfer in Schwerin zu holen. Vor 1.30 Uhr seien die nicht zurück.

Laut einem internen Ablaufkalender der Polizei wurden die Fahrer sogar erst um 22.34 Uhr nach Schwerin geschickt. Sie trafen gegen 2 Uhr morgens in der Mecklenburger Allee ein.

Von 20 Uhr bis 2 Uhr, sechs Stunden lang, blieb die ZAst ungeschützt und sich selbst überlassen. Denn die Polizisten waren vollauf damit beschäftigt, sich selbst zu schützen. Schließlich wurden sie so stark bedrängt, daß laut Einsatzprotokoll »ein Rückzug in die ZAst erfolgte«. Ein Kleinbus und ein PKW der Polizei gingen in Flammen auf, ein weiterer Einsatzwagen mußte sich mit zerschlagenen Scheiben zurückziehen.

Rostocks Polizeichef Siegfried Kordus, der an der Lagebesprechung bei Innensenator Magdanz nach Bekanntwerden des anonymen Anrufs teilgenommen hatte, verteidigte sich am nächsten Morgen gegenüber einem Kamerateam: »Mehr Polizei von Anfang an entsprach überhaupt nicht der Lagebeurteilung, und geschlossene Einheiten am Wochenende sind schwierig zu bekommen.«

Zur Rostocker Polizeidirektion gehörten damals über 1.100 Beamte. Daß zu jener Zeit im gesamten Stadtgebiet kein einziger Strei-

Die beiden Wasserwerfer aus Schwerin trafen erst am Sonntagmorgen gegen 2 Uhr ein

fenwagen zur Unterstützung verfügbar gewesen sein sollte, ist so wenig nachvollziehbar wie die Tatsache, daß die Wasserwerfer erst aus der Landeshauptstadt geholt wurden, als der Angriff auf die ZAst und die wenigen Polizisten davor bereits im Gange war.

Überdies erwies sich ihr Einsatz als Reinfall, wie sich der Ausländerbeauftragte Wolfgang Richter erinnerte: »Nachdem diese Wasserwerfer ziemlich schnell ihr Wasser versprüht hatten und ohne Wirkung zu erzielen zurückgezogen werden mußten, habe ich erneut mit Trottnow telefoniert und ihm gesagt, daß die Gewalttäter nun mit doppelter Wucht gegen das Haus anrennen, weil sie die Wasserwerfer erfolgreich zurückgeschlagen hatten. Worauf er mir sagte: ›Sie wissen ja, Herr Richter, am Samstagabend erreiche ich im Schweriner Innenministerium niemanden.‹«

Mit anderen Worten: Die Anforderung von andernorts bereitstehenden BGS-Einheiten konnte nur innerhalb der Dienstzeit erfolgen. Notfälle außerhalb der Dienstzeit waren offenkundig nicht vorgesehen.

Es hatte viel mehr den Anschein, als sei der zuständige Einsatzleiter Siegfried Trottnow mit der Führung seiner Einheiten hoffnungslos überfordert gewesen.

Erst um 3.20 Uhr wurde nach dem erwähnten Ablaufkalender die Rostocker Polizei in Alarmbereitschaft versetzt, was aber die andauernden Angriffe nicht abwehren konnte. Es dauerte weitere anderthalb Stunden, bis sich die Angreifer zurückzogen, »nicht wegen einer massiven Polizeigewalt, sondern weil sie schlicht müde geworden waren«, erzählt später Wolfgang Richter, der als Ausländerbeauftragter die Angriffe zusammen mit den Asylbewerbern an diesem Wochenende erlebte.

Anstatt jetzt Präsenz zu zeigen, wurden die Wasserwerfer wieder zurück nach Schwerin beordert. Dort wurden sie im Hof abgestellt, die Fahrer machten sich auf den Heimweg, zurück nach Rostock. Wenn man sie brauchen würde, könnte man sie wieder beantragen, hieß es aus dem Landespolizeiamt. Dann würden die Fahrer selbstverständlich wieder von Rostock nach Schwerin geschickt, um die Wasserwerfer zu holen.

Damit war klar, daß sie immer zu spät zum Einsatz kommen würden.

Die Bilanz der ersten Gewaltnacht: Dreizehn verletzte Beamte, einer davon schwer, und zehn festgenommene Gewalttäter. Sie waren am Sonntag wieder auf freiem Fuß. Vom Rostocker Polizeichef Siegfried Kordus war bis zu diesem Zeitpunkt nichts zu sehen. Er schrieb später ins Einsatzprotokoll: »Der Unterzeichner *(er selbst – d. Verf.)* begab sich in den frühen Morgenstunden vor Ort und veranlaßte Reinigungs- und Räumungsarbeiten.«

Der Sonntag begann weisungsgemäß mit einem Einsatz der Stadtreinigung. Mit einer Kehrmaschine säuberte man die Wiese vor der Mecklenburger Allee von den Hinterlassenschaften der Nacht. Die Vietnamesen im Wohnheim ließen derweil alle Kaffeemaschinen laufen. Denn, so dachte man sich, die Polizisten vor dem Haus würden sich über ein kleines Frühstück freuen. Eine Geste der Dankbarkeit und auch gedacht als Möglichkeit, mit den Beamten ins Gespräch zu kommen. Nur, das wollten die Schutzmänner offenbar nicht – die gut gemeinte Geste lief ins Leere.

Bereits gegen 12 Uhr am Mittag hielten sich laut Polizeiprotokoll wieder rund 100 Personen vor dem Haus auf. Am Tag zuvor noch hielt es Polizeichef Kordus ebenso wie Einsatzleiter Trottnow für nahezu unmöglich, am Wochenende »geschlossene Einheiten« zur Unterstützung in die Hansestadt zu beordern, jetzt aber, nachdem die erste Runde an die Angreifer gegangen war, bestand darin offenbar kein größeres Problem mehr. Zwei Hundertschaften Bereitschaftspolizei aus Hamburg und ein BGS-Zug rückten am Sonntag an.

»Volksfest« auf der Wiese vor dem »Sonnenblumenhaus«

Nach Aussagen von Mitgliedern der Rostocker Antifa waren nun auch Rechtsextremisten aus ganz Norddeutschland in Lichtenhagen versammelt, unter ihnen Christian Worch (»Nationale Liste«, eine zentrale Figur der Neonaziszene), Bela Ewald Althans (politischer Kopf der »Gesinnungsgemeinschaft der Neuen Front GdNF«), Christian Malcoci (vom Vorstand der »Hilfsgemeinschaft für nationale Gefangene«), Michael Büttner (»Deutsche Alternative« Cottbus«), Gerhard Endress (als Organisator von Wehrsportübungen und damaliger Anführer der österreichischen Neonazi-Szene auch in Deutschland bekannt und als einziger in Rostock festgenommen), Erik Rundquist von der schwedischen VAM (»Weißer arischer Widerstand«), der DVU-Parteichef Gerhard Frey und der Berliner Neonazi Arnulf Priem.

Sie wurden weder von Polizei oder Verfassungsschutz vor Ort observiert, noch wurden sie – mit Ausnahme von Gerhard Endress – festgesetzt, obwohl bekannt war, daß sie in Lichtenhagen auftreten würden. So zitierte die *Ostseezeitung* einen wenig überraschten Rostocker Polizeichef Siegfried Kordus: »Wir hatten Erkenntnisse über Vorbereitungen und waren darauf vorbereitet, daß rechte ausländerfeindliche Trittbrettfahrer den Protest der Lichtenhäger nutzen werden, um die ZAST anzugreifen.« Trotzdem verhielt sich die Polizei auffallend defensiv.

Kurz nach 14 Uhr wurde ein gehbehinderter Wachmann von vier Skinheads angegriffen, eine nach seinen Angaben in Sichtweite parkende Streifenwagenbesatzung griff jedoch nicht ein.

Er sei daraufhin nicht etwa abgelöst worden, erzählte mir der Wachmann, als wir uns am Montagabend in seinem »Dienstzimmer«, der ehemaligen Pförtnerloge im Wohnheim der Vietnamesen, trafen.

Am Sonntag gegen 17.30 Uhr, berichtete er, griffen ca. 200 Jugendliche die Rückseite des Hauses an. Hier befinden sich nur wenige Meter voneinander getrennt die beiden Eingänge Nr.18 (ZAst) und Nr. 19 (Wohnheim der Vietnamesen). Weitere Angreifer bewarfen zur gleichen Zeit die Vorderfront mit Steinen und Flaschen.

Um 17.45 Uhr wurde das Wohnheim der Vietnamesen zum ersten Mal gestürmt. Er sei alleine gewesen, weder durch Kollegen noch durch Polizeibeamte unterstützt. »Ich hab's immer wieder probiert: Die Polizei war zu diesem Zeitpunkt weder über den Notruf 110 noch über die Polizeiinspektion Lütten-Klein noch über die Wache in Warnemünde erreichbar.«

Als die Angreifer durch die Haustür eindrangen, habe er zwei Schüsse aus seiner Gaspistole abgegeben, bevor er in den neunten Stock flüchtete. Erst um 18 Uhr sei die Polizei gekommen und habe damit begonnen, die Angreifer herauszuholen, die teilweise schon bis in den sechsten Stock vorgedrungen waren.

In dem von Kordus zehn Tage später auf Weisung des Schweriner Innenministeriums verfaßten »Geschehensablauf in Rostock« taucht dieser Überfall gar nicht auf. Obwohl er es hätte besser wissen müssen, schrieb er von einem ersten Angriff »gegen 18.45 Uhr gegen die ZAst«. An ein Wohnheim konnte er sich nicht erinnern.

Es dauerte bis kurz nach 20 Uhr, bis drei Wasserwerfer vor dem Haus auffuhren. Mindestens 500 Personen rechnete die Polizei in den folgenden Stunden zum harten Kern der Angreifer. Zum ersten Mal wurden sie von mehreren tausend Schaulustigen beklatscht.

Zu dieser Zeit war Lutz Panhans mit einem Kameramann vor dem Sonnenblumenhaus. Der Mecklenburger Korrespondent des ZDF hielt sich in der Nähe der Polizeikette vor dem Haus auf. Da allerdings fühlte er sich alles andere als sicher: »Das war so was wie ein barbarischer Urknall. Es flogen Steine, auch gegen uns. Wir mußten aufpassen, daß wir nicht unter die Räder kamen. Riesenbrocken flogen an uns vorbei, einer traf den Kameramann am Bein. Ehrlich gesagt: Wir hatten tierisch Schiß.«

Über das Zeigen von Präsenz hinaus gab es bei der Polizei offensichtlich keine koordinierten Aktionen, um sowohl die ZAst als auch das Wohnheim der Vietnamesen wirksam zu schützen. Das zumindest äußerten unabhängig voneinander mehrere Anwohner, der Ausländerbeauftragte Wolfgang Richter und der Sprecher der Vietnamesen, Ngyuen Do Thinh.

Gegen 22 Uhr gingen einige Rostocker zum Polizeieinsatzleiter vor Ort und meldeten bei ihm eine spontane Demonstration mit rund 200 Teilnehmern an. Man wollte friedlich unter dem Motto »Nazis raus!« den Asylbewerbern und auch den Vietnamesen signalisieren, daß draußen nicht nur Rechtsextremisten seien. Nach einigem Hin und Her gab der Einsatzleiter seine Zustimmung und ließ nach Angaben der Antifa sogar einen Wasserwerfer aus dem Weg fahren.

Dann aber machte der Einsatzleiter eine Kehrtwende: In dem Moment, in dem sich der Zug formieren wollte, seien 60 Demonstranten von der Polizei mit der Begründung »Gefahr in Verzug« festgenommen worden, erzählt eine Teilnehmerin. Die Demonstration wurde aufgelöst. Das belegen Filmaufnahmen. Über die Gründe für dieses widersprüchliche Verhalten kann man nur spekulieren. Hatte er eine entsprechende Weisung bekommen oder glaubte er im nachhinein, einen Fehler gemacht zu haben? Sollte die Antifa isoliert und ausgeschaltet werden, weil man fürchtete, ihr Zug könnte die Lage weiter anheizen? Wollte man deeskalieren oder weiter zuspitzen?

Vielleicht gehörte das alles zu jener Konfusion innerhalb der Polizeileitung, die mehrere Augenzeugen meinten festgestellt zu haben.

Im Haus begannen die Vietnamesen damit, Wachposten einzuteilen, um zu beobachten, wie sich die Situation verändert und sich gegenseitig auf dem laufenden zu halten. Schließlich hatten sie schon einige Rückzüge erlebt; das Vertrauen darauf, immer und jederzeit beschützt zu sein, war entsprechend gering. Einige der jungen Männer begannen damit, den Schutz selbst in die Hand zu nehmen. Trupps wurden zusammengestellt für den Fall, daß das Haus noch einmal angegriffen würde. Zunächst in der vierten Etage, dann sollte Stockwerk um Stockwerk verteidigt werden bis hinauf zum siebten. Darüber sollten die Frauen und Kinder gesammelt werden.

Zur selben Zeit wurde die Polizei massiv mit Steinen, Molotow-Cocktails, Leuchtraketen und Leuchtspurmunition angegriffen. Gegen 22 Uhr teilte der Einsatzleiter vor Ort mit, daß die »Lage noch maximal 30 Minuten zu beherrschen sei«, erinnert sich Rostocks Polizeichef Kordus in seinem »Geschehensablauf«.

Erst jetzt wurde nach Absprache mit Innenminister Lothar Kupfer landesweiter Alarm ausgelöst. Aus Hamburg zur Unterstützung angeforderte Einheiten kamen, teilweise mit Hubschraubern des BGS eingeflogen, gegen zwei Uhr nachts in Lichtenhagen an, die letzten Einheiten waren um vier Uhr vor Ort.

Damit waren auch die Krawalle beendet, allerdings weniger durch die Polizei als vielmehr wiederum durch die Müdigkeit der Angreifer. Auch diese Runde ging an sie.

Rostocks Innensenator Peter Magdanz zeigte sich tags darauf überrascht: »Es gab keinen konkreten Anlaß für das Stürmen der ZAst. Das wilde Camp vor dem Haus war abgebrochen, die Anlage aufgeräumt.«

Daß das Wohnheim der Vietnamesen und eben nicht die ZAst gestürmt worden war, wußte der Rostocker Innensenator offenbar nicht – oder wollte es nicht wahrhaben, weil es nicht in das Konzept der von ihm immer wieder beschworenen »Asylantenflut« paßte?

Fakt ist: Der Ausländerhaß richtete sich vom ersten Moment an nicht ausschließlich gegen die ZAst und die damit verbundenen Mißstände, sondern genauso gegen die vietnamesischen Vertragsarbeitnehmer und ihre Familien. Polizeitaktisch aber spielte das keine Rolle.

Daß die vietnamesischen Einwohner Rostocks grundsätzlich gefährdet waren, war aber hinreichend bekannt: Ausgerechnet Siegfried Kordus, der oberste Rostocker Polizeibeamte, verfasste selbst einen Artikel dazu. Nicht für den internen Gebrauch, sondern ganz öffentlich in einer Broschüre des Bundesinnenministeriums mit dem Titel »Texte zur Inneren Sicherheit. Wehrhafte Demokratie und Rechtsextremismus«: »Eine zunehmende Ausländerfeindlichkeit macht sich seit der Wende in Rostock bemerkbar. Ab August 1990 kam es wiederholt zu tätlichen Auseinandersetzungen zwischen Gruppierungen Jugendlicher und Heranwachsender mit Ausländern (...) Die zunehmende Ausländerfeindlichkeit richtete sich ebenfalls gegen die noch in Rostock lebenden vietnamesischen Bürger. Im Stadtgebiet wurden Karten aufgefunden, die zur ›Ausländervernichtung‹ aufriefen. Die Karten waren unterzeichnet mit ›Ausländervernichtung – Kommando Wolf‹ und enthielten solche Parolen wie ›Wir kriegen Euch alle, Deutschland bleibt Deutsch – Sieg Heil!‹ oder ›Vitschis werden erdrosselt‹.«

Das schrieb der Polizeidirektor nicht etwa in der Nachschau der Lichtenhäger Anschläge: Sein Artikel erschien bereits in der Märzausgabe 1992 – ein halbes Jahr vor dem Fanal.

Daran aber schien er sich nicht weiter zu erinnern, als er den ersten Sturm auf das Wohnheim der Vietnamesen in seinem Geschehensablauf unterschlug. Überhaupt, Angriffe gegen die »guten Ausländer« schienen nicht ins Bild zu passen.

Es ist eher unwahrscheinlich, daß der Innensenator der Hansestadt weder den Aufsatz seines Polizeidirektors über Rostocks innere Sicherheit kannte, noch daß er je von der offenbar seit Jahren latenten Bedrohung der vietnamesischen Mitbürger gehört haben will. Eine Gefährdung der ehemaligen Vertragsarbeitnehmer und ihrer Familien schloß er jedenfalls auch nach den gezielten Angriffen der letzten Tage gegen sie weiter aus.

An einen verstärkten Schutz wurde ebenso wenig gedacht wie an eine Evakuierung. Sie blieben sich selbst überlassen. Auch über das Wochenende hinaus.

24. August 1992, 13.00 Uhr
Berlin, ZDF-Redaktion »KENNZEICHEN D«

»Sitzung!« So geht das immer los. Aus allen Büros kommen die Kollegen zusammen. Was soll am Dienstag im Programm sein? »Habt ihr von Rostock gehört?«, fragt Joachim Jauer, der Redaktionsleiter. »Seit Tagen ist da schon Randale. Und die Polizei kommt damit anscheinend nicht klar. Ich garantiere euch, das wächst sich aus. Wer fährt?«

Klar hat jeder hier davon gehört. Die Agenturen lieferten schließlich reichlich Berichte über die ZAst, die offenbar ein Hirni mitten in die Plattenbausiedlung gesetzt hatte. Seit 11 Uhr seien wieder Jugendliche auf der Wiese vor dem Haus aufmarschiert, heißt es.

»Die ZAst ist doch seit heute morgen geräumt, was wollen die noch da?«

Irgendwie habe ich eine Kurzschluß. Ich solle doch mal nachdenken, sagt einer der Kollegen. »Die warten auf die nächste Runde.«

»Nun kommt mal wieder auf den Teppich!« Joachim Jauer ist sauer. Eine verdammte Schweinerei sei das, was da gerade passiere. Und wenn sie räumten, sei das eigentlich eine Kapitulation. »Ich möchte, daß Dietmar und Thomas nach Rostock fahren.«

Interviews mit den evakuierten Asylbewerbern sollten sie machen, Bilder vom Haus und der Lichtenhäger »Platte«, im Volksmund Arbeiterschließfächer genannt. Und mit den Vietnamesen im Wohnheim neben der ZAst müßten sie reden, schließlich erlebten die die Angriffe schon seit Tagen. Und keiner habe sie evakuiert.

Anwohner, Täter, Polizei … Es gibt viel zu tun. Und morgen ist Sendung.

Die Sitzung ist beendet, jeder zieht sich wieder in sein Büro zurück. Es gibt schließlich auch noch andere Themen zu recherchieren. »Kennzeichen D« ist gerade wegen seiner Mischung so beliebt.

Ich habe schon einige andere Berichte fürs Fernsehen und davor für den Hörfunk gemacht. Aber hier »beim Kennzeichen« will ich die politische Berichterstattung lernen. Das könnte meine Chance sein,

Das »Sonnenblumenhaus« – zehn Jahre danach

denke ich. Also Thomas hinterher. Schließlich recherchiere ich schon zwei Jahre in der rechten Szene für einen Spielfilm, das könnte die Sache ein Stück weiterbringen. Und nebenbei, denke ich, könnte das beiden Kollegen auch helfen.

»Klar kannst du mitkommen«, grinst Thomas. »Hast ja gehört, die Zeit ist knapp. Wir drehen und du recherchierst gleichzeitig die noch fehlenden Fakten.«

Endlich kann ich mal eigenständig an einem Bericht mitarbeiten. Noch schnell ein Blick in die Agenturmeldungen und dann ab ins Auto. Die Strecke Berlin – Rostock schafft man in drei Stunden.

»Was weißt du über DDR-Vertragsarbeiter?«

»Ehrlich gesagt, nichts«, antworte ich auf Dietmars Frage. Fast hätte ich mich entschuldigt, daß ich eben aus dem Westen komme, aufgewachsen in einem Dorf. Da gab es keine Vertragsarbeiter. Aber ich will ja was lernen. »Die Grundlage eines guten Journalisten sind die Fakten im Hintergrund«, referiert Dietmar, »auch wenn du sie später im Bericht nicht benutzt, Hauptsache du kannst so die Zusammenhänge erkennen.«

Es ist die erste Lektion.

Viele werden in den nächsten Stunden folgen.

»Völker hört die Signale«. Ausländer in der DDR

Wir können wirklich sagen,
daß wir in einer großen, glücklichen Familie leben.
Diese Familie heißt »Kollektiv der Südküche«,
denn wenn es im Leben oder bei der Arbeit Schwierigkeiten gab,
bekamen wir immer Hilfe von unseren deutschen Kollegen.
»Hafenrundschau.
Organ der SED-Grundorganisation
Seehafen Rostock, 1982

Angehörige der Sowjetarmee, politische Emigranten, unter anderem aus Griechenland, Spanien und Chile, Studenten aus Dritte-Welt-Ländern und vor allem Vertragsarbeiter aus befreundeten sozialistischen Staaten oder denen, die gerade auf dem Weg dahin waren – das waren die Ausländer, die in der DDR lebten. Es mangelte schlicht an Arbeitskräften. Über eine Million DDR-Bürger hatten bis 1961 den Weg in den Westen angetreten.

Um das Defizit zu beheben, holte man Arbeitskräfte aus Polen, Bulgarien und Ungarn. Neben der Hilfe für die DDR sollte dies aber auch der beruflichen Aus- und Weiterbildung der Arbeitskräfte und damit dem jeweiligen Partnerland dienen, um die Exporttätigkeit zwischen den Ländern zu erleichtern. Die Zahl der Arbeitskräfte der ersten Phase blieb aber zu Beginn der 60er Jahre noch relativ gering.

Erst Jahre nach dem Mauerbau und der totalen Abschottung nach Westen startete man die zweite und zugleich letzte Phase. Die Zusammenarbeit zwischen den »Bruderländern« auf der Basis von Regierungsabkommen wurde intensiv vorangetrieben, immer mehr ausländische Arbeitskräfte kamen.

Zwischen 1987 und 1989 verdreifachte sich deren Zahl, begründet mit der demographischen Struktur in der DDR, so daß sich Ende 1989 etwa 90.000 ausländische Arbeiter in der DDR aufhielten, eingesetzt vor allem in der Schwerindustrie, im Maschinenbau, der Leichtindustrie und im Verkehrswesen. Schwerpunkt waren die südlichen Bezirke der DDR, dort, wo sich die großen Industriestandorte befanden.

Neben der Zusammenarbeit mit Polen und Kuba schloß die DDR-Regierung Ende der 70er Jahre Abkommen mit Moçambique und Vietnam. Gerade letztere stellten bald die größte Gruppe der in der DDR beschäftigten Vertragsarbeiter: 59.000; das waren etwa zwei Drittel aller ausländischen Arbeitskräfte.

»Mafia« und »Zigarettenhändler« – viel mehr fiel so manchen Ex-DDR-Bürgern nach der Wende nicht ein, wenn es um Vietnamesen ging, von »Mitbürgern« sprach nahezu niemand, oft nur abfällig von »Fidschis«. Warum sollte man sich auch weiter mit ihnen befassen. Aus dem gesellschaftlichen Leben der DDR waren sie seinerzeit sowieso nahezu ausgeschlossen worden. Dafür hatte der Staat schon gesorgt. Also auch weiterhin alles in bester Ordnung, was fremd war, sollte fremd bleiben.

Das war auch in Lichtenhagen nicht anders. Man begegnete sich zwar zwangsläufig in der Kaufhalle oder auf der Straße, aber mit den »Fidschis« reden – nein danke. Arbeiten sollten sie oder ganz schnell nach Hanoi zurückkehren. Warum sie vor Jahren überhaupt in die DDR gekommen waren, wissen die meisten Deutschen in Ost und West bis heute nicht. Entschieden wurde das ganz oben.

Am 11. April 1980 schlossen die Regierungen der DDR und Vietnams ein Abkommen »über die zeitweilige Beschäftigung und Qualifizierung vietnamesischer Werktätiger in den Betrieben der DDR«. Darin wurde vereinbart, junge vietnamesische Staatsbürger für maximal fünf Jahre zum Arbeiten in die DDR zu schicken. Verbunden sollte dies sein mit der »Aneignung und Erweiterung praktischer Berufserfahrungen im Prozeß der produktiven Tätigkeit sowie der beruflichen Aus- und Weiterbildung im Rahmen der betrieblichen Erwachsenenqualifizierung«. Aber anders als in den 60er Jahren stand nicht mehr die Ausbildung und der Erwerb eines Berufsabschlusses im Vordergrund: Damit sollte dem Arbeitskräftemangel der DDR, die Ende 1989 nur noch 16,3 Millionen Einwohner hatte, begegnet werden.

Dieser Mangel bestand allerdings nur bei Hilfsarbeiterjobs, für die sich nur schwer einheimische Arbeiter finden ließen. Das wurde im Abkommen natürlich nicht mitgeteilt.

Erwachsenenqualifizierung bedeutete berufliche Aus- und Weiterbildung parallel zum Arbeitsalltag, der meist im Zwei- oder Dreischichtsystem ablief, auch am Wochenende. Eine Pflichtveranstaltung für alle jungen Vietnamesen, die direkt nach der Schule und ohne Berufsausbildung in die DDR gekommen waren, aber auch für ältere Vertragsarbeiter, die bereits einen Berufsabschluß besaßen. Für die gesamte Ausbildung konnte ein Vertragsarbeiter allerdings nur ganze 15 Tage freigestellt werden. Das mußte eben reichen. Entsprechend traurig sah die Erfolgsbilanz des deutsch-vietnamesischen Vertrags für die »Gastarbeiter« aus.

Bis 1988 waren 590 Vietnamesen im VEB Seehafen Rostock, dem Betrieb mit den meisten ausländischen Mitarbeitern im Bezirk, beschäftigt. In dieser Zeit erhielten ganze 86 von ihnen einen Facharbeiterabschluß und 159 einen sogenannten Berechtigungsnachweis. Der aber bedeutete nicht mehr, als daß sie über Kenntnisse verfügten, um zum Beispiel als Kran- oder Staplerfahrer arbeiten zu können. 345 vietnamesische Vertragsarbeiter, also fast 60 Prozent, blieben ohne die vertraglich vereinbarte Ausbildung bzw. Fortbildung – so festgehalten in den Unterlagen der Abteilung »Betreuung ausländischer Werktätiger des VEB Seehafen Rostock«. In anderen Betrieben sah es ähnlich aus.

Das Regierungsabkommen schrieb zudem fest, daß nur 18- bis 35jährige zukünftige Facharbeiter und 18- bis 40jährige mit Fach- bzw. Hochschulabschluß in die DDR reisen durften. In einer größeren ärztlichen Untersuchung mußte erst einmal die Tauglichkeit für die jeweilige Arbeit festgestellt werden. Ebenfalls war festgelegt, daß keine Familienangehörigen, d. h. Ehepartner und Kinder, mit in die DDR kommen durften. Für die gesamte Zeit war lediglich *eine* Reise in das Heimatland vorgesehen.

Auffallen durfte man nicht. Der Arbeitsvertrag konnte vorzeitig gelöst werden, wenn ein schwerwiegender Verstoß »gegen die sozialistische Arbeitsdisziplin« vorlag. Auch längere Krankheit oder ein Arbeitsunfall mit langwierigen Folgen konnten das Arbeitsverhältnis vorzeitig beenden, wenn »nach ärztlichem Gutachten mit der Wiederherstellung der Arbeitsfähigkeit in absehbarer Zeit nicht zu rechnen ist«. Der oder die Betreffende mußte in das Heimatland zurückreisen. Sofort und ohne Aufschub.

In einem ein- bis dreimonatigen Lehrgang wurden den Vertragsarbeitern Grundkenntnisse der deutschen Sprache und erste Kenntnisse über die zukünftige Arbeit vermittelt. Daneben wurden sie in die »grundlegenden Verhaltensanforderungen im Betrieb und in der

Freizeit« eingeführt. Die Entwicklung der sprachlichen Fähigkeiten beschränkte sich demzufolge auf ein Minimum. Hauptsache, sie verstanden die einfachsten Arbeitsaufträge.

Die Unterbringung erfolgte in Gemeinschaftsunterkünften, meist Arbeiterwohnheimen mit strengen Regelungen. Auch die Möglichkeit, Besuch zu empfangen, war stark eingeschränkt. Ohne eine besondere Gästekarte, die beim Pförtner auszufüllen war, ging gar nichts; ein Grund mehr dafür, daß es außerhalb der Arbeit wenige Gelegenheiten für Kontakte zu DDR-Bürgern gab.

Besonders hart waren die Vertragsarbeiterinnen von den restriktiven Maßnahmen betroffen. Eine von ihnen war Thia: Am 26. August 1984 kam sie nach Rostock. 25 Jahre war sie damals alt, zwei Berufe hatte sie gelernt in Haiphong, dem größten Überseehafen Nord-Vietnams: Facharbeiterin und Köchin. Eigentlich war das eine schöne Zeit, erzählt sie mir, als wir uns in Rostock treffen. Eines Morgens sagte ihr Chef, daß sie für zwei Jahre in die DDR gehen solle. Thia war sofort einverstanden: »Ja, habe ich gesagt, zwei Jahre, das ist eine kurze Zeit. Aber da kann man was lernen. Denn das ist ja ein modernes Land.« Aber als sie ihre ganzen Unterlagen und Papiere besorgt hatte, hieß es plötzlich: »Das werden nicht nur zwei Jahre, du machst das vier Jahre.« Ihr Vater war dagegen, aber sie hatte sich entschlossen.

Versprochen wurde ihr nichts, sagt Thia. Aber man erzählte ihr, daß sie eine Ausbildung bekomme und einen neuen Beruf lernen werde. Sie freute sich: ein anderes Land, eine neue Erfahrung, alles in allem eine tolle Chance.

VEB SEEHAFEN ROSTOCK
Arbeiterwohnheim Lichtenhagen

GÄSTEKARTE

Name: .... Vorname: ....

PA-Nr./Pass-Nr. ....

Anreisetag: ....

Abreisetag: ....

....
Abt.-Leiter Ausländerbetreuung

Hahn, Wmde. II 15 15 Cn G 1/87

»Gästekarte« aus DDR-Tagen für das Ausländerwohnheim. Dadurch wurden Kontakte zu Einheimischen außerhalb der Arbeit spürbar behindert

In Rostock wurde sie der Küche des Stadthafens zugeteilt: als Herdhilfe und Putzfrau. Nebenbei wurde ihr und den anderen Neuankömmlingen in zwei Monaten Deutsch beigebracht. Nicht dazu gedacht, sich unterhalten zu können – mehr zum Verstehen, was der Chef von ihnen wollte.

Ein Jahr lang hielt Thia den Hilfsarbeiterjob aus. Dann ging sie zu ihrer Chefin in der Großküche. »Das ist sehr ungerecht. Zuhause habe ich wirklich einen schönen Beruf, und hier bin ich Putzfrau. Ich möchte eine Prüfung machen.« Die Chefin, eher von gemütlicher Natur, stimmte zu. Thia wurde Gruppenleiterin, selbst eine »kleine Chefin« über vier Frauen. Nur eine Ausbildung, so wie ihr das zuhause in Haiphong gesagt worden war, bekam sie nicht.

Thia wohnte im Sonnenblumenhaus in Lichtenhagen. Eine große Wohnung war das, erzählt sie, fünf Zimmer. Darin lebte eine Art Wohngemeinschaft: sechs Frauen, in jedem der drei kleineren Zimmer zwei. Bett und Schrank für jede.

Vietnamesische Frauen, die in die DDR kamen, waren dazu verpflichtet worden, eine Schwangerschaft zu vermeiden. Und passierte es doch, wurde in der Regel das Arbeitsverhältnis beendet, und die Schwangere mußte zurück nach Vietnam. Die Betriebe waren »verpflichtet, die weiblichen ausländischen Werktätigen über die Möglichkeiten und Bedingungen zur Verhütung oder auch zum Abbruch von Schwangerschaften zu informieren«. So stand es in einem internen Instruktionspapier des Staatssekretärs für Arbeit und Löhne vom 1. März 1989.

Für Frauen, die trotz alledem schwanger wurden und aus gesundheitlichen Gründen nicht in der Lage waren, in ihre Heimat zu fliegen, galt ab 1988: »Wenn die Werktätige es wünscht, kann sie den im Abkommen vorgesehenen Heimaturlaub nutzen, um in der Heimat zu entbinden oder nach der Entbindung das Kind in die Heimat zu bringen. Danach kann sie ihre Arbeitstätigkeit in der DDR fortsetzen«, heißt es in dem Papier weiter. Die Trennung von Mutter und Kind wurde von Seiten der DDR-Führung als legitim angesehen, das Selbstverständnis der DDR als kinderfreundlicher Staat galt demnach in erster Linie für Deutsche.

Thia wurde schwanger.

Im Frühjahr 1988 war das, erzählt sie, und es sei ein Wunschkind gewesen von ihr und ihrem vietnamesischen Freund. »Daß das verboten ist, wußten wir. Normalerweise gab es nur zwei Möglichkeiten:

Entweder du mußt zurück nach Vietnam, oder du gehst zum Arzt und läßt es abtreiben. Es gab Chefs, die sagten: ›Treib ab, dann kannst du bleiben.‹ Es gab aber auch welche, die hielten das im Nachhinein für eine Schande und haben es in die Akte geschrieben.«

Für Thia aber war klar, daß sie ihr Kind behalten wollte, »obwohl ich Angst hatte, daß ich nach Hause müsse, bevor mein Arbeitsvertrag beendet war. Für die Familie in Vietnam ist es eine große Schande, wenn ein Kind so ist.« Denn schließlich war es der Rausschmiß aus dem gelobten Land, in dem angeblich Milch und Honig flossen. So jedenfalls dachte man in Vietnam über die DDR.

Die ersten Monate ging alles gut. Von der Arbeit ging sie schnell nach Hause, rein in ihr Zimmer, Tür zu, keiner wußte Bescheid. Nur ihr Freund war im Bilde. Und eine deutsche Familie, zu denen Thia Mutti und Vati sagte. Eine Art Ersatzeltern fern von Zuhause, die nach vier Monaten eingeweiht wurden. Hier, wußte Thia, konnte sie auf Hilfe zählen.

»Nur ganz wenige Leute haben geahnt, daß ich schwanger war. Im sechsten Monat war mein Bauch dann deutlich zu sehen. Aber ich habe meiner Chefin gesagt, das sei von der Küche.« Aber irgendwann ging das nicht mehr. Vier Schichten mußte Thia damals arbeiten, und langsam fiel ihr das schwer.

»Du, Chefin, habe ich gesagt, ich muß mit dir reden. Und als ich ihr die Wahrheit gesagt habe, hat sie sich totgelacht. Sie konnte das nicht verstehen, weshalb ich Angst hatte. ›Du kannst jetzt zwei oder drei Schichten arbeiten, ich helfe dir dabei. Du darfst nicht mehr schwer tragen‹, sagte die Chefin, ›du sagst deinen Leuten, daß sie das machen sollen‹. In Ordnung, habe ich geantwortet, aber ich kann ja nicht überall erzählen, daß ich schwanger bin. ›Nein‹, sagte sie, ›wenn du Probleme hast, dann sagst du mir das. Dann sage ich den Leuten: Helft der kleinen Thia.‹ Eigentlich hätte meine Chefin mich entlassen müssen. Aber sie hat mir geholfen.«

Die Freundschaft hält bis heute.

Thias Kolleginnen tuschelten zwar über das »Malheur«, aber alle hielten dicht. Schließlich waren auch sie Vietnamesinnen und – wer weiß – vielleicht selbst mal in einer vergleichbaren Situation.

Trotzdem lebte Thia ständig in Angst. Wenn die obersten Vorgesetzten von ihrer Schwangerschaft erfahren würden, wäre die Zwangs-Heimreise besiegelte Sache. Sie fuhr nicht häufiger ins Wohnheim als unbedingt nötig und übernachtete meist bei ihrem Freund, dem Vater ihres gemeinsamen Kindes. Der wohnte in einem anderen Haus und hatte ein kleines Zimmer für sich allein. Eine gewisse Zeit ging das gut, aber auf Dauer? »Ich habe mich dann bei meiner deutschen Familie versteckt, bis ich im siebten, achten Monat war. Denn ab dann konnte ich nicht mehr per Flugzeug zurückgeschickt werden.«

Am 17. November 1988 wurde Thia in die Frauenklinik eingewiesen. Dafür hatten ihre deutschen Ersatzeltern gesorgt. Mai Phuong kam drei Wochen zu früh auf die Welt.

»Ich nahm an, ich könne mit meinem Kind zuhause bleiben wie die deutschen Mütter und ein Babyjahr nehmen. Doch kaum war meine Tochter auf der Welt, bekam ich einen Zettel, nicht einen Brief oder so. Die zuständige Abteilung teilte mir mit: Thia, du mußt arbeiten. Aber in harten Worten. Du mußt dir einen Kinderkrippenplatz besorgen. Häng nicht so faul zu Hause rum, geh zur Arbeit. Aber ich hatte gedacht, wenn mein Kind hier geboren ist, dann ist das so wie bei allen Kindern. Und ich dachte, daß ich auch Kindergeld bekäme und Mutterschaftsurlaub. Nein, sagten sie, du mußt arbeiten.« Thia mußte von heute auf morgen eine Kinderkrippe finden, die bereit war, einen Säugling aufzunehmen. Und dann reihte sie sich wieder ein in den Kreis der ausländischen Werktätigen. So, als wäre nichts gewesen.

Vietnamesische Frauen waren also ein Unsicherheitsfaktor für volkseigene Betriebe. Und auch der FDGB wurde langsam unruhig und konstatierte im Januar 1989: »Durch den Einsatz von rund 20.000 weiblichen vietnamesischen Werktätigen, vor allem in der Leichtindustrie, ist Schwangerschaft zu einem zunehmenden Problem des Einsatzes ausländischer Werktätiger geworden.« Man hatte die Folgen vor Augen: Krippen- und Kindergartenplätze, vielleicht sogar noch Schulplätze? Darauf war man nicht vorbereitet. Es war ähnlich wie bei den Gastarbeitern in der Bundesrepublik: Man hatte Arbeitskräfte gewollt, und gekommen waren Menschen.

Eine Möglichkeit zur Einschulung vietnamesischer Kinder in der DDR bestand nicht. Auf Integration in den DDR-Alltag und auf ein möglichst selbstbestimmtes Leben mit entsprechenden sprachlichen Fähigkeiten wurde kein Wert gelegt. Die Vertragsarbeiter, Männer und Frauen, waren nur als Arbeitsmasse bestimmt, komplett verwaltet bis in die Intimsphäre. Dafür gibt es einen Fachbegriff: struktureller Rassismus.

Allen Möglichkeiten zur Integration wurde bewußt ein Riegel vorgeschoben, um zu verhindern, daß Ausländer ihren Wohnsitz in der

DDR nahmen. Kontakte zu deutschen Bürgern waren der staatlichen Kontrolle unterworfen oder fanden heimlich statt. Es gab nicht wenige Ersatzeltern wie die von Thia, die sich wegen der internationalen Solidarität, aus christlicher Nächstenliebe oder einfach nur aus Mitmenschlichkeit um einzelne Ausländer kümmerten. Aber das war eben die Minderheit.

Das Selbstbestimmungsrecht wurde weitgehend eingeschränkt, das »Gastland« behielt sich vor, über die Lebensläufe der Vertragsarbeiter selbst zu bestimmen. Nur wer uneingeschränkt arbeitsfähig war, hatte ein Recht auf Aufenthalt. Eine versprochene Berufsqualifizierung gab es letztlich nicht.

Einmal noch wurden sie geradezu umworben, doch dringend in den Arbeiter- und Bauernstaat zu kommen: im Sommer 1989.

Die DDR dünnte aus, die Welle der Botschaftsflüchtlinge erhöhte noch einmal den Bedarf an Arbeitskräften. Viele kamen. Ostdeutsche erzählten sich zu jener Zeit den Witz, daß die DDR für jeden Flüchtling einen VW bekomme – einen vietnamesischen Werktätigen.

Kurze Zeit später aber sah die Lage auf dem ostdeutschen und bald darauf auf dem gesamtdeutschen Arbeitsmarkt grundsätzlich anders aus. Der Einigungsvertrag ermöglichte auf gesetzlichem Weg, die inzwischen zu große Zahl an Arbeitskräften einfach durch Entlassungen zu reduzieren. Diejenigen Ausländer, die erst 1989 in die DDR gekommen waren, hatten einen Arbeitsvertrag bis 1994, der aber wegen zwingender Gründe vorzeitig beendet werden konnte. Und zwingende Gründe gab es plötzlich mehr als zuvor in der DDR.

Dazu zählte, daß eine Erhöhung der Rentabilität nur durch Reduzierung des Personals erreicht werden konnte, oder daß die Umstellung des Produktionsprofils eine Personalreduzierung erforderte.

Diese Gründe lagen fern ab von dem, was es in den alten Ländern an geltenden Kündigungsvorschriften gab. Die Noch-DDR wurde zur Sonderzone gemacht, in der es plötzlich eigene Regeln gab und in der sich den Betrieben eine einmalige Möglichkeit zur schnellen Entlassung bot. Eine zu zahlende finanzielle Entschädigung erhielten die Unternehmen bei eigener Zahlungsunfähigkeit vom Staat, allerdings nur bis zum 31. Dezember 1991.

An jenem Tag wurde den letzten vietnamesischen Arbeitern im Rostocker Seehafen gekündigt.

Arbeitslosigkeit war hier eine ganz neue Erfahrung. Für die Entlassenen bedeutete das die Zahlung des bisherigen Nettolohns für drei

Monate, eine einmalige Unterstützung in Höhe von 3.000 DM, die Übernahme der Reisekosten zurück ins Heimatland sowie Hilfe beim Versand der persönlichen Dinge und die Unterbringung im Wohnheim bis zur Ausreise. Wer nicht zurückreisen wollte, durfte bis zum Ende der ursprünglichen Vertragsdauer (meist 1994) in Deutschland bleiben.

Die Betroffenen durften noch drei Monate im Wohnheim bleiben, um sich dann eine eigene Wohnung zu suchen. Bei Arbeitslosigkeit hatten sie das Recht auf Leistungen nach dem Arbeitsförderungsgesetz, auf Vermittlung durch das Arbeitsamt oder Umschulung wie auch auf Gewährung eines Gewerbescheins, um sich irgendwie selbständig zu machen. Dies alles aber war befristet bis zum Ende der durch das Regierungsabkommen festgelegten Aufenthaltszeit.

Den letzten 74 vietnamesischen Arbeitern im Rostocker Seehafen wurde zum 30. Juni 1991 oder zum 31. Dezember 1991 gekündigt, nachdem im Frühjahr 1991 bereits als Folge der Umstrukturierung mit Kurzarbeit begonnen wurde. Die Miete für einen Platz im Arbeiterwohnheim in der Hermann-Matern-Straße 18/19, die später in Mecklenburger Allee umbenannt wurde, erhöhte sich sprunghaft – von vormals 30 auf 196 DM. Mietanpassung: auch ein neues Wort.

Dieser Betrag wurde pro Person erhoben. Bis zu fünf Vietnamesen teilten sich jeweils eine Wohnung. Die Kosten fürs Überleben stiegen sprunghaft, mit der gleichen Geschwindigkeit spitzte sich die soziale Situation der in Rostock lebenden Vietnamesen zu. Die Leistungen des Arbeitsamtes waren wegen der vorher sehr niedrigen Löhne für Hilfsarbeiter gering, die Mieten dagegen hoch. Vor allem waren die meisten ohne Chancen auf dem Arbeitsmarkt. Erstmals war es zwar den vietnamesischen Frauen möglich, ohne Verbote Kinder zu bekommen, Anspruch auf Kindergeld besaßen sie aber nicht. Und Sozialhilfe wurde meist aus Angst vor aufenthaltsrechtlichen Folgen nicht in Anspruch genommen.

Die Anmeldung eines Gewerbes blieb oft die einzige legale Möglichkeit zur Existenzsicherung, der Schwarzhandel mit Zigaretten als illegale. In dieser Zeit nahm die ostdeutsche Bevölkerung erstmals Vietnamesen in der Öffentlichkeit wahr: auf den Märkten.

Über die großen Probleme der ehemaligen Vertragsarbeiter war wenig bekannt. Gleichwohl aber wuchsen die Ressentiments, auch im Westen. »Was machen zum Beispiel die Vietnamesen? Es waren die ersten, die nach der Wende die dicken Schlitten fuhren. Weil sie mit geklauten oder illegalen Zigaretten handeln. Arbeiten will doch von denen keiner, und das wissen Sie genau wie ich.« Das und noch viel mehr schrieb ein Zuschauer aus einem schwäbischen Dorf an KENNZEICHEN D am 25. August 1992, dem Tag nach dem Anschlag.

Als Stichtag für die Angleichung an das in der BRD geltende Ausländerrecht wurde der 1. Januar 1991 festgelegt. Nur wer bis zu jenem Zeitpunkt einen mindestens achtjährigen Aufenthalt in der DDR nachweisen konnte, erhielt eine unbefristete Aufenthaltserlaubnis. Dies aber traf nur für die wenigsten zu. Die weitaus größere Gruppe bekam nur eine Aufenthaltsbewilligung, wie sie Saisonarbeiter und Werkvertragsarbeitnehmer erhalten. Dieser auf einen Zweck (Arbeit oder Studium) und eine zeitliche Frist ausgerichtete Aufenthaltstitel kann nicht zu einem verfestigten Aufenthalt führen, d. h. nicht in eine Aufenthaltserlaubnis umgewandelt werden. Die in der DDR verbrachten Jahre wurden, wenn es weniger als acht waren, bis 1997 nicht auf die Gewährung von Aufenthalt angerechnet. Die ehemaligen Vertragsarbeiter der DDR wurden somit anders als die Gastarbeiter der BRD behandelt, die in den 70er und 80er Jahren die Möglichkeit hatten, ihren Aufenthalt zu verfestigen, also dauerhaft in Deutschland zu bleiben.

Verschiedene Gruppen und Vereine und vor allem die ostdeutschen Ausländerbeauftragten bemühten sich seit Sommer 1992 um eine Änderung der sogenannten Arbeitsaufenthaltsverordnung vom 19. Dezember 1990, in der die Behandlung der Vertragsarbeitnehmer geregelt worden war. Eine Sonderregelung sollte her, die besagte, daß auch bei Verlust des Arbeitsplatzes keine vorzeitige Ausweisung erfolgte, sondern der Aufenthalt erst zum durch das Regierungsabkommen festgelegten Termin endete.

Bürgerschaft und Senat der Hansestadt Rostock unterstützten im Mai und Juni 1992 die Bemühungen, diese Verordnung zu ändern. In einer sogenannten »Willensbekundung« ersuchten sie »den Bundestag und die Bundesregierung, eine politische und humanitäre Entscheidung zu treffen, die den noch verbliebenen Arbeitnehmerinnen und Arbeitnehmern (...) die Möglichkeit für einen längeren Aufenthalt in der Bundesrepublik Deutschland mit der Möglichkeit der Verfestigung dieses Aufenthalts zu gewähren (...) Der Landtag und die Landesregierung werden ersucht, sich an einer entsprechenden Bundesratsinitiative zu beteiligen.«

Diese Willensbekundung des Rostocker Senats wurde »mit einer übergroßen Mehrheit von Stimmen aus allen Fraktionen angenommen«. Also auch aus den Reihen der CDU, die in Mecklenburg-Vorpommern die Landesregierung stellte. Ähnliche Erklärungen wurden auch in den Städten Schwerin und Greifswald abgegeben. Und in der Landeshauptstadt Schwerin wurde tatsächlich reagiert.

Im Innenministerium des Landes Mecklenburg-Vorpommern bereitete man ebenfalls eine Stellungnahme vor – allerdings in die genau entgegengesetzte Richtung. Eine Bleiberechtsregelung sollte mit allen Mitteln verhindert werden. Dabei wurde es nicht für nötig erachtet, das Gespräch mit den Betroffenen selbst oder mit den Experten vor Ort zu suchen. Der Ausländerbeauftragte der Hansestadt Rostock, Dr. Wolfgang Richter, bemühte sich seit Juni 1992 immer wieder um einen Gesprächstermin im Innenministerium – erfolglos.

Die CDU-Landesregierung wollte sich nicht reinreden lassen. Monatelang wurde hinter den Kulissen massiv gegen die Vertragsarbeiter gearbeitet. Hauptsache, sie würden das Land so schnell wie möglich verlassen. Bloß keine Zukunft für sie in Mecklenburg-Vorpommern schaffen. Bloß keine Lücke übersehen, die für sie zum Schlupfloch werden könnte. Weg mit ihnen! Der Mohr hat seine Schuldigkeit getan, der Mohr muß gehen.

An dieser Abschottungspolitik wurde geradezu krampfhaft festgehalten. Das Pogrom von Lichtenhagen änderte daran nichts, im Gegenteil. Der Ton aus der Landesregierung wurde danach sogar noch schärfer.

Am 7. Oktober 1992, also sechs Wochen nach dem Brandanschlag, faßte das Kabinett den Beschluß: »Mecklenburg-Vorpommern tritt dafür ein, daß der Aufenthalt der Werkvertragsarbeitnehmer, die auf der Grundlage von Regierungsabkommen in die frühere DDR eingereist sind, entsprechend der geltenden Rechtslage fristgemäß beendet wird. Eine nachträgliche Änderung der Rechtslage mit dem Ziel eines allgemeinen Bleiberechts für diese Personengruppe wird abgelehnt (...) In Mecklenburg-Vorpommern wird deshalb kein genereller Abschiebestopp (...) verfügt.«

Rechtliche, politische oder vielleicht sogar humanitäre Gründe für ein Bleiberecht gebe es nicht. Um das zu untermauern, ging die Landesregierung sogar so weit, bekannte Fakten zu entstellen und zu verfälschen. Nach ihrer Lesart seien

– alle Vertragsarbeiter zur Ausbildung in die DDR gekommen.
– Es habe sich um pure Entwicklungshilfe gehandelt, wobei man

allerdings zugab, daß damit auch die ein oder andere Lücke im Arbeitsmarkt geschlossen worden sei.

– Es habe für die Vertragsarbeiter der DDR vorzügliche Arbeits-, Wohn- und Lebensbedingungen gegeben.

Kurios wurde es, als Schwerin die Ausländerpolitik von BRD und DDR sogar gleichsetzte:

– Im Westen habe es 1973 einen Anwerbestopp für Gastarbeiter gegeben. Schon deshalb könne man auch für die DDR nicht davon ausgehen, daß hier Vertragsarbeiter in den 80er Jahren angeworben worden seien.

Empörung war die Folge. Die Regionale Arbeitsstelle für Ausländerfragen, ein Verein von Betroffenen und Fachleuten, schrieb an die Innenminister von Bund und Ländern über die selbstgerechte Mecklenburg-Vorpommersche Ausländerpolitik. »Die aufgeführten Argumente stellen eine Geschichtsverfälschung und eine unverschämte Verteidigung von DDR-Politik dar.«

Die CDU-Regierung als Verteidiger von DDR-Politik?

Und sie machte ganz bewußt Stimmung gegen die Vietnamesen, besonders nach dem Brandanschlag von Lichtenhagen, dem versuchten Mord an 120 vietnamesischen Männern, Frauen und Kindern. Die Nachrichtenagentur dpa verbreitete am 25. November 1992 folgende Meldung: »Schweriner Innenministerium beharrt auf der fristgemäßen Abschiebung vietnamesischer Arbeiter. Forderungen des sächsischen Innenministers und der Ausländerbeauftragten in Mecklenburg-Vorpommern nach einem Bleiberecht aus humanitären Gründen wies ein Sprecher von Innenminister Lothar Kupfer (CDU) am Mittwoch zurück. Das Ministerium bleibe ›konsequent‹ bei seiner Auffassung, wonach laut Einigungsvertrag der Aufenthalt der sogenannten Werksvertragsarbeitnehmer der DDR fristgemäß beendet werden solle. Eine solche Haltung wirke vor dem Hintergrund ausländerfeindlicher Ausschreitungen zwar ›krass‹, entspreche aber dem geltenden Recht.

Für die Landesregierung bestehe kein Anlaß, von den getroffenen Vereinbarungen abzuweichen. Die zeitliche Begrenzung ihres Aufenthalts sei den Betroffenen bekannt gewesen. Zudem bestehe in Vietnam keine politische Verfolgung. Der Ausländerreferent im Innenministerium, Dirk Nockemann, warnte davor, daß eine humanitäre Bleiberechtsregelung für die Vietnamesen ähnliche Forderungen anderer Gruppen auslösen könnte.

Der Rostocker Ausländerbeauftragte Wolfgang Richter hatte die Landesregierung am Vortag scharf kritisiert. Die 900 Vietnamesen in Mecklenburg-Vorpommern erfüllten die Kriterien des Aufenthaltsrechts, so Richter. Bei den Beratungen zu der umstrittenen Kabinettsentscheidung seien die Ausländerbeauftragten nicht gehört worden, obwohl sich die Stadtparlamente von Greifswald, Schwerin und Rostock für ein Bleiberecht ausgesprochen hatten.«

Die Empörung war auch in Schwerin nicht zu überhören. Von überall hagelte es Proteste und Unverständnis.

Den Innenminister beeindruckte das wenig, im Gegenteil. Er legte in einem Interview mit der *Ostseezeitung* noch nach. Ein »Bleiberecht für Vietnamesen« finde »in der Bevölkerung keine Akzeptanz«.

Auf der erfolglosen Suche nach neuen Argumenten mußten jetzt die Bürger herhalten, um die Ausländerpolitik des Landes zu legitimieren. Die ausländerfeindliche Haltung Einzelner wurde auf alle übertragen. Daß die CDU-Regierung sich damit die Sichtweise rechtsextremer Gruppen zu eigen machte, wurde von Innenminister Kupfer billigend in Kauf genommen. Es blieb nicht das einzige Mal.

Auf Druck der anderen ostdeutschen Bundesländer wurde im April 1994 eine Bleiberechtsregelung für die ehemaligen Vertragsarbeitnehmer durchgesetzt. Wer einen Wohnsitz, einen Arbeitsplatz und Straffreiheit nachweisen konnte, erhielt dieses befristete Bleiberecht. Straffreiheit allerdings wurde sehr eng definiert: Der Handel mit fünf Stangen Zigaretten reichte als Grund für die sofortige Abschiebung.

Aufgrund einer Mitteilung des Bundesministeriums für wirtschaftliche Zusammenarbeit (BMZ) wurde in den deutschen Medien von 40.000 illegal in Deutschland lebenden Vietnamesen berichtet, die das Land verlassen müßten, wenn das Regierungsabkommen zwischen Deutschland und der Sozialistischen Republik Vietnam unterzeichnet sei. Von diesem Abkommen betroffen waren aber nur abgelehnte Asylbewerber und diejenigen, die die Voraussetzungen für das Bleiberecht nicht erfüllten. Deren Zahl betrug zum damaligen Zeitpunkt nach Schätzung des Rostocker deutsch-vietnamesischen Vereins »Dien Hong« weniger als die Hälfte. Trotzdem übernahmen die Medien die Zahl 40.000 ungeprüft. So titelte die Rostocker Ostseezeitung am 25. April 1995 »Jeder zweite Vietnamese ist ein Illegaler«.

Die Stimmungsmache ging also weiter.

Warum sollte man nach dem Brandanschlag auch anders denken als zuvor, wenn es die Politiker auch nicht taten?

24. August 1992, 18.00 Uhr, kurz vor Rostock

»NDR 2 aktuell: Rostock ...« Thomas Euting dreht das Autoradio lauter. Nach den letzten Tagen der Gewalt hätten sich wieder über Hundert Menschen im Stadtteil Lichtenhagen versammelt, sagt der Sprecher. »Nach Informationen der Nachrichtenagentur dpa haben Rechtsextremisten für heute weitere Krawalle angekündigt. Es werde wieder eine heiße Nacht geben ...«

Dann wird es da ja nur so wimmeln von Polizei, denke ich. Obwohl: »Das kommt mir irgendwie komisch vor.«

»Warum?« fragt Dietmar Schumann. »Glaubst du, die hören jetzt plötzlich auf?« Die Frage war ernst gemeint. Was geht da in den Köpfen rechter Schläger und Krawallmacher vor?

»Also: Die ZAst ist geräumt«, sage ich. »Damit haben die ihr Ziel doch erreicht. Die Asylbewerber sind weg, das Haus ist leer. Da ist kein Ziel mehr. Und an einem leeren Plattenbau werden sie sich ja wohl nicht austoben. Macht doch keinen Sinn.«

»Rostock 40 km« zeigt das Autobahnschild. Komisch, heute Mittag habe ich mich noch auf die zwei Tage gefreut, und jetzt? Langsam wird mir mulmig, je näher wir der Stadt kommen.

»Die Sinnfrage kannst du vergessen.« Thomas überlegt laut. »Auch wenn die ZAst geräumt ist – was ist mit dem Haus der Vietnamesen direkt daneben? Daß die auch raus sind, hat noch keiner gesagt. Und sie wurden in den letzten Tagen auch angegriffen. Für die Rechten ist Ausländer gleich Ausländer. Das ist genau unser Thema: Wie geht es den ehemaligen Vertragsarbeitern, wenn sie an Deutschland denken und nur blanken Haß erleben? Und warum kommen immer mehr Asylbewerber? Die haben doch auch gehört, was hier in Deutschland los ist. Seit dem ›Dritten Reich‹ hat es nicht mehr solche Verbrechen gegeben. Warum also kommen sie? Antwort: Weil es ihnen in ihrem Land noch dreckiger geht.«

Manchmal sind es gerade die simplen Erklärungen, die einen erschrecken.

Trotzdem, irgendwas stört mich an der Radiomeldung. Eine heiße Nacht – heißt wohl, daß die Randale weitergeht. Aber das wäre neu.

Lichtenhäger Bürgerwehr will ZAST „aufräumen“

Anonymer Anrufer: „Wir schaffen Ordnung“

„Wenn die Stadt nicht bis Ende der Woche in Lichtenhagen für Ordnung sorgt, dann machen wir das. Und zwar auf unsere Weise“. Mit diesen Worten meldete sich ein anonymer Anrufer im Namen einer „Interessengemeinschaft Lichtenhagen“ gestern in unserer Reaktion.

Die in Scharen vor der Kaufhalle in Lichtenhagen campierenden Roma sind zum Reizthema der Anwohner und zu einer politischen Herausforderung ersten Ranges für die Hansestadt geworden (NNN berichteten mehrfach).

Offenbar am Ende ihrer Geduld und enttäuscht von der Asylpolitik des Senates, versuchen jetzt einige Aktivisten, wie schon vor ein paar Wochen, das Heft in die Hand zu nehmen. Damals reagierte die Polizei schnell. Siegfried Kordus, zu jener Zeit amtierender Polizeichef Rostocks, nahm die Sache sehr ernst, so Ausländerbeauftragter Wolfgang Richter gegenüber NNN, und ließ die Sinti und Roma mit Bussen in andere Unterkünfte transportieren.

Obwohl fast täglich Anrufe aufgebrachter Anwohner der Zentralen Aufnahmestelle für Asylbewerber (ZAST) beim Senat eingehen, war man dort gestern völlig überrascht. „Von einer Interessengemeinschaft Lichtenhagen höre ich zum ersten Mal“, so Innensenator Peter Magdanz. Auch Wolfgang Richter kann mit der „IG-Lichtenhagen nichts anfangen“. Um so nachdrücklicher aber deren Ankündigung: „In der Nacht vom Samstag zum Sonntag räumen wir in Lichtenhagen auf. Das wird eine heiße Nacht“, droht der Anrufer unverhohlen.

Ratlosigkeit im Rathaus. Senator Magdanz steckt in der Klemme: „Wenn wir weitere Unterkünfte zur Verfügung stellen, kommen noch mehr Asylsuchende. Das zeigt die Erfahrung.“ Im Augenblick werden täglich 70 Asylbewerber in Rostock registriert. Magdanz: „Das könnten dann leicht wieder 140 werden.“ Er befürchtet, „je mehr Plätze wir bereitstellen, desto mehr Leute kommen nach“.

Bis zum ersten September versprach der Innensenator eine Lösung des Problems. Doch bis dahin wollen die aufgebrachten Bürger anscheinend nicht mehr warten. Die Situation droht zu eskalieren.

Der ungehemmte Zustrom von Asylsuchenden reißt eine Kluft zwischen Einheimische und Ausländer, die von vornherein einem vernünftigen Zusammenleben die Grundlage zu entziehen droht.

Um für den kommenden Sonnabend das Schlimmste zu verhindern, wollen Innensenator und Ausländerbeauftragter zusammen mit Polizei und Ordnungsamt nach einer Lösung suchen. Doch wie die aussieht, weiß derzeit niemand.

Ulrich Ben Vetter

Kampfansage in den NNN vom 19. August 1992

Und wenn mich meine eigene Recherche nicht im Stich läßt, dann waren nahezu alle großen ausländerfeindlichen Anschläge bisher nur an Wochenenden. Sogar Neonazis gehen ab und zu arbeiten.

Plötzlich taucht am Horizont eine lange Schlange dunkler Wagen auf. Bereitschaftspolizei, ganze Hundertschaften von Freunden und Helfern. Was heißt das wohl? – Typische Journalistenfrage. Erst mal ist es beruhigend, denke ich, wird wohl nix mit heißer Nacht.

Die Kolonne fährt derweil unbeeindruckt am grüßenden Realsozialismus vorbei. Ein Riesengebilde an der Autobahn, Relikt aus alten Zeiten: »Willkommen in der Hansestadt Rostock«.

W(i)ege der Eskalation

Die Leute können doch nicht von einem auf den anderen Tag Demokratie lernen.
Erwin Eppler (SPD), Abgeordneter in der Bürgerschaft Rostock, 25. August 1992

Der Stadtteil Lichtenhagen wurde in den 70er Jahren als typische DDR-Plattenbau-Siedlung, in der DDR ironisch »Arbeiterschließfächer« genannt, errichtet. Damals galt es als Glück, hier leben zu können, denn alle Wohnungen besaßen ein Bad, fließend warmes Wasser und Zentralheizung. Das war noch nicht überall im Land Standard.

Die Wende indes hatte man sich anders vorgestellt. Bundeskanzler Kohls Versprechen »Keinem wird es schlechter gehen, aber vielen wird es besser gehen« hatte man Glauben geschenkt. Jetzt, zwei Jahre nach der Wiedervereinigung, fühlte man sich einmal mehr um das vermeintlich Versprochene betrogen. Während man in Rostock wie anderswo auf die Wende bei der Wende, auf Verhältnisse wie im goldenen Westen wartete, beschränkte sich die Einheit auf die Mark und die Marktwirtschaft mit all den damit verbundenen Härten.

Rund 60.000 Bürger Mecklenburg-Vorpommerns waren in der ersten Hälfte 1992 auf Sozialhilfe angewiesen. So markierte die Wende für einen Großteil auch der Lichtenhäger Bevölkerung den Beginn des sozialen Abstiegs. Mit dem Abwickeln bzw. Rationalisieren ehemaliger Staatsbetriebe wie dem Seehafen und der einst in Osteuropa führenden Werftindustrie stieg die Arbeitslosigkeit rapide an: 40.000 Rostocker waren 1992 davon betroffen, die Hälfte von ihnen seit über einem Jahr. Nach einer Studie am Fachbereich Soziologie der Rostocker Universität, bei der rund 900 Rostocker zwischen 15 und 65 Jahren befragt wurden, gab über ein Viertel von ihnen an, seit der Arbeitslosigkeit »ernsthafte Familienprobleme« zu haben. Als Grund wurde von vielen Befragten nicht zuletzt eine hohe Verschuldung angeführt: Dem Nachholbedarf bei Reisen und Konsumgütern folgte oft die betriebsbedingte Kündigung.

Am Rande der Trabantenstadt, direkt neben der Stadtautobahn zum Seebad Warnemünde, liegt die Mecklenburger Allee, eine Sackgasse, an der ein durchgehender, elf Stockwerke hoher Plattenbau mit den Hausnummern 13 bis 19 steht. Die Aufgänge 18 und 19 wurden seit 1977 als Wohnheime für kubanische und vietnamesische Vertragsarbeiter genutzt, die im VEB Seehafen beschäftigt waren.

Ende 1990 wurde im Aufgang 18, also mitten in einem ohnehin eng gebauten Wohngebiet, die Zentrale Aufnahmestelle für Asylbewerber des Landes Mecklenburg-Vorpommern mit einer Kapazität von 250 bis 300 Betten eingerichtet.

Dieses Gebäude bot sich aus zweierlei Gründen an: Zum einen war die Seehafen GmbH Eigentümerin des Komplexes. Deren Anteilseigner waren zu 74,9 Prozent die Stadt Rostock und zu 25,1 Prozent das Land Mecklenburg-Vorpommern. Durch den Wegzug vieler im Seehafen beschäftigten ausländischen Arbeitnehmer wurde der Aufgang Nr. 18 frei. Zum anderen ging man davon aus, daß die deutschen Anwohner durch das lange Nebeneinander mit Ausländern mit diesen vertraut seien. Warum sollte es Probleme geben?

Daß man zumindest im Rostocker Senat Zweifel an dieser These hegte, belegt die Tatsache, daß er im September 1990 die Unterbringung von sowjetischen Juden in diesem Gebäude »aus Sicherheitsgründen« ablehnte.

Die wenig später dort eingerichtete Zentrale Anlaufstelle sorgte vom ersten Tag an für Zündstoff. »Hier kommen die Asylanten rein und verunreinigen die Wohnungen. Die haben ja gar keine Kultur. Ich meine, der Deutsche ist ja bekannt, daß er reinlich ist und so«, sagte eine Anwohnerin in die Kamera von Spiegel TV. Solche Aussagen waren im Sommer 1992 in Lichtenhagen gängig. Sauberkeit als deutsches Kulturgut prallte ungehemmt mit fremdländischen Lebensweisen zusammen. Aus dem Weg gehen konnte man sich in der Plattenbausiedlung nicht. Der Totalschaden war vorprogrammiert.

Seit April 1991 war die ZAst notorisch überbelegt. Dies lag an den sogenannten Direktbewerbern, die über die deutsch-polnische Grenze kamen. Täglich erschienen 70 bis 80 neue Asylbewerber bei der ZAst; zeitweise hielten sich Tag und Nacht in und um das Gebäude bis zu 650 Menschen auf.

»Wir verwalten hier einen Notstand«, schimpfte Rostocks SPD-Innensenator Peter Magdanz schon am 25. Juni 1992, acht Wochen vor dem Brandanschlag, in der *Ostseezeitung*. Man werde allein gelassen: »Für das Land ist es eine Sache, die bewältigt werden muß, und für Bonn scheint es nur ein Diskussionsthema zu sein«, zürnte er in Richtung Bundesregierung. Die Menschen konnten gar nicht anders, als draußen, auf der Wiese vor dem Häuserblock, wo sonst die deutschen Kinder spielten, zu campieren. Logisch, daß es zum Unmut kommen mußte, analysierte der Innensenator: »Das ist sozialer Sprengstoff. Für uns ist es fünf nach Zwölf. Selbst wenn die Anträge schnell bearbeitet werden – wir haben jetzt dafür zehn Leute in Lichtenhagen –, wissen wir nicht, *wohin* mit den Menschen.«

Die beklagte Situation war nicht neu oder plötzlich entstanden. Bereits am 26. Juli 1991 hatte der Rostocker SPD-Oberbürgermeister Klaus Kilimann in einem Schreiben Innenminister Diederich aufgefordert, endlich für Entlastung zu sorgen. Die ZAst könne 200 Personen unter menschenwürdigen Bedingungen unterbringen, gegenwärtig aber sei das Gebäude mit 278 Asylbewerbern völlig überfüllt. Vereinzelt müßten Asylsuchende daher draußen übernachten, da »das Aufnahmeverfahren in der ZAst mindestens vier Tage dauert«.

Ohne Asylantrag aber hatten die Bewerber weder ein Anrecht auf Unterbringung noch auf Verpflegung.

Das Wachpersonal, so Kilimann weiter, sei überfordert, die Ausländerfeindlichkeit wachse, während gleichzeitig – bedingt durch die katastrophalen Zustände – alle Bemühungen um Integration untergraben würden. Auch eine Zunahme von Gewalttätigkeiten Deutscher gegen andere ausländische Mitbürger – gemeint waren die ehemaligen Vertragsarbeiter – sei zu beobachten. »Schwerste Übergriffe bis hin zu Tötungen sind nicht mehr auszuschließen.«

Zur gleichen Zeit, im Sommer 1991, bereiste ein Vertreter des Hohen Flüchtlingskommissars der Vereinten Nationen in Deutschland Mecklenburg-Vorpommern. Sein Fazit: Die Zustände in der Lichtenhäger ZAst seien »nicht haltbar«.

Ende 1991 gab der Rostocker Bürgertisch zusammen mit dem Ausländerbeauftragten des Senats eine Studie zur Akzeptanz von Asylbewerbern in Rostock in Auftrag. Das »Unabhängige Zentrum für empirische Sozial-, Politik- und Kommunikationsforschung Rostock«, kurz UCEF, befragte rund 200 Hansestädter. Ein Drittel von ihnen forderte eine entschieden restriktive Haltung gegenüber Asylbewerbern: Ihr Zustrom müsse gestoppt werden, eine deutliche Beschneidung der Asylgründe sei dringend nötig.

Etwa 15 Prozent der Befragten ging das nicht weit genug: Sie sahen die eigenen Interessen durch die Asylbewerber bedroht und forderten darum einen totalen Aufnahmestopp.

Die Wissenschaftler kamen zu dem Schluß, daß die Ursachen für eine feindliche Einstellung gegenüber Asylbewerbern in der individuellen Lebenssituation der deutschen Bürger zu suchen seien: 73,6 Prozent der Befragten gaben die hohe Arbeitslosigkeit als wesentliche Ursache für Fremdenfeindlichkeit an, für 69,9 Prozent war es die Wohnungsnot. Die Asyl-Diskussion der Politiker hielten 43,5 Prozent für ursächlich für eine feindliche Einstellung, für 42 Prozent war es das Verhalten der Asylbewerber selbst. Ebenfalls 42 Prozent hielten die fehlenden Kenntnisse über die Lebenssituationen in den Heimatländern der Asylbewerber für einen wichtigen Grund.

Für 25,9 Prozent der Befragten hatte Fremdenfeindlichkeit eine ganz andere Ursache: Sie stimmten der These zu, daß sie eine Reaktion der Ostdeutschen auf scheinbare oder wirkliche Demütigungen sei, die aus der Art und Weise der deutschen Vereinigung resultieren. 22,3 Prozent schoben die Intoleranz auf die Abschottung von Ausländern in der DDR und die dadurch fehlenden Erfahrungen im Umgang miteinander. Immerhin noch 11,4 Prozent nannten eine generelle Scheu vor Fremden als eine wichtige Ursache für eine feindliche Haltung gegenüber Asylbewerbern.

Demnach lag der Schluß nahe, Ausländerfeindlichkeit sei gerade in Ostdeutschland so was wie eine gesellschaftliche »Normalität« – entstanden aus einer Mischung aus Sozialisation durch die DDR, für die Integration ein Fremdwort war, und durch das weitverbreitete Gefühl, selbst Verlierer des Einigungsprozesses zu sein. Dies mag für viele Bewohner der Hansestadt tatsächlich gegolten haben, die eigentlichen Gründe aber lagen tiefer. Nicht nur in Rostock oder in Ostdeutschland galt (und gilt): Eine der Hauptursachen für Fremdenfeindlichkeit ist nackter Egoismus. Das verrieten die simplen Erklärungsmuster, die die Soziologen bei ihrer Befragung 1991 zu hören bekamen:

– Arbeit fehle, weil die Ausländer da seien. Sie nähmen die Arbeitsplätze weg, und wenn nicht, dann kosteten sie aber zumindest Geld, das eben nicht in den Aufschwung Ost fließe.

– Der Versuch, eine der begehrten Wohnungen im Neubauviertel zu ergattern und damit ein Mehr an Standard, scheitere, weil die »Asylanten« die Luxusherbergen besetzen würden.

– Die Politiker drehten sich im Kreis. Statt eine klare Linie in der Asylfrage zu schaffen, versuchten sie, dem Problem mit Parolen wie »Scheinasylanten raus!« zu begegnen, so wie die CDU im Landtagswahlkampf 1991. Den Worten aber folgten keine Taten, und »die in Bonn machen doch sowieso, was sie wollen«.

– Die Asylbewerber seien selber schuld, weil sie sich nicht den geltenden Normen entsprechend benähmen.
– Durch die Berichterstattung über den Krieg in Ex-Jugoslawien wisse man einiges über die Situation der Bürgerkriegsflüchtlinge. Die Akzeptanz ihnen gegenüber ist dementsprechend hoch. Bei Sinti und Roma verfüge man hingegen über einen eigenen »Erfahrungsschatz«: Sie fielen durch aggressives Betteln auf, seien dreckig und kriminell. Über eine dauernde Verfolgung im Heimatland wisse man so gut wie nichts, weil sie selbst von den Medien nicht als Thema aufgegriffen werde. »Also kann es ja wohl nicht so schlimm sein.« Wenn sie nicht politisch verfolgt seien, dann könne es sich nur um »Wirtschaftsflüchtlinge« handeln, also »Scheinasylanten«. Die Akzeptanz ihnen gegenüber sei deshalb extrem gering.
– Und überhaupt: Wenn schon die Rede von Opfern sei, dann kämen die Ostdeutschen ja wohl an erster Stelle. Dem stimmte noch ein Viertel aller Befragten zu. Statt blühender Landschaften gebe es zwar Einkaufszentren mit einem nie da gewesenen Warenangebot. Das aber könne man nicht kaufen, weil das Geld knapp wäre. Der goldene Westen als Synonym für allgemeinen Wohlstand bliebe somit für die Masse ein Traum. Noch schmerzlicher aber werde empfunden, daß die eigene Identität auf der Strecke bleibe. Die Biographie der letzten 40 Jahre sei zum »Muster ohne Wert« verkommen, weil sie im neuen Deutschland keine Gültigkeit besäße.
– Der Umgang mit Ausländern habe nicht erlernt werden können, weil die in der DDR lebenden Vertragsarbeiter in der Regel ghettoisiert gewesen seien. Kontakte zu ihnen beschränkten sich meist auf den Arbeitsplatz, wobei auch hier auf eine strikte Trennung geachtet wurde. So konnte auch keine Toleranz gegenüber anderen Lebensformen und Kulturen entstehen.
– Die Folge sei bei jedem zehnten Ostdeutschen eine generelle Scheu vor allem Fremden.

Wenn auch die einzelnen Ergebnisse dieser Studie von 1991 nicht allzu sehr überraschen, so offenbarte sie doch ein erschreckendes Stimmungsbild innerhalb der Rostocker Bevölkerung. Besonders der Fakt, daß nur knapp die Hälfte der Befragten sich vorbehaltlos, also ohne Wenn und Aber, angesichts der gegen Asylbewerber verübten Gewalttaten betroffen zeigte, hätte im Rostocker Rathaus alle Alarmlampen aufleuchten lassen müssen. Das geschah nicht. Vielleicht hatte man sie ebensowenig zur Kenntnis genommen wie den eigenen Pressespiegel.

15. März 1992: 25 Jugendliche überfielen das Asylbewerberheim in Saal bei Ribnitz-Damgarten und erschlugen einen 18jährigen Rumänen.

23. Mai 1992: In Güstrow überfielen in der Nacht zum 24. Mai 1992 kurz nach Mitternacht rund 100 Jugendliche ein Asylbewerberheim, brüllten »Deutschland den Deutschen, Ausländer raus!« und warfen Steine und Brandflaschen.

Die 65 Bewohner des Hauses aus Jugoslawien, Rumänien und Bulgarien, unter ihnen auch 13 Kinder, verbarrikadierten sich mit ihren beiden deutschen Betreuern. Die herbeigerufene Polizei erschien mit vier Beamten. Wegen eines anderen Einsatzes kam die Verstärkung von 30 Mann erst nach über einer Stunde. Nach weiteren drei Stunden war der Angriff vorbei. Am nächsten Morgen fanden Bewohner nur 100 Meter vom Haus entfernt einen Steinhaufen, der offenbar von einem Anhänger abgekippt worden war und den Angreifern als »Munition« für weitere Überfälle dienen sollte.

16. Juni 1992: Die Deutsche Presseagentur berichtete, daß es in der Hansestadt »Flugblätter regnet«. Parolen wie »Rostock bleibt deutsch«, »Widerstand gegen die Ausländerflut«, »Grenzen dichtmachen« und »Asylanten, wer soll das bezahlen?« waren da zu lesen. Deren Verfasser Michael Andrejewski, der in Hamburg zur Liste »Ausländerstopp« gehöre, wolle in Rostock eine Bürgerinitiative gründen, die rein »deutsche Interessen« vertrete, zitierte die Presse. Bislang sei die Saat nicht aufgegangen. Wolfgang Richter, der Ausländerbeauftragte des Rostocker Senats hoffe, so dpa weiter, daß sich selbst »eine unbelehrbare Minderheit nicht einlullen« lasse.

19. Juni 1992: Die *Ostseezeitung* berichtete über die Stimmung rund um die Lichtenhäger ZAst. Seit Wochen sei die Wiese davor ein Platz, »auf dem Unordnung das Bild prägt«. Es gebe keine sanitären Anlagen, dadurch würden »aus der Not Hausflure zu Toiletten«. Es habe Eingaben der Anwohner an Landtag und Senat »gehagelt«. Winfried Rusch, der Ausländerbeauftragte der Landesregierung, wurde mit den lapidaren Worten zitiert: »Das ist Sache der Kommune. Es gibt Quoten, die zu erfüllen sind.« Die Kommune, vertreten durch den Rostocker Innensenator Peter Magdanz, verteidigte sich: Er habe erst vor zwei Tagen von der Situation vor der ZAst erfahren. Das Ortsamt Lichtenhagen hielt dagegen: »Wir haben seit über zwei Wochen auf diese extreme Lage aufmerksam gemacht.« Der Streit war erstmals offen ausgebrochen. Anstatt Abhilfe zu schaffen, bemühten sich die Politiker unübersehbar, weniger vor Ort als vielmehr zwischen sich und der Verantwortung viel Platz zu schaffen.

Eine knappe Woche später war die Situation auf der Wiese wieder Thema in der *Ostseezeitung*. »Stadt und Landgemeinden können diese Flut nicht allein bewältigen (...) Wir verwalten hier einen Notstand, der sozialen Sprengstoff in sich birgt. Das ganze Umfeld des Aufnahmeheimes ist belagert«, so Innensenator Magdanz. Was übersetzt nichts anderes bedeutete als »Ich kann doch nichts dafür.« Immerhin habe man die Landesregierung jetzt soweit, »ein neues zentrales Aufnahmelager für Asylbewerber zu schaffen. Es wird am Stadtrand Rostocks entstehen und Millionen kosten«.

Am 29. Juni gab Magdanz in der Rostocker Bürgerschaft »Entwarnung«. Er habe die Sache in die Hand genommen, die »wilden Camper« seien in eine Notunterkunft gebracht worden. »Möglicherweise in letzter Minute«, ergänzte die Zeitung, »denn die ausländerfeindliche Stimmung im Neubaugebiet ließ schon das Schlimmste fürchten«. Für die Lichtenhäger war die Welt wenigstens ansatzweise wieder in Ordnung. Wer die Verantwortung für den Mißstand zu übernehmen hatte, war für sie zweitrangig.

Nicht so für den Schweriner Innenminister Lothar Kupfer (CDU). Er habe keine Schuld – die Kommune sei »den unhaltbaren Zuständen zu spät entgegengetreten«. Was der Rostocker Innensenator von der SPD wiederum ganz anders sah: Schließlich sei es eine Entscheidung des Innenministeriums gewesen, die ZAst mitten in einem dichtbesiedelten Neubaugebiet einzurichten.

Offenbar glaubte man in Schwerin wie auch in Rostock, die Gefahr tatsächlich noch einmal abgewendet zu haben. Die Wiese war gereinigt, der für alle sichtbare Mißstand beseitigt.

Doch was geschah mit dem unsichtbaren Mißstand, den inzwischen manifestierten Vorurteilen? Aus den »Belagerern« waren mitnichten akzeptierte Asylbewerber geworden. Lichtenhagen glich einem Dampfkochtopf, aus dem zwar der erste Druck raus war, in dem es aber weiterhin gehörig brodelte. Und offenbar auch brodeln sollte. Denn weder Stadt noch Land nahmen den Topf vom Feuer. Eingaben der Anwohner wurden im Schweriner Innenministerium zum großen Teil nicht einmal beantwortet. Und auch der Rostocker Senat hatte offenbar keine Eile, sich der Sorgen seiner Bürger anzunehmen.

»So sind sie, die Zigeuner«

Bürgermeister Zöllick: »Aber das sind doch Menschen, die hier sind!«
Anwohner: »Menschen?! Ach red' doch keinen Scheiß!«
In der Nacht vom 22./23.August 1992 vor der ZAst

Die Asylbewerber selbst konnten an ihrer Lage am wenigsten ändern. Sie waren fast ausnahmslos Sinti und Roma, also Angehörige eben jener Volksgruppen, gegen die – abfällig als Zigeuner bezeichnet – schon traditionell eine ganze Reihe von Aversionen und Vorurteilen bestehen. So ist die Äußerung eines deutschen Anwohners auch symptomatisch für die feindselige Einstellung der Bevölkerung gegen die Flüchtlinge aus Rumänien: »Die kommen doch nicht aus politischen Gründen. Die wollen doch bloß unser Geld haben!«

Wer an der kriminellen Energie rumänischer Asylbewerber noch letzte Zweifel hegte, wurde ausgerechnet von der in Rostock erscheinenden Tageszeitung *Norddeutsche Neueste Nachrichten* mit allen bekannten Ressentiments und Klischees bedient. Am 30. Juli 1992 berichtete sie im zweiten Teil der Serie »Flüchtlinge in Mecklenburg-Vorpommern« über die Situation in der Lichtenhäger ZAst.

Unter der einen Zentimeter großen Balkenüberschrift »Möwengrillen in einer Einraumwohnung« beschrieb der Autor die für die Allgemeinheit nicht sichtbaren Zustände im Inneren der Aufnahmestelle. Asylbewerber selbst kamen dabei nicht zu Wort.

Statt dessen schilderte er, wie diese sich als »Gäste« aufführten. Als Quintessenz eines von ihm geschilderten Falles schrieb er: »Daß die Asylbewerber (...) länger als fünf Tage in der ZAst bleiben müssen, ist vor allem für die Roma unter ihnen ein Problem. Eine zwanzigköpfige Großfamilie, die zusammenbleiben will, muß sich eine Vier-Raum-Wohnung teilen. Die läßt sie dann häufig völlig verwüstet zurück. ›Der Schaden geht in die Tausende‹, klagt Richard Spiering (50), Technischer Leiter der ZAst. ›Alles was glänzt, wird grundsätzlich abgebaut. Die Benutzung der Toilette ist unüblich. Wer nachts lieber draußen schläft, schmeißt seine Matratze kurzerhand aus dem Fenster.‹

Das Schlimmste konnte Spiering gerade noch verhindern, als er kürzlich eine Roma-Familie in ihrer Einraum-Wohnung beim Grillen überraschte: Auf dem Balkon gefangene Möwen drehten sich über einem Lagerfeuer aus ZAst-Möbeln.«

Es steht dahin, ob der Artikel auf Dummheit oder Vorsatz gründete – das eine wäre so schlimm wie das andere. Das gedruckte Stammtischniveau »belegte« dem Leser, daß es sich mit den »Zigeunern« genauso verhielt wie schon immer vermutet. Schlimmer noch: Der Autor ließ zwischen den Zeilen durchblicken, daß dringend etwas getan werden müsse. Da der Staat in Form der Polizei bzw. der ZAst-Mitarbeiter offenbar nicht einschritt, erschien es für den Journalisten legitim, die Leser mittels einer (un)freiwilligen Hetzschrift zur Selbstjustiz aufzurufen, ohne es explizit sagen zu müssen. Ob er es wollte oder nicht: Seine Darstellung der Asylbewerber erinnerte fatal an die Naziredenüber »Untermenschen«, die es auszumerzen galt.

Eine zentrale Rolle bei den oftmals allein aus Gerüchten entstandenen Ressentiments gegen die Sinti und Roma spielte der Supermarkt direkt vor der ZAst. Hier habe die Diebstahlquote das 10- bis 15fache des Landesdurchschnitts betragen, so der SPAR-Geschäftsführer für Mecklenburg-Vorpommern. Und er hatte auch sofort die Antwort auf die Frage, woran das läge: Das könnten nur Sinti und Roma gewesen sein.

Einer von ihnen habe auch tatsächlich mal im Laden uriniert, aber da sei »aus einer Mücke ein Elefant gemacht worden«. Obgleich so getan wurde, als wolle man die Nachricht relativieren, erhöhte man dadurch bewußt ihr Gewicht.

Folgerichtig kursierten bald Gerüchte in der Stadt, als sei es geradezu Volkssport in der Lichtenhäger Kaufhalle, wild herumzupinkeln. Nahezu jeder hatte das schon selbst gesehen, oder zumindest von Augenzeugen erzählt bekommen. Und überhaupt, sagte eine Anwohnerin, sei es doch allgemein bekannt, daß gerade die Südländer den Umgang mit Toiletten nicht gewohnt seien.

Unerwarteten Beistand erhielten sie ausgerechnet von ihrem Landesvater, dem Ministerpräsidenten Bernd Seite (CDU). Er fühle sich in Sachen Sinti und Roma gerade von der Bundesregierung im Stich gelassen. Dort werde zwar viel über Asylpolitik geredet, die damit verbundenen Probleme im Zusammenleben von Asylbewerbern und Deutschen seien am fernen Rhein aber scheinbar unbekannt. »Wenn Sie Sinti und Roma nach Bonn schicken würden, in bestimmte Viertel, zu bestimmten Leuten, dann wäre das Problem in ein paar Tagen gelöst«, so der Ministerpräsident im Spiegel kurz nach der Brandnacht von Lichtenhagen. Mit anderen Worten: Der Protest sei gerechtfertigt, weil die Aversionen gegen Zigeuner allgemeingültigen Charakter hätten.

Aber damit nicht genug.

Sinti und Roma paßten nicht in die deutsche Gesellschaft mit ihrem Normenkodex, sie seien nicht kompatibel und daher auch als Asylbewerber abzulehnen. Zudem kämen ja auch noch Kurden und besonders bosnische und kroatische Bürgerkriegsflüchtlinge. Sie alle zusammengenommen stellten zumindest eine quantitative Gefahr dar: Deutschland drohe, *überschwemmt* zu werden. Die Grenzen dicht zu machen sei jetzt zwingend nötig, zumal es mehr als fraglich sei, ob Sinti und Roma überhaupt politisch verfolgt würden.

So schwafelten nicht etwa entnervte Lichtenhäger Anwohner, die es nicht besser wußten, sondern der Justizminister Herbert Helmrich im *Spiegel*, wenige Tage nach der Erklärung seines Chefs, MP Seite.

Dem Wahrheitsgehalt dieser Aussagen nachzugehen und über die Fluchtgründe der überwiegend rumänischen Asylbewerber zu berichten, hatte im Vorfeld des Pogroms kein Journalist für nötig erachtet. Mit Asylbewerbern wurden grundsätzlich keine Interviews geführt, stattdessen wurden sie verdinglicht, zur Sache erklärt, die nur stellvertretend für das bundesweite Topthema im Sommerloch stand: das »Asylproblem«, mit der Betonung auf Problem. Erst nachdem der Bürgerhaß zur Explosion geführt hatte, sahen – zumindest einige wenige – Medienvertreter die Notwendigkeit, endlich einmal auch mit den Flüchtlingen selbst zu reden.

So zum Beispiel ein deutsch-britisches Kamerateam, das auch die Tage vor der Brandnacht in dem Film »Die Wahrheit lie(ü)gt in Rostock« dokumentierte. Anka, Flüchtling aus Rumänien, erzählte rückblickend in einem Interview:

»Die Leute mußten für zwei bis drei Tage, bis zu einer Woche draußen bleiben.« Und Stoyan, ebenfalls rumänischer Flüchtling, ergänzte: »Alles war voll, wir hatten tatsächlich keinen Platz zum Schlafen. Es war katastrophal. So viele Leute. Was ich da gesehen habe, war erschreckend. Und ich habe gefragt: ›Warum seid ihr alle draußen?‹ Mir wurde gesagt, daß sie kein Asyl mehr bekommen. Da waren Leute mit kranken Kindern. Wir wurden erniedrigt, wir hatten Hunger und wir waren schmutzig. Wir wollten etwas Wärme und einen Platz, wo wir mit unseren Kindern bleiben konnten.«

Inzwischen hatten sich einige Bewohner Lichtenhagens zusammengetan und mehrere Schreiben an das zuständige Innenministerium in Schwerin verfaßt. Tenor dieser Briefe war weniger eine ausländerfeindliche Haltung als vielmehr die Sorge vor einer Eskalation.

Diese Briefe blieben ebenso unbeantwortet wie die mehrfach geäußerte Bitte an die Stadtverwaltung, wenigstens mobile Toiletten für die unter freiem Himmel campierenden Flüchtlinge zur Verfügung zu stellen. So hielten sich seit Frühjahr 1992 täglich bis zu 300 Asylbewerber auf der Wiese vor der ZAst auf, ohne daß ein Ende der Situation abzusehen war.

Besonders durch die beharrliche Weigerung der Stadt, für Toiletten zu sorgen, spitzte sich die Lage im Sommer 1992 zu. Da die Flüchtlinge ihre Notdurft im Freien verrichten mußten, »stank es förmlich zum Himmel«, so einer der Anwohner. Vor dem Untersuchungsausschuß am Schweriner Landtag befragt, warum die Stadt keine Chemietoiletten aufgestellt habe, antwortete Rostocks Oberbürgermeister Klaus Kilimann: »Das hätte bedeutet, daß wir einen Zustand legalisieren, den wir nicht haben wollten.«

Zwar weisen die zuständigen Beamten in Stadt und Land bis heute alle Vorwürfe zurück, trotzdem bleibt festzustellen: Hier ließ man eine Situation vorsätzlich eskalieren, um übergeordneten Stellen in der Landesregierung unmißverständlich zu signalisieren, daß man in Sachen Asylbewerber an die Belastungsgrenze gekommen sei.

Besonders erschreckend ist dabei, daß damit den zumindest in Teilen der Bevölkerung existierenden Vorurteilen wie »Alle Ausländer sind dreckig, stinken und sind kriminell« nichts entgegengesetzt wurde. Im Gegenteil: Verhältnisse wurden geschaffen, die genau diese Vorurteile zu bestätigen schienen. Und zu allem Überfluß stieß so mancher Politiker in Stadt oder Land in das gleiche Horn.

Seit Sommer 1991 hatten Anwohner der ZAst wiederholt an die Stadt geschrieben, zunächst sehr freundlich bittend, sich der Probleme anzunehmen. Mit der Beantwortung dieser Briefe aber haperte es, selbst Formfragen beherrschte man nicht. »Nicht alles konnte tatsächlich schriftlich beantwortet werden«, sagt Bürgermeister Kilimann später vor dem Untersuchungsausschuß der Hansestadt. »Wir konnten nur mahnen zur Geduld, vertrösten mit dem Wort, wir suchen nach Alternativen und wir sprechen mit dem Land. Denn auch dies ist keineswegs bekannt gewesen und wahrscheinlich bisher nicht bekannt, wo Verantwortung und Kompetenzen liegen. Wir sprechen mit dem Land, das zuständig ist für die Unterbringung der Asylbewerber.« Und

Das »Sonnenblumenhaus«. Der erste Aufgang (Nr. 19) geht ins Ausländerwohnheim, daneben (Nr. 18) war die ZAst

was tat das angesprochene Land? Es schob den schwarzen Peter zurück. Man habe ja durchaus Verständnis für die besorgniserregende Lage, aber leider könne man da im Moment gar nichts machen. Überhaupt, man sei zwar formal zuständig, aber die Asylbewerberquote werde bekanntlich bei der Bundesregierung in Bonn festgelegt. Und irgendwo müßten sie ja hin. Mit freundlichen Grüßen.

Es blieb also alles beim alten – keine Antworten für die Deutschen, keine Toiletten für die Asylbewerber – weil jede politische Instanz die Verantwortung beim Anderen suchte. Hauptsache, man konnte verkünden: »Wir haben uns gekümmert …«

Am Freitag, dem 21. August, in der ersten Nacht der Angriffe auf die ZAst, nutzte ein Anwohner das Interesse eines Kamerateams, um dem eigenen Unmut Luft zu machen: »Für uns im Block sind das auf Deutsch gesagt Dreckschweine. Die scheißen und pissen um unseren Block, die liegen in jeder Ecke und bumsen auf der Wiese. Man kann hier nachts überhaupt nicht mehr das Fenster aufmachen: Das stinkt hier an allen Ecken und Enden. Man kann morgens hier nicht mehr in Ruhe zur Arbeit gehen, weil man über die Beine der Asylanten oder Rumänen stolpert. Man muß Angst haben, daß man hier noch einen mit dem Knüppel über den Kopf kriegt. Dagegen sind wir. Und dieser Zustand, der muß sich hier endlich mal ändern!«

Die Umstehenden applaudierten anhaltend. Hier hatte ihnen einer aus der Seele gesprochen.

Gekommen wie gerufen?

Fremdenhaß ist nicht akzeptabel.
Helmut Kohl gegenüber KENNZEICHEN D,
25. August 1992

Der Rostocker Innensenator Peter Magdanz (SPD) versuchte noch Tage nach der Brandnacht, die eigenen Versäumnisse zu relativieren und eine mögliche Mitverantwortung auszuschließen. Die ZAst sei eine Einrichtung des Landes, ihm seien die Hände gebunden gewesen. Zudem seien die Aussagen der Anwohner und auch der Asylbewerber falsch, die behaupteten, daß Flüchtlinge im Freien campieren mußten. »Es stimmt nicht, daß dort Menschen ständig draußen waren. Das war nicht so. Es gab natürlich auch viele Probleme durch Menschen, die am Tage draußen waren, die durchaus eine Unterkunft hatten.«

Magdanz hatte sehr wohl erkannt, daß diese für alle Beteiligten unhaltbaren Zustände den Ausgangspunkt für die Krawalle bildeten. Daß er dabei die Unwahrheit sagte, läßt nur einen Schluß zu: Hier bekleidete jemand ein wichtiges öffentliches Amt, ohne sich weder seiner Verantwortung noch der sich daraus ergebenden Verpflichtungen bewußt zu sein. Sinti und Roma, so Magdanz, seien doch nicht politisch verfolgt. Sie müsse man schnell zurückschicken, sonst »wird es schon sehr bald keine Akzeptanz für wirkliches politisches Asyl in der Bevölkerung mehr geben.« Die Rumänen seien zudem als kriminell einzustufen: »Daß Ladendiebstähle in Rostock oft durch rumänische Zigeuner erfolgen, ist kein Geheimnis.« Ihnen gar Bargeld zu geben, hielt der Innensenator für einen grundfalschen Vorgang: »Zuhause verdienen sie umgerechnet drei Mark am Tag. Hier bekommen sie zehn Mark Sozialhilfe. Selbst wenn sie nach Monaten abgeschoben werden, hat es sich für sie gelohnt, wenn sie das Geld sparen und zuhause wieder eintauschen«, so Magdanz gegenüber KENNZEICHEN D. Im Klartext: Asylbewerber lebten nicht nur auf Kosten der Steuerzahler, sie wollten hier sogar noch verdienen, also sind sie Schmarotzer, dazu noch kriminell. Solche wollten sich in Deutschland ohne Berechtigung Asyl erschleichen. Besser hätte man den Unmut in der Bevölkerung wohl kaum schüren können.

Ausgerechnet der Ausländerbeauftragte von Mecklenburg-Vorpommern, Winfried Rusch, äußerte in einem Interview dafür Verständnis, wenn Gemeinden die Aufnahme von Asylbewerbern ablehnten, »insbesondere wenn man bedenkt, daß Rechtsextreme und Skins dort ihr Unwesen treiben, wo Ausländer leben«. Oder zugespitzt gesagt: Die Ausländer sind die Auslöser, die schon allein durch ihre Existenz Unruhe stifteten, weil sie Gewalttäter anzögen und dadurch den Frieden im Ort gefährdeten.

Immerhin: Rusch glaubte, daß ein Großteil der Konflikte vermieden werden könnte, indem mehr in die Sozialbetreuung der Asylbewerber investiert würde. Im Umkehrschluß aber würde das heißen: Die Sozialbetreuung von Asylbewerbern fand – wenn überhaupt – nur auf einem niedrigeren Level statt.

Ähnliche Verhältnisse wie in Lichtenhagen schuf man übrigens auch in Schwerin. Mitten in einem Neubauviertel wurde ein Teil einer städtischen Einrichtung für Kinder kurzerhand zur Asylbewerberunterkunft umfunktioniert. 200 Flüchtlinge wohnten fortan in Containern auf einem Hof, weitere 400 in einer Unterkunft in der Nachbarschaft. Gedankenlosigkeit bei den politisch Verantwortlichen kann man hier beim besten Willen nicht als Entschuldigung anführen. Man muß eher vermuten, daß auch hier der Volkszorn hochkochen sollte, daß auch hier Ressentiments in der Bevölkerung greifen sollten, um eine Stimmung gegen Asylbewerber zu erzeugen, mit der man seine eigenen Intentionen in der Asylpolitik bedienen konnte.

Auch in Schwerin wurde also offenbar bewußt sozialer Sprengstoff gelegt. Man hätte beispielsweise ehemalige Kasernen nutzen können, die seit dem Abzug der GUS-Truppen leerstanden. Die Instandsetzung sei zu teuer, lautete die offizielle Begründung der Stadt.

Tatsächlich aber hatte man Angst, potentielle Investoren von außerhalb zu vergraulen.

Auch auf der Bundesbühne sprach man inzwischen deutlicher.

In Bonn benutzten insbesondere die Vertreter der Regierungsparteien ein verhängnisvolles Vokabular. So erklärte der damalige Parlamentarische Geschäftsführer der CDU, Jürgen Rüttgers, gegenüber der ARD: »Wir sind in Gefahr, die Zahl von 500.000 Asylanten zu erreichen. Es muß jetzt so schnell wie möglich gehandelt werden.«

Sätze wie diese tauchten bald täglich in den Medien auf, in der Regel wurden sie weder kommentiert noch zum Gegenstand von Nachfragen gemacht.

Es schien zur Normalität zu werden, daß namentlich in den Reihen der Christdemokraten die Stimmung gegen Asylbewerber geschürt wurde. Die deutschtümelnden Parolen am Stammtisch und die Schlagwörter von Unionspolitikern waren erschreckend oft austauschbar.

Daß man im wahrsten Sinne des Wortes »mit dem Feuer spielte«, wurde den Politikern (und manchen Journalisten) erst bewußt, als sie schon lange nicht mehr Herr der Lage waren. Sie hatten einen Zug in Gang gesetzt, auf den nicht nur Asylgegner aufgesprungen waren, sondern der inzwischen von Rechtsextremisten gelenkt wurde.

24. August 1992, 19.00 Uhr, Mecklenburger Allee

Was für eine Hitze. Den ganzen Tag über hat die Sonne vom blankgeputzten Himmel geschienen, jetzt geht wenigstens ein laues Lüftchen über die Wiese vor dem Sonnenblumenhaus. Der Abend verspricht ein wenig Abkühlung. Hier sieht es nicht gerade nach einem seit Tagen brodelnden Hexenkessel aus, denke ich. Alles wirkt freundlich, junge Paare flanieren mit ihren Kinderwagen, zwei Jungs balgen sich wie kleine Hunde und rollen über die Wiese. Einer geht in Stellung wie ein Karatekämpfer, die Umherstehenden fangen an zu lachen. Hier ist alles in Ordnung. Fast ein Volksfest, nur daß keiner feiert.

»Happi Happi bei Api« steht auf dem Imbißwagen vor der kleinen Kaufhalle. Der Mann verdient sich seit Tagen eine goldene Nase. Ein Abend bringt den gleichen Umsatz wie sonst die ganze Woche. Endlich ist was los im Viertel. Es verspricht spannend zu werden.

Hunderte Menschen sind auf der Wiese versammelt, weiter hinten kommen die nächsten, um ihre Plätze einzunehmen. Die Kleinen nach vorn, Papa und Mama in die zweite Reihe, der guten Sicht wegen. Nur noch schnell 'ne Currywurst holen, und dann warten aufs Vorprogramm. *Mittendrin statt nur dabei* ist allemal besser als zuhause vor der Glotze zu hocken.

Denn plötzlich steht man selbst im Mittelpunkt, ist selbst das Topthema, der Aufmacher jeder Nachrichtensendung. Hofft man jedenfalls, die letzten Tage war das so. Einmal so wichtig sein wie sonst nur die Politiker. Vielleicht komme ich ins Fernsehen?

Und nicht nur ein paar Regionalsender sind da. »Da hinten steht der BBC, und CNN soll auch hier irgendwo sein. Wie heißen noch die Italiener, RAI oder so?«

Der Steppke, der da so professionell Auskunft gibt, ist fasziniert. So viele Kameras, Übertragungswagen, Kabel, Mikrophone, Scheinwerfer – High-Tech läßt die Augen überlaufen. Und nicht nur Kinderaugen staunen. Wie eine große Messe muß das wirken, denke ich, Fernsehen fast zum Anfassen. Gut möglich, daß so mancher Fernsehmacher – trotz aller Professionalität – den Rummel genießt.

Und dann geht es los, das Vorprogramm. Ein paar Jungs werden über die Wiese gejagt, die Reichskriegsflagge um die Schultern gebunden. Dahinter keuchen ein paar Polizisten.

Szenenapplaus.

Ich muß lachen, das ganze sieht eher nach einer Schauspieler-Einlage als nach einem Polizeieinsatz aus. Und auch die Kollegen griemeln vor sich hin. Einige aus dem Publikum fordern Zugabe. Der Unterhaltungswert ist unbedingt hoch.

»Hey du!« Meint der mich? »Biste von der Presse?«

Vor mir steht ein Steppke, 12, 13 Jahre alt, Pubertätspickel im Gesicht. »Na ja«, sage ich zögernd, »warum willst du das wissen?«

»Haste 'ne Kamera oder so? Paß auf, 50 Mark und ich mach dir den Hitlergruß. Aber nur einen für 'nen Fuffi, alles andere kostet extra.«

Na klasse. Noch keinen Flaum im Gesicht und spricht schon wie 'ne Nutte, dieser Hosenscheißer. Geld her und ich mach dir den Nazi – mein Gott, wo bin ich?

Aber da ist er schon weiter, zum Team von der BBC. Die haben gezahlt, sagt er später stolz.

Überhaupt, seltsam viele Kinder haben sich hier versammelt. Was er denn eigentlich vor dem Haus da wolle, frage ich einen der Jungen. »Wir müssen doch die Scheiß-Zigeuner verjagen! Die klauen nur und vergewaltigen unsere Frauen! Und die scheißen in die Büsche!«

»Volksfest« auf der Wiese vorm Heim am Montagabend

Woher er denn das alles wisse? Der Kleine guckt mich an, als sei ich von einem anderen Stern. »Das sind Zigeuner, Mann, die sind so! Sagt mein Vater auch.«

Aber die Asylbewerber seien doch schon lange weg, versuche ich es jetzt auf die pädagogische Art, also könne er doch auch gehen.

»Aber die Fidschis sind noch da!«, brüllt er mich an.

Wie alt er eigentlich sei, will ich wissen. »Zehn«, sagt er und läßt mich stehen, um zu einer der Fernsehkameras zu gehen.

Wahrscheinlich war er erst neun.

Inzwischen haben auch die Anwohner ihre Logenplätze auf den Balkonen eingenommen. 19.30 Uhr. Plötzlich flammen Scheinwerfer auf, wer weiß von welchem Sender, um die geräumte ZAst und das Wohnheim der Vietnamesen auszuleuchten.

»Was soll das?«, frage ich Dietmar, aber der kann auch nur überrascht gucken – und sauer. Es passiert das, was – siehe Grundkurs Journalismus – nie passieren darf: »Hier wird eine Nachricht inszeniert«, sagt er. »Etliche Kollegen scheinen ihre eigentliche Aufgabe vergessen zu haben. Kollektiver Gedächtnisschwund.«

Journalistisches Ethos tritt in den Hintergrund. Hier in Lichtenhagen läuft ein Krimi und zwar live, via Satellit in alle Welt verbreitet. Und wenn sich keine ordentliche Begründung findet, dann nimmt man halt die in solchen Fällen übliche: Das Volk will das sehen, schließlich ist der Unterhaltungswert hoch. Und: Unterhaltung muß inszeniert werden! Das ist nun mal so bei Krimis.

Dummerweise kann man's nicht proben, der Journalist versucht sich als Regisseur. Ein letztes Mal werden die Scheinwerfer eingerichtet, Kamera läuft, Klappe Rostock, die dritte, und *Action*!

So kommt mir das jedenfalls vor. Manche Journalisten scheinen das Fach gewechselt zu haben, sind unter die Filmemacher gegangen. Die bereiten hier eine Bühne, leuchten das Objekt der Gewaltbegierde aus, um den Aktionsradius der Angreifer klar abzugrenzen. Hierher und nicht weiter, nur wer im Licht ist, kommt ins Fernsehen.

Dietmar hat die gleichen Gedanken. Das sei ein bedenkliches Stück Journalismus, sagt er, und daß ich immer wissen müsse: Eine Nachricht ist eine Nachricht. Nicht mehr und nicht weniger.

Thomas ist schon ins Haus zu den Vietnamesen gegangen. Unser Kamerateam wird wohl auch gleich da sein.

Biedermann und (die) Brandstifter

Hier müssen drei Kipper Steine hingefahren werden!
Jeder muß so'n großen Stein kriegen! Jeder!
Ein älterer Mann, Lichtenhagen, 22. August 1992

»Die Zahl der Asylbewerber ist mit 46.496 im Juli drastisch auf einen neuen historischen Höchststand angewachsen. Gegenüber Juni kamen rund 15.000 Menschen mehr nach Deutschland, vor allem aus Rumänien und Ex-Jugoslawien. Mecklenburg-Vorpommern wird weitere Flüchtlinge aufnehmen.«

Eine simple Zeitungsmeldung, gar nicht mal reißerisch verfaßt, sorgte am 5. August 1992 für gewaltige Unruhe: Es würden also noch mehr kommen.

Die Kommunen waren auf einen neuen Zulauf nicht vorbereitet. Kaum hatte man die Situation einigermaßen in den Griff bekommen, schon war die Lichtenhäger ZAst wieder überfüllt, innen ebenso wie die Grünfläche vor dem Haus. Täglich trafen 50 bis 70 neue Asylbewerber ein, die Mitarbeiter der Aufnahmestelle standen den vielen Menschen hilflos gegenüber. Es gelang immer seltener, die Neuankömmlinge eines Tages bis zum Abend zu erfassen und einzuquartieren. Zudem fehlte es oft am Willen der Gemeinden, die ihnen zugewiesenen Asylbewerber auch tatsächlich aufzunehmen.

So fungierte die ZAst zeitweise weniger als Anlaufstelle, sondern mehr als Sammelunterkunft.

Am 12. August appellierte der Landesausländerbeauftragte Winfried Rusch an Behörden, Firmen, das Bundesverteidigungsministerium und an die Treuhand-Anstalt, kurzfristig Liegenschaften bereitzustellen. Sonst müsse man auf Notunterkünfte wie Turnhallen oder auch Zeltlager zurückgreifen.

Nichts passierte. Es blieb bei dem Appell.

Am Dienstag, dem 18. August 1992, eine knappe Woche vor dem Anschlag, meldete sich in der Redaktion der Norddeutschen Neuesten Nachrichten der schon zitierte anonyme Anrufer und drohte eine »gewaltsame Lösung des Asylantenproblems in Rostock« an. »Wenn die Stadt nicht bis Ende der Woche in Lichtenhagen für Ordnung sorgt, dann machen wir das, und zwar auf unsere Weise. In der Nacht vom Samstag zum Sonntag räumen wir in Lichtenhagen auf. Das wird eine heiße Nacht.«

Rostocks Innensenator Peter Magdanz (SPD) goß Öl ins Feuer. »Wenn wir weitere Unterkünfte zur Verfügung stellen, kommen noch mehr Asylsuchende. Das zeigt die Erfahrung.« Dann bliebe es auch nicht bei den 70 Neuankömmlingen pro Tag. »Das könnten dann leicht wieder 140 werden.« So wurde er im gleichen Artikel zitiert.

Dieses Statement war Magdanz' einzige Antwort auf den anonymen Anruf bei der Zeitung. Mit keinem Wort verurteilte er den offenen Aufruf zur Gewalt. Kein Wort richtete er an die Lichtenhäger, besonnen zu bleiben. Dafür aber lieferte er viele Worte zwischen den Zeilen: Kaum reiche man den Asylanten den kleinen Finger, schon nähmen sie die ganze Hand. Er habe Verständnis, wenn man sich Luft mache. Was zu viel sei, sei nun mal zuviel ...

In den vergangenen vier Monaten hätten sich Anwohner immer wieder bei ihm über die Situation in Lichtenhagen beklagt. Ihn erreichten »zwei bis drei Beschwerden täglich«, besonders zu den fehlenden Mobiltoiletten vor dem Haus. Die hygienischen Zustände seien katastrophal und weder den Anwohnern noch deren Besuchern zuzumuten. (Daß auch für die Asylbewerber die Situation unzumutbar sein könne, kam Magdanz offenkundig nicht in den Sinn.)

Das Aufstellen von Toiletten war eine der zentralen, immer wiederkehrenden Forderungen und wäre damit also ein geeigneter und unkomplizierter erster Schritt zur Deeskalation gewesen. Er wurde bewußt unterlassen. Neben den Brandreden des Innensenators war das ein weiterer Beleg dafür, daß er einer kleinen und natürlich kontrollierten Eskalation in Lichtenhagen offenbar nicht abgeneigt schien. Vielleicht würde in Schwerin dann endlich jemand aufwachen.

Erst zwei Tage *nach* Bekanntwerden der Drohung, in Lichtenhagen werde es eine heiße Nacht geben, rief der Innensenator am Freitag, dem 21. August, Ordnungsamt und Polizeidirektion zu einer Lagebesprechung zusammen. Dort wurde festgestellt, daß für das in Rede stehende Wochenende keine Demonstration in Lichtenhagen angemeldet worden sei. Und überhaupt: Weder der Staatsschutz, noch der Verfassungsschutz oder das Landeskriminalamt konnten von irgendwelchen Erkenntnissen berichten. Weitere Beruhigung erhielten die Teilnehmer des Gesprächs in einem gemeinsamen Telefonat mit dem Ausländerbeauftragten des Landes, Winfried Rusch. Der Abteilungsleiter im Innenministerium versicherte, daß alles zur Deeskalation getan werde und das Unterbringungsproblem *im Prinzip* gelöst sei.

Das Gegenteil war der Fall, wie sich später zeigte.

Der anonyme Anruf wurde offenbar ebenso wenig ernst genommen wie die monatelangen Beschwerden der Anwohner. Beides zusammengenommen aber hätte den qua ihres Amtes professionell agierenden Beamten schon im Vorfeld ein außergewöhnliches Gefahrenpotential anzeigen müssen. Die eindeutige Gewaltbereitschaft, die aus dem anonymen Anruf hervorging, hätte schon ausreichen müssen, um zumindest ein polizeitaktisches Vorgehen abzustimmen. Nichts dergleichen passierte. (Später wird es dazu im Abschlußbericht des Rostocker Untersuchungsausschusses heißen, man habe den »Eindruck, daß sich alle darauf verlassen haben, daß es keine angemeldete Demonstration gab. Man meinte wohl, wenn die äußeren Anlässe – Lagern vor der ZAst – behoben wären, dann sei das Problem gelöst.«)

Davon auszugehen, daß ein geplanter Angriff auf die ZAst und deren Bewohner erst beim Ordnungsamt als Demonstration angemeldet werden würde, ist weniger naiv als vielmehr der Versuch zu bestreiten, bereits im Vorfeld Hinweise auf die späteren Gewalttaten gehabt zu haben.

Letzteres bezieht sich auf das erwähnte Telefonat mit Winfried Rusch. Die Wiese vor der ZAst kurzfristig zu räumen aber war in Schwerin gar nicht vorgesehen. Erst für den 1. September stand der Umzug in die neue ZAst, eine alte NVA-Kaserne in einem Wald bei Hinrichshagen vor den Toren der Stadt, auf dem Programm. Der anonyme Anruf aber bezog sich aber ganz eindeutig auf die »Nacht von Sonnabend zu Sonntag«, also vom 22. auf den 23. August. Ergo war der Stein des Anstoßes zu der Zeit noch da – und damit auch die Gefahr einer »heißen Nacht«.

Erst vor dem Untersuchungsausschuß wurde klar, welch gefährliches Spiel der Rostocker Innensenator gespielt hatte. Denn der wochenlang im Vorfeld immer wieder genannte Termin 1. September für den Umzug der ZAst war Magdanz eigene Erfindung.

»Frage an Sen. Dr. Magdanz: Wann wußten Sie denn definitiv, daß der 1. 9. der Zeitpunkt der Verlegung sein wird? – Antwort: Am Sonntag, dem 23., insofern hatte ich auch für den Fall, daß ich ungestört hätte Urlaub machen können, Angst vor dem Tag, an dem ich zurückkommen würde und die ZAst ist noch da. Weil ich ja diesen 1. September immer verwendet habe, einfach aus der Überzeugung heraus, daß, wenn man den Leuten was erzählt, dann muß man ihnen auch möglichst was Handfestes geben. Mein Bestreben ging in die Richtung, das *irgendwie durchzusetzen.*«

Was wäre passiert, wenn Schwerin den so ins Gespräch gebrachten Verlegungstermin 1. September abgelehnt hätte?

Er habe davor Angst gehabt, sagte Magdanz. Das Pulverfaß Lichtenhagen hätte leicht explodieren können.

Vor diesem Hintergrund und mit dem Wissen, daß es am Wochenende wie angekündigt zu gewalttätigen Ausschreitungen kommen könnte, fuhr Magdanz dennoch am Samstagmorgen in Urlaub nach Graal-Müritz, ungefähr eine dreiviertel Stunde von Rostock entfernt. Mit seinem Vertreter, dem Leiter des Rostocker Ordnungsamtes, wurde Abrufbereitschaft per Funktelefon verabredet.

Diese Verbindung funktionierte jedoch nicht, weil der Ferienbungalow in einem Funkloch lag.

Da der Vertreter des Innensenators nach der ersten Krawallnacht offenbar nichts Wichtigeres zu tun hatte, machte er sich am Sonntagmorgen persönlich auf den Weg nach Graal-Müritz, um seinen Vorgesetzten abzuholen. Denn langsam wurde ihm die Verantwortung zu heiß.

24. August 1992, 20.00 Uhr, Wohnheim der Vietnamesen

Die Haustüre ist verrammelt. Einige Male muß Dietmar klopfen, bis sie sich einen Spalt öffnet. Kritisch werden wir beäugt. Schließlich läßt uns der Wachmann ein. »Schnell schnell!«

Wachmänner kannte ich bis dahin nur als durchtrainierte Muskelpakete. Jetzt steht da ein älterer Herr vor uns, dessen auffälligstes Körpermerkmal darin besteht, daß er hinkt. Aber immerhin hat er eine Uniform an. Das flößt Respekt ein. Wenigstens ein bißchen.

Wo sind seine Kollegen hier? »Welche Kollegen?«, fragt er. »Die sitzen nebenan. Pro Hausnummer einer. Wir sollen nur aufpassen, daß nichts geklaut wird«, sagt er, dreht sich um und hinkt in die Pförtnerloge neben der Eingangstür. Das sei für ihn der sicherste Platz, erzählt er kurz und knapp, schließlich habe er ein Fenster nach draußen – sogar vergittert –, da könne er wenigstens vorher sehen, wer die Haustür einschlägt.

Daß der Mann verbittert ist, wer will es ihm verdenken? Zwei Tage zuvor hatten Neonazis das Haus gestürmt und ihn durch die Flure gejagt. Dann, als er endlich von der Polizei befreit wurde, war Dienstschluß. Seit gestern sitzt er wieder hier. Ablösung durch einen jüngeren Kollegen? Fehlanzeige. Aufstockung des Personals nach den Angriffen der letzten Tage? Fehlanzeige. Ein Funkgerät für schnellere Hilfe? Fehlanzeige. Aber wenigstens das Telefon funktioniere. »Schade nur, daß man die meiste Zeit nicht durchkommt«, sagt er lächelnd. Als Witz war das wohl nicht gemeint.

So sieht also ein Plattenbau von innen aus. Alles etwas runtergekommen, an manchen Stellen sind die Tapeten speckig. Überhaupt: Tapeten. Elf Stockwerke hoch, alle Treppenhäuser und Flure tapeziert mit Blümchenmustern aus den 70er Jahren.

Im Flur steht Thomas mit unserem Team: Jürgen Podzkiewitz, der Kameramann und Thomas Höper, als Kameraassistent Mädchen für alles, aber in erster Linie für den Ton verantwortlich. »Habt ihr auf dem Weg hierher auch noch Bereitschaftspolizei gesehen?«, will Thomas Euting wissen. »Klar«, antwortet Jürgen, »auf der Autobahn. Und auch gedreht. Wer weiß, wofür man's brauchen kann.«

Eine Ecke weiter, auf der Treppe nach oben, sitzt ein junger Mann Anfang 30, ziemlich ausgemergelt und übernächtigt sieht er aus – fast hat man das Gefühl, er würde jeden Moment zusammenklappen.

»Schön, daß Sie da sind«, begrüßt er uns in seinem fast akzentfreien Deutsch. Ein fester Händedruck, ein Lächeln hin und her: Da sind wir also.

Er heiße Nguyen do Thinh. Aber weil das Nicht-Vietnamesen kaum aussprechen könnten, »sagen sie einfach Thinh zu mir«.

Nguyen do Thinh

Zwei deutsche Frauen sind auch da. Die eine ist Mitarbeiterin im Büro des Rostocker Ausländerbeauftragten, die andere Betreuerin der Heimbewohner. Von ihnen geht Ruhe aus.

Es klopft an der Eingangstür. Der Wachmann schaut aus dem Fenster und läßt sie ein. Es ist eine Kollegin vom *Spiegel* und ein Rundfunkjournalist vom NDR. Sie fragen, ob sie zuhören können, während wir Thinh interviewen.

Die Kamera läuft.

Wie er die letzten Tage erlebt hat, will Thomas wissen. »Was, denken Sie, wird heute passieren?«

Thinh gibt bereitwillig Auskunft. Es sei schlimm gewesen die letzten Tage, sagt er, und daß er den offenen Haß nicht verstehe. Eigentlich seien die Deutschen doch nett. Nein, er wohne nicht im Haus, ja, er werde hier bleiben, schließlich seien das seine Landsleute, und »wenn es schon gegen Vietnamesen geht, dann kann ich nicht zuhause sitzen und zugucken.«

Kamera aus.

»Am besten, wir gehen jetzt erst mal in die neunte Etage«, schlägt Thinh vor, »da können Sie mit einer Familie reden, die einen kleinen Sohn hat.«

Draußen ist alles ruhig.

Montag abend: Rostock live

Das sind keine Nazis. Das sind unsere Kinder.
Ein Bürger von Lichtenhagen,
24. August 1992

Die letzten Asylbewerber verließen gegen 15 Uhr am Nachmittag des 24. August 1992 unter Polizeischutz die ZAst. Sie waren zuvor 48 Stunden lang Angriffen ausgesetzt, bei denen mehrere Fensterscheiben zu Bruch gingen. Schon am Mittag war mit der Evakuierung begonnen worden. Das Ziel war eine seit langem leerstehende NVA-Kaserne im nahen Hinrichshagen. Die Verlegung der ZAst war zwar schon für den 1. Juni von dem damals amtierenden CDU-Innenminister Diederich fest zugesagt worden, sein Nachfolger Lothar Kupfer hatte den Termin aber immer wieder verschoben.

Bereits ab 11 Uhr am Montagvormittag hatte sich wieder eine Reihe Jugendlicher vor dem Haus versammelt. Die Stimmung war angespannt, stündlich wurde die Ansammlung auf der Wiese größer.

Klaus Springborn stand mit seiner 2. Hundertschaft der Hamburger Bereitschaftspolizei am Eingang der ZAst. Sein Auftrag: Schutz der Asylbewerber, während sie die Busse besteigen. Alles verlief nach Plan. »Da gab es plötzlich einen Funkspruch, den werde ich nie vergessen. Der lautete: ›Die Busse fahren nicht weg, die Insassen steigen wieder aus‹«, erinnerte sich der Hundertschaftsführer. Offizielle Begründung: Andere Heime hätten die Aufnahme verweigert. Klaus Springborn und sein Kollege Heinz Dreyer, ebenfalls Hamburger Hundertschaftsführer, einigten sich schnell, diesen Befehl nicht so ohne weiteres auszuführen. »Wir haben gesagt, wir würden alles tun, um zu verhindern, daß diese Busse wieder zurück können. Wir wollten damit erreichen, daß die Bewohner des Hauses, das ja schon die Tage zuvor immer wieder angegriffen worden war, nicht wieder zurückkehren müssen.«

Die Weisung wurde zurückgenommen. Die Busse fuhren ab.

Seit 15 Uhr stand die Mecklenburger Allee 18 also leer. Damit sei das »Problem« beseitigt, so die einhellige Meinung der zuständigen Politiker auf diversen Pressekonferenzen am Montagvormittag.

Während Rostocks Polizeidirektor und Haupteinsatzleiter Siegfried Kordus die Lage in den Tagesstunden als ruhig bezeichnete, kamen die Einsatzführer der Hamburger Bereitschaftspolizei zu gegenteiligen Auffassungen. In Gesprächen mit Anwohnern und Jugendlichen stellten sie eine hohe und wachsende Aggressivität fest. Und sie erfuhren, daß es am Abend wieder losgehen sollte, zunächst etwa um 17 Uhr, dann um 18 Uhr.

Die genaue Angabe ließ den Schluß zu, daß im Hintergrund ein organisierendes Zentrum arbeitete. Und offenkundig verfügten die agierenden Rechtsextremisten über einen Organisationsgrad, der es ermöglichte, die meist jugendlichen Angreifer vor Ort zu lenken.

Rostocks Polizeidirektor Kordus wurde davon natürlich unterrichtet. Aktiv aber wurde er nicht. Aus Unfähigkeit – oder vielleicht, weil er es nicht wahrhaben wollte?

Sogar sein Nachfolger im Amt, Polizeidirektor Dieter Hempel, bestätigte später, daß die rechte Szene vor dem Haus gesteuert worden sei. Alle wußten es. Nur der oberste Einsatzleiter wischte die Erkenntnis vom Tisch. Alles Quatsch, das seien ein paar verirrte Jugendliche. Die anders lautenden Fakten ernst zu nehmen aber hätte eine völlig andere Strategie der Polizei erfordert. Und – zugegeben: mit ein wenig Glück – hätte man den Angreifern die Befehlsgewalt über die Mecklenburger Allee entziehen können, indem man sich die »Köpfe« gegriffen hätte. Denn offenbar war am Montagabend alles vertreten, was in der rechtsextremen Szene Rang und Namen hatte.

In der Hamburger *Morgenpost* erschien am 30. August 1992 ein Artikel, in dem ein Berliner Neonazi aussagte, daß er als »Unterführer« im Einsatz gewesen sei. Innerhalb der Angreifer habe es einen harten Kern gegeben, der per Funk untereinander kommunizieren konnte. Die Befehle seien aus einem weinroten Audi gekommen. Insider hätten in diesem Wagen den Hamburger Neonazi Christian Worch eindeutig identifiziert.

Zeitgleich zur Evakuierung der Zentralen Aufnahmestelle fand in Rostock 15 Uhr eine Sitzung statt, an der Bundesinnenminister Seiters, der Inspekteur des Bundesgrenzschutzes Hitz, Ministerpräsident Seite, Innenminister Kupfer, der Abteilungsleiter Öffentliche Sicherheit im Schweriner Innenministerium, Olaf von Brevern, und Polizeidirektor Kordus teilnahmen. Auf der anschließenden Pressekonferenz bezeichneten sie die Lage als *unter Kontrolle* und zogen sich zu weiteren Beratungen zurück. Dabei wurde diskutiert, »daß ein leerstehendes Gebäude ZAst einen nicht so hohen Angriffswert haben könnte wie ein mit rumänischen Asylbewerbern belegtes«, erinnerte sich Siegfried Kordus in seinem zwei Wochen nach der Brandnacht verfaßten »Geschehensablauf«. Das, schrieb er weiter, habe er aber für die falsche Strategie gehalten: »Unterzeichner *(Kordus – d. Verf.)* hatte mit in die Überlegungen eingebracht, daß sich die polizeiliche Räumung der ZAst wie unter äußerem Druck erzwungen darstellen und somit den Störern das Gefühl des Obsiegens geben könnte; gleichermaßen wäre der Schutz der leeren ZAst möglicherweise ein demotivierendes Element für Polizeivollzugsbeamte, die zwei Nächte lang schon für den Schutz der Asylsuchenden gekämpft hatten.«

Es sei das einzige Mal gewesen, daß Innenminister Kupfer sich eingemischt habe, sagt Siegfried Kordus in einem persönlichen Gespräch. Kupfer habe die ZAst hinter seinem Rücken evakuieren lassen, was im Ergebnis eine Kapitulationserklärung gewesen sei. Er, Kordus, habe nur durch Zufall davon erfahren. An der Räumung aber war nun nichts mehr zu ändern.

Das Wohnheim direkt neben der ZAst auch zu evakuieren hielt man für nicht angebracht. Die im Nachbaraufgang wohnenden Vietnamesen schienen für Kordus weniger in Gefahr als die Polizei, die sich als größtes Feindbild der Angreifer herausgestellt hätten.

Sah der Polizeidirektor tatsächlich auch nach den vorausgegangenen Angriffen keine akute Gefährdung der Vietnamesen? Oder sollten diese nur deshalb bleiben, um die Polizeivollzugsbeamten nicht zu »demotivieren«, quasi als Grund dienen, daß die Beamten weiterhin etwas zu beschützen hatten?

Oder diente das vielleicht der Durchsetzung viel höherer Ziele?

Was genau auf dieser Sitzung am Montagnachmittag hinter verschlossenen Türen der Rostocker Polizeidirektion besprochen wurde, ist bis heute nicht bekanntgeworden.

Was war bis dahin eigentlich passiert, um einen Blitzbesuch des Bundesinnenministers zu rechtfertigen, was war der Grund, aus dem 800 Kilometer entfernten Bonn herbeizueilen? Die Zentrale Aufnahmestelle eines östlichen Bundeslandes hatte Probleme mit der Erfüllung ihrer Aufgaben, die Anwohner waren wütend und zwei Tage lang hatten Randalierer getobt. Das alles war schlimm genug, gewiß. Aber machte das die Anwesenheit des Bundesinnenministers, des Ministerpräsidenten und des BGS-Inspekteurs zwingend notwendig?

Könnte es sein, daß Seiters sich weniger um die Lösung des augenscheinlichen Problems als um etwas anderes bemühen wollte?

Sicher ist, daß es über mehrere Stunden lang diverse Gespräche, auch unter vier Augen und mit wechselnden Teilnehmern, gab. Unter anderem auch zwischen dem Bundesinnenminister und dem Ministerpräsidenten. Er könne sich vorstellen, daß Seiters und Seite dabei »über die weitere Taktik« gesprochen haben, orakelte Kordus zehn Jahre später. Und das klingt wie eine Anklage. Denn auch der Bundesgrenzschutz habe »mit Hilfe des Schweriner Ministeriums und auch des Landespolizeiamtes« die Rostocker Polizei hängen lassen. Es seien nachweislich Anforderungen von ihm gestellt worden, aber nicht nach Zügen, also rund 30 Mann, sondern nach Abteilungen mit jeweils über 400 Mann. »Die wollte ich nicht morgens um drei *(am Dienstag – d. Verf.)* im Ostseestadion landen lassen: Die sind bereits am Tag vorher vormittags angefordert worden und sollten bis mittags da sein.«

Die Truppen habe er beim Landespolizeiamt angefordert, denn das sei nun mal sein Ansprechpartner, erklärte Kordus. Als der Inspekteur des Bundesgrenzschutzes in seinem Büro saß, sei er noch davon ausgegangen, daß BGS-Kräfte unterwegs seien.

Anno 2002 fragte sich auch Kordus in seinem noblen Haus am Mittelmeer, was die höchsten Vertreter aus Bund und Land am Montag nach Rostock getrieben habe. Es sei ihm nie klar geworden, wieso ein Bundesinnenminister zusammen mit seinem Inspekteur des BGS vor dem Höhepunkt des Pogroms nach Rostock gekommen sei. Wenn es um Unterstützung gegangen wäre, denkt Kordus laut, hätte man die Chance gehabt, sofort mit starken BGS-Kräften dem Ganzen ein Ende zu machen. Das wäre für ihn die einzige Erklärung gewesen. In seinem Beisein aber sei darüber nicht verhandelt worden.

Zur gleichen Zeit, als in Rostock diskutiert wurde, beschwerten sich die Einsatzleiter der Hamburger Hundertschaften, die die ZAst schützten, beim Einsatzleiter vor Ort. Die Kräfte vor der Zentralen Aufnahmestelle wären zu schwach, ließen sie Jürgen Deckert wissen.

Laut Hamburger Einsatzprotokoll wurde »die Anforderung bzw. Bereitstellung« von mehr Polizei zugesagt. Kurz nach 16 Uhr aber meldete sich Deckert persönlich bei den Hamburger Kollegen vor der ZAst und erklärte ihnen, daß er keine weiteren Kräfte zur Verfügung habe. Der Hundertschaftsführer Klaus Springborn wollte das im ersten Moment nicht glauben. »Auf meine Äußerung, daß das ja wohl nicht wahr sein könne, erklärte Herr Deckert sinngemäß, er habe den Eindruck, er werde politisch alleine gelassen.«

»Wir hatten den Eindruck, daß Deckert es darauf bezog, daß sein Vorgesetzter Kordus abhängig war von Weisungen der Politik. Und

Siegfried Kordus fiel die Treppe hinauf, ehe er später über eine Rotlichtaffäre stürzte. Seit 1995 lebt er als Pensionär in Spanien

an den kam Deckert nicht ran, um Kräfte anzufordern, weil sich zu der Zeit alles um den Besuch des Bundesinnenministers kümmerte. Man hat die Zeit des Tages nicht genutzt, um ein vernünftiges Kräftekonzept zu erstellen und dann die entsprechenden Kräfte anzufordern«, klagte Klaus Springborn, als wir uns in Hamburg trafen.

»Ich glaube, ich werde politisch allein gelassen.« Das war ein zentraler Satz, der die Situation Deckerts zutreffend charakterisierte. Er fühlte sich ohnmächtig, während in der Polizeidirektion hohe Politiker mit dem Haupteinsatzleiter Kordus verhandelten. »Da war die politische Schiene, die polizeitaktische Schiene und die Schiene, wo Politik auf polizeiliches Handeln sehr wohl Einfluß nimmt.« Doch Deckert habe von dort weder Richtlinien oder Vorgaben noch Unterstützung erhalten. Aber man habe ihn ständig ins Gefecht geschickt. »Die verarschen mich«, habe er gedacht.

Die Hamburger Beamten lehnten nach Bekanntwerden, daß es keine weiteren Kräfte gebe, ab, weiter allein die ZAst zu schützen.

Zu jener Zeit tauchte Manfred Statzkowski, SPD-Abgeordneter in der Rostocker Bürgerschaft, im Wohnheim der Vietnamesen auf und erteilte den Auftrag, die Vorhänge zuzuziehen. Man solle so tun, als sei das Haus leer. Das sei »mit den Sicherheitskräften« so abgesprochen.

Eine Art Kleinkind-Strategie: Wenn ich die Augen zuhabe, kann mich auch keiner sehen …

Weder in den vorliegenden Einsatzprotokollen noch in den Vernehmungsprotokollen der Staatsanwaltschaft taucht eine derartige Weisung auf. Sie macht auch keinen Sinn: Hätte man das Haus leer gewollt, wäre es ein Leichtes gewesen, mit den Asylbewerbern auch die Vietnamesen zu evakuieren.

Die Vietnamesen befolgten dennoch die Weisung Statzkowskis und saßen von nun an im Dunkeln. Zu der Angst, die durch die nächtelangen Angriffe bestand, kam noch hinzu, nun nicht mehr beobachten zu können, was sich vor dem Haus abspielte.

Dies alles geschah zu genau der Zeit, als man in der Rostocker Polizeidirektion diskutierte, ob eine leere ZAst auf die davor eingesetzten Polizeikräfte demotivierend wirken könnte.

Was wollten sie damit erreichen? Und vor allen Dingen: Wer sollte wieder in die ZAst rein?

Die kurz zuvor evakuierten Asylbewerber, vielleicht sogar mit Bussen wieder vor die Türe gefahren, ganz öffentlich und sichtbar? Entschuldigung, wir brauchen euch noch mal, zur Motivation der Beamten? Der Verdacht liegt nahe, daß sie in Wahrheit gar nicht die ZAst, sondern vielmehr das Wohnheim der Vietnamesen direkt nebenan meinten. Nicht evakuiert, ein Objekt für die Angreifer und die Polizei gleichermaßen.

Vieles spricht dafür, daß die Runde mit Bundesinnenminister Seiters, Ministerpräsident Seite, Landesinnenminister Kupfer, dem Leiter der Abteilung Öffentliche Sicherheit, dem Inspekteur des BGS und dem Rostocker Polizeidirektor gerade dabei war, die grundsätzlichen Menschenrechte zu verletzen. Und daß sie ganz bewußt mit der Möglichkeit spielten, daß über 100 Menschen Opfer der Gewalt werden könnten. Auch das kann nicht ausgeschlossen werden.

Das alles geschah Montagnachmittag kurz nach Abschluß der Räumung der ZAst. Bis dahin war der Polizeieinsatz ohne nennenswerte Probleme abgelaufen.

Nach dieser Sitzung, über die es im übrigen kein Protokoll gibt, änderte sich einiges.

Der Verdacht liegt nahe, daß hier in geheimer Runde die Weichen gestellt wurden, um das Einsatzkonzept von Jürgen Deckert, dem Einsatzleiter vor Ort, in die entgegengesetzte Richtung zu zwingen.

24. August 1992, 20.50 Uhr, Wohnheim der Vietnamesen, neunte Etage

Ein paar Leute laufen über den Flur, verängstigt von den Parolen, die von der Wiese gebrüllt werden. Astrid Behlich versucht, ihre Schützlinge zu beruhigen. Jeder hier kennt die Mitarbeiterin in der Beratungsstelle für die Vietnamesen, die zusammen mit Thinh und einer Deutschlehrerin ihr Büro im Erdgeschoß hat.

Viele hier im Wohnheim verstehen nur wenig deutsch, aber allen ist klar, was die Sprechchöre bedeuten. »Deutschland den Deutschen« brüllt der Chor aus tausend Kehlen. »Ausländer raus!«

Das versteht hier jeder. Dafür brauchen sie keine fundierten Deutschkenntnisse, da reichen die Erfahrungen aus, die hier jeder gemacht hat, nicht nur die der letzten Tage.

Thinh klopft an eine Wohnungstür und ruft dabei etwas auf vietnamesisch. Die Tür geht auf, ein Mann erscheint, neben ihm seine Frau. Sie heißt Nguyen Kim Thoa. Auf ihrem Arm trägt sie den ein Jahr alten Sohn. Hinter dem Mann, der uns als To-Son Hai vorgestellt wird, sieht man im schwachen Flurlicht ein kleines Wohnzimmer. Alles ist dunkel – wegen der Anweisung Statzkowskis.

Jürgen nimmt die Kamera auf die Schulter. »Was werden Sie machen heute Abend?«, fragt Dietmar. »Werden Sie schlafen?« – »Nix schlafen«, antwortet der Familienvater, »immer gucken und beobachten«. Und dabei ist er kurz davor zu weinen. Aber das macht ein Vietnamese nicht in der Öffentlichkeit. Das wäre ein Gesichtsverlust.

Kamera aus.

Es ist ihr Naturell, gastfreundlich zu sein. Zu jeder anderen Zeit würde man jetzt vor der Wohnungstüre die Schuhe ausziehen und der Einladung folgen, gemeinsam doch eine Tasse Tee zu trinken. Und später würde vietnamesisch gekocht und gegessen und gelacht. Aber jetzt, wo unsere deutschen Landsleute ihre Gesinnung am Haus hochbrüllen?

»Mein Gott, was machen die denn?« Astrid Behlich steht am Fenster und hält die Gardine eine Handbreit auf. »Die treiben die Jugendlichen ja direkt vor unser Haus!« Eine Hundertschaft samt Wasserwerfern drückt die Masse draußen auf der Wiese zusammen. Komprimiert stehen sie jetzt da, direkt vor ZAst und Wohnheim. Als ob sie dort hingehören würden. Und das soll Polizeistrategie sein? Logisch erscheint das keinem von uns. Draußen wird weiter skandiert. Wer kann am lautesten?

Egal, mit wem wir hier reden: Allen steht die Angst ins Gesicht geschrieben, auch wenn ab und zu einer versucht, uns zuzulächeln. Wir aber schämen uns.

»Kannst du mal runtergehen?«, fragt mich Thomas. »Draußen müßte jetzt das zweite Team angekommen sein, das vom ZDF-Studio in Schwerin. Die sollen sich mal bei uns über Funktelefon melden. Aber lauf da bloß nicht hin. Mach's vom Wachmann aus.«

Es ist kurz vor halb zehn. Das Mobiltelefon des Teams draußen vor der Tür ist einfach nicht zu erreichen. Immer wieder Wahlwiederholung. Plötzlich knallt es.

Ein seltsames Geräusch, nie zuvor habe ich so etwas gehört. Irgendwie metallisch scheppert es durch den Plattenbau.

Steine! Irgendwo splittert Glas.

Oh Gott, denke ich, es geht los. Während der hinkende Wachmann versucht, die 110 zu erreichen, kommt ein Mann über den Flur gelaufen, ein Deutscher, in jeder Hand trägt er einen Feuerlöscher. »Hier, nimm!«, fordert er mich auf. Keine Bitte, eher ein Befehl. Aber immerhin hat er noch Zeit für eine Erklärung. »Meine Frau hat hier eine therapeutische Praxis. Wir renovieren gerade. Da liegt jede Menge Profilholz. Wenn da ein Molotow-Cocktail reinfliegt – das Zeug brennt wie Zunder!«

Langsam öffnen wir die Eingangstüre und kriechen in die Praxis. Im Nebenraum flackert es schon. Eine zerborstene Flasche liegt auf dem Boden, der Holzstapel brennt. Und mit ihm auch schon ein Teil des Zimmers.

Sicherungsstift ziehen und Knopf drücken. Die Beschreibung auf dem Feuerlöscher ist erschreckend knapp gehalten. Zum ersten Mal habe ich so ein Ding in der Hand. Tausendmal irgendwo an der Wand gesehen, aber wer denkt denn schon daran, es irgendwann benutzen zu müssen? Zack, habe ich den Stift in der Hand. Aber dieser blöde Knopf läßt sich nicht drücken. Ein Faustschlag, und plötzlich sprüht das Ding los. Die erste Ladung Pulver trifft mich unerwartet. »Scheiße!«

»Notruf Feuerwehr«

Sagen Sie, ich hab gerade im Fernsehen gesehen:
Das Asylheim in Lichtenhagen brennt.
Unternehmen Sie da was oder ...?
Ein Anrufer bei der Rostocker Feuerwehr,
kurz vor 22 Uhr , 24. August 1992

Es war ein ganz normaler Tag in der Notrufzentrale der Rostocker Berufsfeuerwehr. Kinder, die sich einen Spaß machten, Anrufer, die eigentlich einen Arzt wollten, einer sogar, der hinter der 112 die Berufsgenossenschaft vermutete, ab und zu ein Fahrzeugbrand. Normale Lage.
21.38 Uhr änderte sich das.

Anruferin: Ja, M., Mecklenburger Allee 15. In der 19 brennt es jetzt. Die Flammen kommen schon aus den Fenstern raus.
Feuerwehr: Mecklenburger?
Anruferin: Allee 15, hier ist der Anrufer M. In der 19, ehemals Asylantenheim brennt es.
Feuerwehr: In welcher Etage?
Anruferin: Weiß ich nicht, kann ich vom Balkon aus nicht sehen. Und die Polizei ist mit anderen Sachen beschäftigt.
Feuerwehr: Ja, ist gut, wir kommen sofort hin.

Ab jetzt stand das Telefon in der Rostocker Notrufzentrale der Berufsfeuerwehr für Stunden nicht mehr still.
Feuerwehr: Notruf Feuerwehr.
Anrufer: Ja, ich wollte was melden. In Lichtenhagen, die Hermann-Matern-Straße 19, da brennen zwei Geschosse.
Feuerwehr: Mecklenburger Allee, ne?
Anrufer: Ja genau.
Feuerwehr: Die Feuerwehr ist schon unterwegs.

Feuerwehr: Notruf Feuerwehr.
Anrufer: Im Asylantenheim brennt es.
Feuerwehr: Ja, wir sind vor Ort.

Feuerwehr: Notruf Feuerwehr.
Anrufer: Ja, Guten Abend, ich bin in Lichtenhagen. Das Asylantenwohnheim brennt.
Feuerwehr: Ja, wir wissen. Die Fahrzeuge sind vor Ort.
Anrufer: Die sind schon da?
Feuerwehr: Die sind schon da. Bloß, die können auch nichts machen. Sie wissen ja, was da los ist.
Anrufer: Ja, ich weiß, ich guck nämlich aus der …
Feuerwehr: Ja, dann ist ja gut. Die Feuerwehrfahrzeuge sind da.

Feuerwehr: Notruf Feuerwehr
Anrufer: Ja hier in Lichtenhagen, Hermann-Matern-Straße 18/19 wird mit Molotow-Cocktails das Heim in Brand gesteckt.
Feuerwehr: Ja, die Feuerwehr ist unterwegs.
Anrufer: Aber hoffentlich schnell. Das ist sagenhaft. Da fliegen laufend Cocktails rein.
Feuerwehr: Ja.
Anrufer: Ist die Polizei auch da?
Feuerwehr: Nee, und die anderen lassen die Feuerwehr nicht arbeiten. Aber die sind unterwegs. Ja, die Feuerwehr wird behindert in ihrer Arbeit. Die sind alle unterwegs.

Feuerwehr: Notruf Feuerwehr.
Anruferin: Sagen Sie, wissen Sie Bescheid, was hier in diesem Haus passiert?
Feuerwehr: Ja, wir wissen Bescheid, junge Frau, wir sind auch vor Ort, aber wir als Feuerwehr kommen da nicht rein. Da sind zu viele Leute, wir können nichts machen. Uns sind die Hände gebunden. Das ist ja das Problem.
Anruferin: Das kann ja wohl alles nicht wahr sein, was hier passiert.
Feuerwehr: Sehn Sie doch. Sie sehen es doch selbst.
Anruferin: Wo ist die Polizei?
Feuerwehr: Ich weiß es nicht. Ich bin ja hier nur die Feuerwehr, keine Polizei. Wir haben Hilfe angefordert und alles.
Anruferin: Sie sind jetzt hier?
Feuerwehr: Wir sind auch vor Ort. Wir stehen ungefähr zwei-, dreihundert Meter vom Objekt entfernt. OK? Danke, tschüß.

Feuerwehr: Notruf Feuerwehr

Anruferin: Ach, hier ist die Mecklenburger Allee 14. Wir kriegen hier langsam alle Angst.
Feuerwehr: Ich glaub ihnen, ich glaub ihnen.
Anruferin: Das Heim, das brennt. Die werfen da so'ne Brandsätze rein. Und die Feuerwehr löscht nicht.
Feuerwehr: Nee, wir kommen ja da auch nicht ran, junge Frau.
Anruferin: Ach, also das kann's doch nicht geben.
Feuerwehr: Ja, was sollen wir denn machen? Sollen wir den Gummiknüppel rausholen und uns da einen Weg durch bahnen oder was? Haben wir nicht. Na sehen Sie. Wir warten. Die Polizei kommt schon.

Feuerwehr: Notruf Feuerwehr.
Anruferin: Ja, hier M., ich hatte vorhin schon mal angerufen. Inzwischen brennt es immer stärker hier!
Feuerwehr: Ja junge Frau, wir kommen nicht durch. Die Feuerwehr kommt nicht ran.
Anruferin: Sagen Sie mal, das kann doch alles nicht wahr sein, was jetzt hier passiert!
Feuerwehr: Aber Sie sehen doch, daß es wahr ist. Wir warten auf die Polizei, damit die Polizei uns Platz macht, damit wir durchkommen. Wir kommen nicht durch. Uns sind die Hände gebunden ... Hören Sie?
Anruferin: Ja, ich weiß, was Sie sagen. Ich erleb's ja, ich wohne ja in diesem Block.
Feuerwehr: Wir kommen ernsthaft nicht durch. Ich würde ja – ich sag mal – die Gesundheit meiner Feuerwehrleute da aufs Spiel setzen.
Anruferin: Kommt denn wenigstens noch die Polizei?
Feuerwehr: Ja, sie haben uns versprochen, daß sie die Kräfte zusammenziehen wollen. Wir versuchen auch unser Möglichstes und wir sind keine Angsthasen. Aber da kommen wir bestimmt nicht ran.

Die versprochene Polizei kam nicht.

24. August 1992, 21.40 Uhr, im Wohnheim, Erdgeschoß

Endlich sprüht der Feuerlöscher sein Pulver dahin, wo es hin soll. Die paar Brandstellen auf dem Fußboden sind schnell gelöscht, da, wo das Benzin aus dem Molotow-Cocktail hingelaufen ist. Als wir uns zum Holzstapel vorarbeiten, knallt hinter uns ein Pflasterstein an die Wand, es folgen weitere, begleitet von Applaus und Johlerei. »Die haben uns entdeckt«, ruft der Mann neben mir, »hat keinen Sinn mehr!«

Mit einem dumpfen Knall explodiert direkt neben uns ein neuer Brandsatz. »Los, raus hier!« Rein in den Flur, Tür zu, durchatmen.

Plötzlich splittert die Eingangstür zum Wohnheim, Schreie hallen durch den Flur. »Sie kommen rein!«

Ich muß zum Treppenhaus, hoch zum Team, den einzigen, die ich hier kenne. Alles, nur jetzt nicht allein sein. In dem Moment schlägt irgend jemand mit einer Baseballkeule die Neonröhre von der Decke. War das einer von uns? Egal, auf einmal ist es dunkel. Bloß weg hier, die Treppe hoch zum Team.

In der sechsten Etage läuft mir Jürgen, der Kameramann entgegen. »Sind sie drinnen?«

»Ja«, rufe ich, »und es brennt!« Weiter hinten stehen Thomas, Dietmar, der zweite Thomas, Thinh und eine ganze Reihe vietnamesischer Männer. Einer von ihnen hat ein Samurai-Schwert und fuchtelt damit wild um sich. Als hätten wir nicht schon genug Angst!

Von unten, da, wo ich noch vor einer Minute war, werden jetzt Parolen gebrüllt: »Wir kriegen Euch alle!« und »Gleich werdet ihr geröstet!«

Hoffentlich sind die anderen irgendwie rausgekommen, denke ich, als ich Thomas Euting hinter mir fluchen höre. »Scheiß Technik!« Unser Funktelefon ist ein halber Koffer, klobig und schwer. Immer wieder tippt Thomas die 110, dazwischen abwechselnd die 112. Egal, was er wählt, am anderen Ende meldet sich eine freundliche Stimme: »Kein Anschluß unter dieser Nummer.« Und wenn die Stimme sich mal nicht meldet, ist der Anschluß besetzt.

Mehr als ein Dutzendmal geht das so. »Probier du mal.« Thomas reicht mir entnervt den Koffer. Schon beim zweiten Mal komme ich durch. Glück muß der Mensch haben. Es klingelt am anderen Ende. Aber niemand geht bei der 110 ran. Der Polizeinotruf ist nicht erreichbar.

»Es ist ein einziger Skandal!« Wolfgang Richter, der Ausländerbeauftragte von Rostock steht plötzlich da. Das erste Mal, daß ich ihn sehe. Ein Hüne mit Lockenkopf und Vollbart – und kurz davor, loszuheulen. Nicht vor Angst, vor Wut. »Ich bin gerade noch mal unten gewesen bei der Pförtnerloge. Die war leer. Ich habe Lütten-Klein angerufen und gesagt: ›Wir sind hier im Haus und werden angegriffen. Das Haus wird gestürmt! Ich denke auch, es brennt schon. Wir brauchen ganz viel Polizei und Feuerwehr!‹ Und der auf der anderen Seite hat immer gefragt: ›Wie schlimm ist es denn mit dem Brand? Muß denn die Feuerwehr kommen?‹ Der konnte das nicht begreifen, was ich ihm gesagt habe. Und genau in dem Moment wurden die Glasscheiben von der Eingangstüre zertrümmert, die neben der Pförtnerloge. Und dann habe ich das am Telefon noch mal wiederholt: ›Jetzt dringen die hier unmittelbar neben mir ein! Ich muß auflegen, aber es muß sofort Polizei und Feuerwehr kommen!‹ Und dann bin ich hoch, weil ich einfach keine Lust hatte, denen dort unten zu begegnen. Wir haben ja zwei Abende lang die Brutalität erlebt, mit der die Leute vorgegangen sind. Ich bin mir völlig sicher: Wenn die mich da unten an der Tür gekriegt hätten, die hätten mich sofort fertiggemacht. Der Typ in Lütten-Klein, der hat das alles nicht begriffen!«

Und auch wenn wir es bis dahin nicht wahrhaben wollten, jetzt ist allen klar: Wir sitzen in der Falle.

Unten können wir nicht mehr raus, weil es brennt. Und auch wenn es nicht brennen würde, kämen wir trotzdem an den Schlägern nie vorbei.

»Wo ist Astrid?« Thinh schaut in die Runde. »Irgendwo unten«, ruft einer. »Die wollte zu den Frauen in der fünften Etage.«

Es gibt ein paar Vietnamesinnen, die Astrid Behlich besonders ins Herz geschlossen hat. Bui thi Mai ist eine von ihnen. Erst vor ein paar Monaten hatte sie ein Baby bekommen. Astrid klopft an die Tür. »Los, raus, lauf nach oben!«, ruft sie. In der fünften Etage sind viele Ein-Zimmer-Appartements. Überall poltert Astrid an die Türen. »Bleibt nicht hier, keiner darf sich alleine in seinem Zimmer verkriechen! Oben sind die anderen, beeilt euch!« Pham thi Tuyet ist im achten Monat schwanger, eine andere Vietnamesin auch. Bloß jetzt niemanden vergessen.

»Keine Panik, es ist genug Polizei da!« Zweckoptimismus verbreiten, schießt es Astrid durch den Kopf. Selbst glaubt sie daran schon nicht mehr, aber hier muß sie funktionieren, Ruhe ausstrahlen. Sammeln und hoch in den neunten. Warum haben wir uns nie Gedanken über den Fall X gemacht, fragt sich nicht nur Astrid.

Einige Männer stürmen im Treppenhaus an ihr vorbei, runter, dahin, wo gerade Türen eingetreten und Fenster eingeworfen werden. Thinh ist auch dabei. Vielleicht kann man die Angreifer aus dem Haus jagen. Vielleicht. Später sagt Thinh über diesen Moment: »Wir sind runtergelaufen bis zur vierten Etage. Überall schepperte es, Fensterscheiben klirrten, aber man konnte nicht genau sagen, wo das passierte: Ob über mir, unter mir oder daneben, ich kann es nicht sagen. Aber das Knistern vom Feuer war schon deutlich wahrzunehmen. Diese Geräusche kamen immer näher, und der Rauch kam auch immer näher. Schritte habe ich gehört und Schläge gegen Türen, Scherben, die auf dem Boden knirschen, das habe ich alles wahrgenommen. Nur von draußen habe ich die Parolen gehört. Innen haben sie auch gebrüllt, nur ich habe nicht verstanden, was sie gebrüllt haben. Mir war klar: Nun wird es ernst: Ich stehe jetzt vor einer klaren Entscheidung: Entweder sich töten lassen oder selber töten.«

Und das war ihm todernst.

Plötzlich fällt Bui thi Mai ein, daß sie etwas in ihrem Zimmer vergessen hat, Sachen für ihr Baby. »Du, Frau Behlich, kannst du gucken?« Oh Gott, wieder runter in den Qualm, der inzwischen bis zu uns hoch zieht? Aber nur Astrid weiß, wo die Sachen sind. Manchmal denkt der Bauch schneller als der Kopf.

Auf der Treppe begegnet ihr die zusammengewürfelte Schutztruppe der vietnamesischen Männer. »Unten brennt alles!« In der Wohnung rafft Astrid die Sachen zusammen. Und dann hört sie die Angreifer kommen. Stockwerk um Stockwerk brüllen sie sich höher, bis in den vierten.

Bui thi Mai schaut Astrid an, so als wolle sie lächeln. Aber das gelingt nicht mehr, stattdessen weint sie leise vor sich hin. Das nimmt hier keiner wahr. Ein paar Wachleute tauchen auf, die sich wohl noch vor dem Brand hochgekämpft haben. Einer von ihnen hat einen Feuerlöscher auf der Schulter. Helfen wollen sie, uns und ihrem hinkenden Kollegen. Aber der ist nicht zu finden. Wahrscheinlich hat er sich in einem der unteren Stockwerke versteckt. Aber wo?

Wir helfen mit, Barrikaden aus Tischen und Stühlen zu bauen, die

wir ins Treppenhaus stellen. Vielleicht wird es die Angreifer aufhalten, wenn sie versuchen, uns zu finden. Und wenn sie uns gefunden haben, werden sie wohl versuchen, uns umzubringen. Einfach so. Keiner spricht es aus, aber jeder denkt jetzt das selbe. Und der Rauch wird immer dichter.

Wie kommen wir raus?

»Wir müssen runter«, ruft Thinh. »Glaubt mir! In der siebten Etage gibt es einen Übergang zur ZAst rüber!« Thomas und ich sehen uns an. Zwei Stockwerke runter, dem Qualm entgegen. Wer weiß, bis wo hinauf es schon brennt.

Bloß jetzt ruhig bleiben. Panik ist das letzte, was wir brauchen können. »Bist du sicher, daß wir da rüber können?« Thinh zuckt die Schultern. »Es gibt den Übergang. Ich weiß nur, daß der abgeschlossen ist. Aber mit dem Brecheisen kriegen wir den auf!«

Egal, was der SPD-Bürgerschaftsabgeordnete Statzkowski gesagt hat, wir müssen erst einmal sehen, was da draußen los ist. Eine Wohnung ist offen, im Dunkeln schauen wir aus dem Fenster. Tausende Menschen stehen, Parolen brüllend, auf der Wiese, ehrbare Rostocker Bürger. »Hier ist ja nirgendwo auch nur ein Polizist zu sehen!«, ruft Dietmar. »Das kann ja wohl nicht wahr sein!« Aber so sehr wir auch suchen: Die »Freunde und Helfer«, die »Schutzmänner« haben sich offenbar zurückgezogen.

Was wir da noch nicht wissen: Sie sind schon lange weg. Und von unten sieht man es deutlich flackern.

Unser Haus brennt.

»Ich glaube, ich werde politisch alleine gelassen!«

Von Hektik war überhaupt nichts zu spüren.
Der Hamburger Hundertschaftsführer Heinz Dreyer
über die Situation in der Einsatzzentrale Lütten-Klein
am Montagabend, dem 24. August, 21.30 Uhr.

Diesen Satz, wir hörten ihn schon, sagte Jürgen Deckert, der Einsatzleiter von Lichtenhagen, am Montagnachmittag zu Klaus Springborn, einem Hamburger Hundertschaftsführer auf dessen Frage, ob es zusätzliche Einsatzkräfte geben werde.

Nun, gegen 18 Uhr, hatte er eine Weisung des Landespolizeiamtes Schwerin erhalten, die beiden direkt an der ZAst eingesetzten Hamburger Hundertschaften herauszulösen und durch die 136 Mann der Hundertschaft Mecklenburg-Vorpommern »Arkona 150« zu ersetzen. Polizeidirektor Siegfried Kordus, Deckerts Vorgesetzter, hatte das drei Stunden zuvor per Telex erfahren, also zu der Zeit, als er gemeinsam mit Bundesinnenminister Seiters und Landesinnenminister Kupfer und anderen zusammensaß. »Ich habe diese Aufforderung zunächst zurückgehalten«, sagte Kordus später, und dann habe eine Pressekonferenz stattgefunden, »im Beisein des Herrn Bundesinnenministers, des Herrn Ministerpräsidenten und des Herrn Innenministers«.

Und weiter rechtfertigte er sich: »Ich war über diese Pressekonferenz hinaus noch damit beschäftigt, der Presse ganz kurz dort aufgestellte, aufgebaute 134 kg Kokain zu zeigen, die wir auf einem kolumbianischen Frachter sichergestellt hatten.«

Das war in der Tat ein Erfolg, den der Polizeidirektor verzeichnen konnte, und das auch noch im Beisein hochrangiger Politiker. Offenbar aber schmeichelte das seinem Ehrgeiz so sehr, daß er das Hamburger Telex darüber einfach vergaß. Deckerts Vorgesetzter und damit der Hauptverantwortliche für den Einsatz in Lichtenhagen »vergaß« dieses für den Einsatz so wichtige Papier.

Gegen 18 Uhr fiel es ihm angeblich wieder ein. Bis dahin rechnete Deckert mit zwei Hundertschaften, die er faktisch schon gar nicht mehr hatte. Den Rückruf hatte Klaus Springborn, Führer der 2. Hamburger Hundertschaft vor der ZAst, veranlaßt. Denn schon am frühen Nachmittag hatte sich in Gesprächen mit Anwohnern und Jugendlichen gezeigt, daß es am Abend mit massiven Angriffen gegen die Polizei weitergehen würde. »Da habe ich Deckert gefragt, ob er sich um weitere Kräfte gekümmert habe. Als er das verneinte, habe ich gesagt: Wir bleiben mit unseren Kräften nicht in Rostock, sondern ich hole mir das OK von Hamburg und verlege mit meiner Hundertschaft nach Hamburg zurück, weil ich das meinen Kräften nicht länger zumuten kann.«

Zudem waren die einzigen Einheiten, die es zur Unterstützung gab, alles andere als ausreichend gerüstet.

»Ich hatte ja gesehen in der Nacht zu Montag, als wir kamen, wie desolat der Kräftestand dort war, mit welcher Ausrüstung die Kollegen aus dem Umfeld Rostocks kamen. Es war ja keine Unterstützung zu erwarten. Man hat mir teilweise diese Kräfte ja noch unterstellt, aber das habe ich abgelehnt, weil ich keine Kräfte haben wollte, die ohne Helm und ohne Schild mit mir Dienst machen sollten.«

Ein neues Kräftekonzept mußte her. Einsatzleiter Deckert traf sich noch einmal mit Springborn am Hamburger Kommandowagen neben dem Sonnenblumenhaus. Gemeinsam wollte man durchrechnen, was man noch brauche. Drei Hundertschaften wurden als Mindestbedarf festgelegt, unterstützt durch mehrere Wasserwerfer.

Jeder von beiden hatte – wie in solchen Fällen üblich – einen Führungsgehilfen dabei. Irgendwann, sagte Springborn später, sei ihm aufgefallen, daß Deckerts »rechte Hand« Görke nicht mitschrieb. »So einen Führungsgehilfen möchte ich auch einmal haben«, warf Springborn ein, »der alles im Kopf hat. Der braucht nicht mal mitzuschreiben.« Und dann die überraschende Antwort: »Gibt ja auch nichts zu schreiben.« Dann habe der eine Zigarettenschachtel rausgeholt und darauf die Kräfteanforderung notiert. »Da hab ich gedacht: Was ist das hier eigentlich für eine Truppe?«

Zu jenem Zeitpunkt war in der Rostocker Polizeidirektion schon klar, daß es keine neuen Hundertschaften geben würde. Denn Jürgen Deckert hatte nach dem ersten Treffen mit Springborn bei seinem Vorgesetzten und Haupteinsatzleiter Siegfried Kordus zwei neue Hundertschaften dringend erbeten. Aber der Rostocker Polizeidirektor hatte abgewunken: Die könne er nicht besorgen. Ende des Telefonats.

»Ich bin zusammengebrochen. Ich weiß definitiv noch meine Gestik: Ich habe die Arme hochgerissen und gesagt: Was jetzt noch? Da war ich fertig, ja. Wenn einem auch jetzt noch die letzten – vor allem gut ausgerüsteten – Truppen weggenommen werden ...«, sagte Jürgen Deckert über diesen Moment. Jetzt fehlten dem Einsatzleiter also vier Hundertschaften Bereitschaftspolizei. Und es wurde Abend. Wenn etwas passierte, dann jetzt. Die Tage zuvor war das, was im Polizeijargon gemeinhin als »Feierabend-Randale« bezeichnet wird, eingetreten.

Den ganzen Nachmittag über hatten die Hamburger Hundertschaften vor dem Haus Doppelstreifen geschoben, immer zwei Mann, ohne Helm, die mit den Jugendlichen und ersten Schaulustigen auf der Wiese sprachen. »Um 17 Uhr geht's wieder los. Zieht euch warm an, es geht gegen euch Polizisten.« Immer wieder wurde das dem Hundertschaftsführer Springborn von seinen Beamten berichtet. 17 Uhr, als wolle man sich zu einem Rendezvous verabreden. Immer wieder tauchte die Uhrzeit auf, sogar ganz offiziell, denn Springborn bekam Besuch von einigen CDU-Abgeordneten der Rostocker Bürgerschaft. Um 17 Uhr, erzählten auch sie, werde die Randale wieder anfangen. Und es seien diesmal auch Waffen im Spiel, von den ehemaligen russischen Armeefreunden verscherbelte Pistolen, vielleicht sogar Kalaschnikows. Es würde eine neue Dimension der Gewalt geben, erzählten die Abgeordneten, das hätten sie aus sicherer Quelle. Aus welcher sagten sie nicht.

Das alles teilte Klaus Springborn seinem Einsatzleiter Jürgen Deckert mit und mahnte mehr Polizei an. Und das schnell, denn Hamburg wollte seine Hundertschaften so bald wie möglich wieder zurück, was Deckert zu dem Zeitpunkt allerdings noch nicht wußte. Und der sagte: »Ich glaube, ich werde politisch alleine gelassen.«

Das war die Antwort, denn Jürgen Deckert vermutete, daß hier etwas nicht mit rechten Dingen zuging. Polizeitaktisch hätte sein Vorgesetzter, der Rostocker Polizeidirektor Siegfried Kordus, solche Meldungen ernstnehmen müssen, und wenn nicht, dann hätte zumindest die menschliche Logik Alarm schlagen müssen.

Stattdessen aber verweigerte Kordus zwei Hundertschaften und behielt es für sich, daß die Hamburger Kräfte bereits zurückbeordert worden waren.

Eine Hundertschaft allerdings hatte er in der Nacht zum Montag in Marsch setzen lassen, die »Arkona 150« der Bereitschaftspolizei aus Schwerin. 16.45 Uhr war sie am Montag in Schwerin aufgebrochen und mit ihr zwei Wasserwerfer. 19.25 Uhr trafen sie in der Einsatzzentrale in Lütten-Klein ein – eindeutig zu spät.

Jetzt erfuhr Deckert, daß das keine zusätzlichen Kräfte waren, sondern nur der Ersatz für die zwei Hamburger Einheiten. 18.45 Uhr verlor Deckert auch noch seinen Führungsgehilfen Görke.

Polizeidirektor Kordus hatte das persönlich veranlaßt. Görke sollte in der Direktion die Stellung halten, damit der oberste Einsatzleiter nach Hause konnte. Bis dahin hatte der Polizeidirektor mit Innenminister Kupfer im Büro gesessen. Das belegen mehrere Aussagen. Offenbar aber wurde den Herren die Lage zu heiß.

Am 26. November 1992 gab ein Mitarbeiter der Direktion gegenüber der Staatsanwaltschaft zu Protokoll: »Herr Kordus hat sich gegen 19.15 bis 19.30 Uhr im Lagedienst abgemeldet mit der Bemerkung, er müsse jetzt ruhen und möchte nicht gestört werden. Gegen 20.30 bis 21.00 Uhr erhielt ich vom ZDF, die sich offensichtlich auf der Kaufhalle für Aufnahmen postiert hatten, einen Anruf, Herr Kordus möge sich umgehend vor dem Haus zeigen, ansonsten sei er, sinngemäß, morgen nicht mehr Leiter der Direktion. Ich beabsichtigte daraufhin, Herrn Kordus anzurufen, wobei ich mich erinnern kann, daß ein Kollege zu mir sagte: ›Laß ihn doch in Ruhe.‹ Ich habe ihn dann doch angerufen und hatte seine Frau am Telefon: ›Ist es dringend, muß ich ihn wecken?‹ Daraufhin kam das Gespräch zustande.«

Siegfried Kordus hatte demnach nur eines im Sinn: Unsichtbar werden, weg aus der Schußlinie eines Einsatzes, der nun in die Katastrophe lief. Später sagte er aus, er habe ein Hemd wechseln müssen, um die »Einsatzbereitschaft oder Führungsbereitschaft auf sich bezogen durch Kleidungswechsel aufrechtzuerhalten bzw. wieder herzustellen«. Kordus wurde also von einem verschwitzten Hemd an seiner Einsatzbereitschaft gehindert.

Innenminister Lothar Kupfer machte sich zusammen mit Kordus ebenfalls auf den Weg nach Hause. Als Grund gab auch er an, er habe sein Hemd wechseln müssen.

Der Bundesinnenminister war schon am Nachmittag zusammen mit dem Inspekteur des BGS wieder abgeflogen, der Ministerpräsident und auch der Abteilungsleiter für Öffentliche Sicherheit waren wieder in Schwerin. Damit war kein Vertreter der geheimen Politikerrunde mehr in Rostock, als der Sturm auf das Haus begann.

»Alle Maßnahmen einstellen!«

Das ist in meiner langen Dienstzeit als Schutzmann der Einsatz gewesen, der mir nach wie vor Bauchschmerzen bereitet.
Wenn ich die Bilder sehe – ja, dann bin ich fertig.
Heinz Dreyer, Hamburger Hundertschaftsführer im April 2002

»Ich bin, glaube ich, in der Nacht von Sonntag auf Montag um 1 Uhr zu Hause angerufen worden, nachdem ich mehrmals am Wochenende telefonisch angefragt hatte: Was passiert da eigentlich, und wieso werde ich nicht alarmiert? Und irgendwann um 1 Uhr kriegte ich dann einen Anruf nach dem Motto: Jetzt geht's aber los.«

Joachim Wenn-Karamnow hatte im Fernsehen die Krawalle in Lichtenhagen gesehen. Als der Hundertschaftsführer in seiner Schweriner Dienststelle ankam, herrschte dort Chaos. Die Anforderung aus der Rostocker Polizeidirektion war aber offenbar nicht so eindeutig. Fahren oder nicht? Keiner wußte es genau. Erst einmal, so wurde beschlossen, solle die Truppe »zur Ruhe übergehen«: abwarten und Tee trinken. Dabei blieb es bis Montag weit nach Mittag. Dann machte sich »Arkona 150«, so der interne Rufname der Hundertschaft, mit zwei Wasserwerfern auf den Weg.

Um 19.25 Uhr trafen sie in Lichtenhagen ein. Wenn-Karamnow fuhr nach Lichtenhagen zu seinen Hamburger Kollegen, um den weiteren Verlauf abzustimmen. Der Beschluß war schnell gefasst: Zug um Zug sollten die Kräfte vor dem Haus herausgelöst und durch Mecklenburger ersetzt werden. Nichts Besonderes, eher normale Polizeitaktik. Doch dann passierte es.

»Während wir also dabei waren, die Zugführer in die Lage einzuweisen, erhielt ich über Funk den Hinweis, daß alle Maßnahmen an der Zentralen Aufnahmestelle einzustellen seien. Das ist um 19.55/20.00 Uhr gewesen.«

So die Aussage von Klaus Springborn. Und Wenn-Karamnow erhielt den gleichen Funkspruch: »1. daß die Hamburger Kräfte sich zurückziehen sollten, 2. daß ich praktisch diesen Folgeauftrag ›Herauslösen dieser Kräfte‹ nicht mehr durchzuführen brauchte.« Aber man war ja schon mittendrin. Und die Angriffe auf die Polizei wurden immer stärker.

In Gruppen von rund 20 Mann wurde die Hundertschaft Springborns herausgelöst: Der 1. Zug vom Eingangsbereich der ZAst, der 2. und 3. Zug von der Straßenkreuzung zwischen S-Bahn-Brücke und dem Haus, wo es zu der Zeit starke Konfrontationen gab, und ein Zug BGS, der sich im Bereich der Kaufhalle direkt vor ZAst und Wohnheim aufhielt und Springborn unterstellt war.

Während die ersten drei Züge sich auf den Weg nach Lütten-Klein machten, wurde der BGS beim Rückzug massiv angegriffen. Deshalb kehrten die drei Züge wieder nach Lichtenhagen zurück – um den Kollegen vom Bundesgrenzschutz zu helfen. Man war also vor ZAst und Wohnheim präsent, ohne diese wirksam zu schützen. Einen Befehl dazu gab es ohnehin nicht.

Nach eigener Aussage verließ Siegfried Kordus um 20.10 Uhr die Rostocker Polizeidirektion, um daheim in Warnemünde sein Hemd zu wechseln. Etwa 20 Minuten braucht man mit dem PKW von der Polizeidirektion in der Rostocker Innenstadt bis nach Lichtenhagen. Demnach kam Kordus gegen 20.30 Uhr am Sonnenblumenhaus vorbei. Während dieser Zeit tobten dort heftige Auseinandersetzungen zwischen Angreifern und Polizisten. Kordus will das nie gesehen haben. Im Gegenteil, er habe sich in einer »Phase der relativen Beruhigung« zurückgezogen. Daß Kordus hier offensichtlich die Unwahrheit sagte, ließ nur den Schluß zu, daß er mit dem Einsatz schon lange nichts mehr zu tun haben wollte.

Inzwischen war es 21 Uhr. Immer wieder kam es zu Auseinandersetzungen besonders im Bereich der Fußgänger-Brücke über die nahe S-Bahn. Dort saß der 3. Zug aus Springborns Hundertschaft fest und machte »Schildkröte«: Die Beamten hockten auf dem Boden und hielten ihre Schutzschilde über sich. Bewegungsunfähig wurden sie von allen Seiten mit Steinen eingedeckt. Der nahe Bahndamm diente den Angreifern dabei als Munitionsdepot.

Dann kam die Meldung, im Bereich jenseits der S-Bahnbrücke sei es zum Schußwaffengebrauch gekommen. Heinz Dreyer, der zweite Hamburger Hundertschaftsführer, mußte dorthin wechseln. »Genau zu diesem Zeitpunkt hielt ein Zug der S-Bahn nach Warnemünde. Meine Kräfte gingen also durch den Zug. Wir haben nur noch gerufen ›Notbremse ziehen‹, damit die uns nicht plötzlich nach Warnemünde weiterkarrten. Auf der anderen Seite der Bahnlinie, hinter so einer Hütte, lag ein weiterer Trupp Bereitschaftspolizei in Deckung, der aber überhaupt keine Chance gehabt hätte, wieder auf die Brücke zu kommen. Da habe ich gesagt: Wir gehen mit Teilen der Hundertschaft runter und versuchen die da rauszuholen. Das haben wir dann auch geschafft. Nur es ergab sich dann die Situation, auf diesem unheimlich weiten Gelände die Störer dann auch weiter zu treiben. Da ging es ins Niemandsland. Und da wurden wir dann mit Steinen und Mollis beworfen. Und dann habe ich mich gefragt: Was machen wir hier überhaupt? Sollten wir nicht sehen, daß wir uns jetzt langsam zurückziehen, um wieder auf die andere Seite zu kommen?«

Am weitläufigen Bahndamm-Gelände waren einzelne Polizisten von ihren Hundertschaften getrennt worden. Jeder hatte zu kämpfen, um die eigene Haut zu retten. Sie und der »Schildkröten-Zug« mußten herausgeholt werden. Gleichzeitig mußte der Bahndamm gesichert, die Angreifer verfolgt und festgesetzt, der Rückzugsweg freigehalten und verteidigt werden. Viele Aufgaben auf einmal, für die alle Einsatzkräfte gebraucht wurden.

Das Sonnenblumenhaus spielte keine Rolle.

Die Angriffe richteten sich – genau wie angekündigt – ausschließlich gegen die Polizei. Während die an verschiedenen Fronten gleichzeitig kämpfen mußte, entschloß sich Deckert, die Einheiten neu zu gruppieren, »um wieder Ordnung in den Laden zu bekommen«.

Dies geschah nach telefonischer Absprache mit dem Haupteinsatzleiter Siegfried Kordus. Gemeinsam, erzählt mir Jürgen Deckert später, habe man den Beschluß gefaßt: »Das lassen wir uns nicht bieten. Wenn das so ist, dann stehen wir da nicht mehr nur im sturen Objektschutz, sondern dann werden wir die Aufklärungssituation offensiver gestalten und dann sehen, daß wir so viele Festnahmen wie möglich durchführen. Wir bereinigen die Lage. Anders gesagt: Es wird geknüppelt, weil wir die Schnauze voll haben.«

Gegen 21.20 Uhr zogen sich die Angreifer vor der ZAst und dem Wohnheim zurück. Das erfuhr Jürgen Deckert über Funk und hielt es für die Chance, die Kräfte neu zu formieren. »Daraufhin ist von mir die Anordnung getroffen und über Funk durchgegeben worden, die Hamburger Einheiten zurück nach Lütten-Klein zu verlegen. Und gleiches galt für Arkona 150 – sofern es die Lage erlaubt. Es gab keine bedingungslose Anweisung für einen Rückzug. ›Sofern es die Lage erlaubt‹.«

Offenbar gab es die Anweisung zum Rückzug doch. Denn alle eingesetzten Hundertschaftsführer können sich an diesen wesentlichen Zusatz nicht erinnern.

»Wenn er gesagt hätte: ›Maßnahmen einstellen, wenn es die Lage erlaubt‹«, so Klaus Springborn, »dann hätte ich nicht nachzufragen brauchen. Dann hätte ich sofort eine Erklärung gehabt. Dann hätte ich gesagt: Wir machen das, wenn es die Lage erlaubt, oder ich hätte gesagt: Wir machen es nicht, weil es die Lage nicht erlaubt. Ich bin mir fast sicher, daß der Zusatz nicht kam. Wir wären dann ja auch schlechte Hundertschaftsführer gewesen, wenn wir gesagt hätten: OK, wir brechen ab, auch wenn es die Lage nicht erlaubte.«

Deckert konnte zwar darauf verweisen, daß ihm bereits 18 Uhr Weisung erteilt worden war, die Hamburger Einheiten herauszulösen. Zuvor hatte sein Vorgesetzter Kordus es abgelehnt, zwei von Deckert angeforderte Hundertschaften zu bewilligen. Daher war der Einsatzleiter in der Tat zu einer Umgruppierung gezwungen.

Diese setzte er aber in dem denkbar schlechtesten Moment um. Die Meldung, daß sich die Angreifer zurückzögen, als Beleg dafür zu werten, daß vor Ort zumindest vorübergehend Ruhe eingekehrt sei, war eine krasse Fehleinschätzung der Lage. Selbst wenn man berücksichtigt, daß die Funkverbindung zwischen der Einsatzzentrale Lütten-Klein und den Einheiten in Lichtenhagen oft gestört war oder über lange Phasen ganz ausfiel, war das keine Entschuldigung. Im Gegenteil: Gerade wegen der schlechten technischen Voraussetzungen wäre eine persönliche Beurteilung der Situation vor Ort eine Voraussetzung gewesen, um einen Befehl zum Rückzug zu geben. Aus den Angriffen der letzten Tage war Deckert zudem klar, daß jederzeit mit einem Überraschungsangriff gerechnet werden mußte.

21.30 Uhr traf Rostocks Leitender Oberstaatsanwalt Wolfgang Neumann in der Polizeiinspektion Lütten-Klein ein, um sich über die Situation in Lichtenhagen zu informieren. Seiner Darstellung zufolge hatte dort kurz zuvor eine Beratung über den weiteren Einsatz in Lichtenhagen stattgefunden. »Zu diesem Zeitpunkt ist mir gegenüber auch (...) geschildert worden, daß die ZAst leer sei und entweder zu diesem Zeitpunkt darüber nachgedacht werde, ob die Polizei vor der ZAst abrücken könne oder sogar solle, damit sich die Gewalt dort nicht weiter konzentriere oder daß die Polizei dort bereits abgerückt sei.«

Das Wohnheim der Vietnamesen tauchte demnach in den Überlegungen nicht auf, dafür aber ein Rückzug als deeskalierende Maßnahme. Dies ist ein eindeutiger Beleg für die These, daß die Anwesenheit von über 120 Menschen in einem Haus, das massiv angegriffen wurde, für die Einsatzleitung zumindest zu jener Zeit keine Priorität hatte. Es ging bei ihren Überlegungen in erster Linie darum, der Polizei die Möglichkeit zum Rückzug zu geben. Denn auch nach Ansicht Deckerts richteten sich die Angriffe allein gegen sie.

Dies aber hätte bedeutet, daß sich der Gegenstand der tagelangen Ausschreitungen geändert hätte: Die Angreifer wollten nicht Lichtenhagen von Asylsuchenden und anderen Ausländern »säubern«, sondern nur die Polizei attackieren. Es ist zwar denkbar, daß die Polizei als Stellvertreter des Staates angesehen wurde, der für die Asyldebatte verantwortlich war und dem die »Volksmeinung« gewaltsam deutlich gemacht werden sollte.

Dennoch blieben die Ausländer weiterhin Angriffsziel: Ihre Anwesenheit war angeblich Ausdruck für eine als verfehlt angesehene Asylpolitik.

Deckert aber war tatsächlich ortsfremd. Man kann ihm also zugute halten, daß er die Unterscheidung zwischen ZAst und Wohnheim wirklich nicht kannte. Sowohl die Polizei als auch das Sonnenblumenhaus waren erklärte Angriffsziele. Für alles aber reichten die Einsatzkräfte nicht aus.

Auf der Sollseite allerdings klaffte auch bei Deckert eine Lücke. Bis heute bestreitet er, *vor* dem Sturm auf das Wohnheim gewußt zu haben, daß dort 120 Vietnamesen leben.

Und das, obwohl er bereits am Sonntag, dem 23. August 1992, um 16 Uhr an Einsatzkräfte den Befehl erteilte: »Fahren zur Mecklenburger Allee 19, dort wird der Eingangsbereich durch mehrere Störer zerschlagen.« Spätestens nach der Rückkehr der Polizisten (wenn nicht sogar noch während des Einsatzes per Funk) hätte Deckert fragen können, *warum* es dort zu Störungen kam. Er aber blieb bei seiner Darstellung.

Gesichert ist, daß der Rostocker Ausländerbeauftragte ebenfalls am Sonntag auf eine Gefährdung der im Wohnheim befindlichen Vietnamesen hingewiesen hatte. Das bestätigen mehrere Zeugenaussagen vor dem Schweriner Untersuchungsausschuß. Jürgen Deckert hingegen will Richter zu jener Zeit nicht einmal gekannt haben. »Ich habe Dr. Richter das erste Mal in meinem Leben gesehen am 25. morgens *(also Dienstag – d. Verf.)* in Zusammenhang mit einem Interview, das mit dem ZDF geführt wurde.«

Gesichert ist auch, daß Deckert am Montagnachmittag einen wei-

Polizeioberrat Jürgen Deckert

teren Anruf erhielt, wonach sich die Vietnamesen noch im Haus befänden. Die Anruferin war Heike Buhrow, die Leiterin der ZAst. Auch das stritt Deckert vor dem Schweriner Untersuchungsausschuß ab: »Frau Buhrow lügt, wenn sie sagt, sie hat etwas überhaupt von Vietnamesen zu mir gesagt.«

Auch die Sprechchöre vor Ort »Deutschland den Deutschen – Ausländer raus!« oder »Wir kriegen Euch alle!« führten nicht zum logischen Schluß, daß man dies kaum gegen die Fassade einer leeren ZAst brüllte. Alle wußten, daß im Wohnheim Menschen eingeschlossen waren. Nur der Einsatzleiter wußte es nicht?

»Das müssen Sie mir glauben«, sagt Jürgen Deckert zehn Jahre nach dem Brandanschlag. »Es hat mir keiner gesagt. Und ich war dort fremd.«

Der Rückzug machte endgültig den Weg für die Angreifer frei.

Um 21.25 Uhr verzeichnete der Lagedienst der Polizeidirektion »Notruf: Brandflaschen gegen Nr. 18«.

Nachzulesen im internen »Ablaufkalender« der Polizei.

21.35 Uhr trug der Beamte ein: »Notruf: In Nr. 19 brennt Parterre-Wohnung«.

Bei dieser Parterrewohnung handelte es sich um die medizinische Praxis, in der wir zu zweit versucht hatten, den Brand zu löschen.

Von nun an fand der Sturm auf das Wohnheim statt.

24. August 1992, 21.50 Uhr, Wohnheim der Vietnamesen, siebte Etage

Also runter in die siebte Etage, mitten rein in den Qualm? Bloß weil es eine minimale Chance gibt, daß dort der Übergang zur ehemaligen ZAst frei ist? Verrückt kommt uns das vor, widersinnig. Aber was können wir anderes tun, als den Vietnamesen blind zu vertrauen. Sie kennen sich hier aus, wir nicht. Thinh rennt zu einem Feuermelder und schlägt die Scheibe ein. Ohrenbetäubender Lärm füllt plötzlich die Flure. Und jetzt bekomme ich richtig Angst. Vielleicht, hoffen wir, ist der Brandmelder mit der Feuerwehr verbunden. Aber sicher weiß das keiner.

Die Angst, daß die Angreifer zu uns hochkommen könnten, ist jetzt nebensächlich: Inzwischen sind wir uns sicher, daß sie sich selbst den Weg abgeschnitten haben. »So hat das Feuer wenigstens noch einen Sinn.« Thomas Höper, der Kameraassistent, zuckt entschuldigend mit den Schultern. »Ich meine ja nur: Wir sollen doch positiv denken …«

Jürgen nimmt wortlos die Kamera auf die Schulter. »Das ist eine Situation«, sagt Thomas Euting, »von der man uns vor einer Viertelstunde nur erzählt hat. Und plötzlich sind wir mittendrin. Und die Angst, die wir im Moment spüren, weil Leute unten Feuer legen, weil sie diese Menschen bedrohen, weil Menschen weglaufen, das ist die Angst, die diese Ausländer hier zwei Nächte lang gespürt haben. Und es ist die nackte Angst.« Vier Sätze, die alles aussagen, was wir alle gerade fühlen.

Kamera aus.

Zum ersten Mal hat auch Jürgen der Mut verlassen. Wie ein Häufchen Elend hockt er auf den Treppenstufen. »Was ist los mit dir?«

»Ich habe gerade eine Entscheidung getroffen«, sagt er. »Bevor ich ersticke oder verbrenne, werde ich springen. Irgendwo aus einem der Fenster.« Nicht *was* er sagt, trifft die Umherstehenden, sondern die Art, *wie* er es sagt: nüchtern, ruhig und überlegt. Zum zweiten Mal spricht einer aus, was alle hier fühlen in diesem Moment, in dem es

Thin am versperrten Übergang zur ZAst

uns so unvorbereitet wie nur möglich getroffen hat. Es ist 21.55 Uhr.

»Ich bin durch!« Thomas Euting steht da mit dem klobigen Funktelefon und winkt uns ran. »Hallo, Schatz.« Na klasse, wir verrecken hier und der telefoniert mit seiner Frau in Berlin.

»Paß auf: Wir sind hier im Haus eingeschlossen – nein, da ist keine Polizei und auch keine Feuerwehr – weiß ich auch nicht – ruf das Berliner Polizeipräsidium an, die sollen uns hier rausholen! – Melde dich, wenn du was weißt – Tschüß.«

Zum ersten Mal erfährt also draußen jemand, daß wir drinnen sind.

Gespannte Ruhe. Sicher, die Idee mit dem Anruf bei der Polizei ist nicht schlecht. Aber reicht ein Berliner Beamter, um seinen Rostocker Kollegen Dampf zu machen? »Gleich werden wir es ja wissen«, sagt Thomas in dem Moment, als unser Funktelefon klingelt.

Der Mann ist normalerweise die Ruhe selbst, ein rational denkender und handelnder Journalist. Aber jetzt ist er kurz vor einem Wutausbruch. »Die haben meine Frau für verrückt erklärt«, sagt er, nachdem er aufgelegt hatte. »›Wissen Sie, jute Frau, hier rufen so viele Spinner an. Nix für ungut, aber denken Sie noch mal drüber nach, und dann können Sie sich ja wieder mal melden.‹ So ein verdammter Idiot! Aber meine Frau hat ihm die Hölle heiß gemacht: ›Entweder

Sie unternehmen sofort etwas, oder Sie sind morgen im Fernsehen und übermorgen Ihren Job los!‹ Hat sie ihm gesagt.«

Ob das gezogen hat? »Ruf Joachim Jauer an!«, schlägt Dietmar vor. Ein Redaktionsleiter von KENNZEICHEN D hat vielleicht mehr Gewicht.

Auch dieser Anruf klappt. Nebenbei ist es ein Beweis, daß unser Funktelefon einwandfrei funktioniert. Daß wir den Notruf der Rostocker Polizei nicht erreichen können, kann also nicht an uns liegen.

Thomas legt auf. Jetzt heißt es abwarten. Nur lange darf es nicht mehr dauern, bis uns einer hilft, denke ich, als wir durch die verqualmten Flure laufen.

Da ist sie endlich, die Tür, die eigentlich ein Notausgang sein soll. Dahinter ist die seit ein paar Stunden evakuierte ZAst. Als sie eingerichtet wurde, hatte man offenbar ganze Arbeit geleistet, um dafür zu sorgen, daß Asylbewerber dort blieben, wo sie hingehörten. Die neue Tür ist zwar aus Holz, aber erstaunlich widerstandsfähig. Thinh hat ein Brecheisen in der Hand und versucht zusammen mit anderen Männern, das Schloß zu knacken. »Keine Chance«, ruft er und setzt das Eisen oben an, um die ganze Tür aus der Halterung zu brechen. Vom Treppenhaus zieht der Rauch in immer dichteren Schwaden zu uns am Ende des Flures, durch die Türe zum Fahrstuhlschacht qualmt es inzwischen auch. Und auch die Müllschlucker brennen bis in die sechste Etage, die direkt unter uns ist. Aber das erfahren wir erst später.

Die Luft ist inzwischen zum Schneiden dick. Der Rauch dringt mit jedem Atemzug tiefer in die Lunge ein. Ich versuche, mir die Jacke vor den Mund zu halten, aber so richtig hilft das auch nicht. Die anderen husten genauso.

Endlich gibt die Tür ihren Widerstand auf. Rein in den Aufgang 18, die Ex-ZAst.

Aber die vermeintliche Rettung ist keine, denn hier brennt es auch. »Trotzdem«, ruft Dietmar, »ab nach oben, vielleicht geht es da raus!«

Als die Helfer hilflos waren

Der Einsatz wurde meinerseits insbesondere
durch das Fernsehen gefahren,
da der Einsatzleiter gar nicht sehen konnte,
was an der Südseite des Hauses passiert.
Wilfried Behnke, Leiter der Rostocker Berufsfeuerwehr,
vor dem Parlamentarischen Untersuchungsausschuß

Daß das Sonnenblumenhaus in Lichtenhagen mit Molotow-Cocktails in Brand gesetzt wurde, erfuhr die Polizeidirektion in der Rostocker Innenstadt bereits 21.25 Uhr. Es wäre ein Leichtes gewesen, nur den Hörer abzunehmen und über die bestehende Standleitung die Berufsfeuerwehr zu informieren. Aber das passierte nicht, weil es offenbar niemand für nötig hielt.

Erst 21.38 Uhr, 13 Minuten später, erfuhr die Feuerwehr über eine Anwohnerin, die die 112 angerufen hatte, daß das Wohnheim der Vietnamesen brenne. Wertvolle Zeit war vergangen, die man hätte nutzen können, um Schlimmeres zu verhindern. *Florian 901*, so die Funkkennung der Feuerwehr-Einsatzzentrale, schickte sofort mehrere Einsatzfahrzeuge los.

Was dann passierte, gibt der folgende, bislang unveröffentlichte Funkverkehr der Feuerwehr wieder.

21.44 Uhr:

»Florian 231 für Florian 901. Kommen.«

»Florian 231 kommt nicht zum Einsatzort durch. Ankunftszeit verzögert sich. Kommen.«

»Ja, dann müssen Sie erstmal vor Ort bleiben, wir versuchen mit der Polizei Verbindung aufzunehmen. Kommen.«

»Florian 901 für Florian 90103, kommen. Haben Standort verlassen. Kommen.«

»Empfangen, Ende.«

»Florian 90102 für Florian 901. Kommen.«

»Wir sind Abfahrt Evershagen auf der Stadtautobahn. Ab Höhe Tankstelle in Richtung Warnemünde stockt der Verkehr. Hier steht alles.«

»Ja empfangen.«

»Florian 90231. Kommen.«

21.51 Uhr:

»Florian 90231 und Restfahrzeuge Einsatzort erreicht. Gehen zur Lage Kommen.«

»Florian 90231 für Florian 901. Kommen.«

21.55 Uhr:

»Hier 90231: In der 19 werden ... sehr aggressiv ... im Gebäude drin gegen ... draußen stehen Bewaffnete mit Handfeu … und Knüppeln. Wir brauchen Polizeiunterstützung, damit hier Ordnung herrscht, sonst könn' wir nicht arbeiten.«

»Florian 901 hat nicht alles verstanden, aber soviel, daß die Feuerwehr dringend Unterstützung durch Polizei braucht, um einen ordnungsgemäßen Einsatz durchzuführen. Kommen.«

»Ja so ungefähr. Innen ist gegenwärtig kein Feuer, aber es werden fortlaufend neue Molotow-Cocktails geworfen. Also, wir müssen unbedingt vor Ort bleiben, bis hier Ordnung geschaffen wird.«

»Empfangen, Ende.«

Dieses Band lag dem parlamentarischen Untersuchungsausschuß in Schwerin vor. Aber niemand hat ernsthaft versucht zu ermitteln, wie oft und warum überhaupt die Feuerwehr nach der Polizei rufen mußte. Fakt ist, daß es immer wieder per Standleitung Gespräche in die Polizeidirektion gab mit der Aufforderung, Beamte zum Schutz der Feuerwehrmänner zu schicken. Fakt ist aber auch, daß diese Bitte im Sande verlief. Erst einmal passierte nichts.

Derweil riefen die Feuerwehrmänner vor Ort am brennenden Sonnenblumenhaus schon lauter in ihre Funkgeräte.

»Hört die Florian 90231?«

»Die Ansammlungen werden immer stärker, die Auseinandersetzungen auch. Wir können die Brandbekämpfung unter diesen Bedingungen kaum aufnehmen. Wo bleiben die Polizeikräfte, damit die hier Ordnung schaffen?«

»Wir werden sofort noch mal nachfragen. Weitere Meldung kommt in Kürze.«

22.05 Uhr:

»… des ehemaligen Asylantenbewerberheimes. Jugendliche dringen in das Gebäude ein, werfen Molotowcocktails auf Balkons, ziehe mich zurück Mecklenburger Allee. Veranlassen Sie über Lagedienst, daß Polizeikräfte eingreifen.«

»Haben Sie selbst schon Kontakt aufgenommen mit der Polizei? Kommen.«

»Bin ich noch nicht zu gekommen, da hier auch kein Verantwortlicher weit und breit zu sehen ist. Werde irgendwie einen Mann suchen. Habe erst einmal unsere Kräfte aus dem Bereich herausgeholt, damit wir uns zurückziehen, weil kein Polizeischutz da ist.«

»Da soll 'ne Hundertschaft sein. Kommen.«

22.06 Uhr:

»Ja, hinten in der Mecklenburger Allee stehen welche. Dort werde ich mich jetzt erst mal hinbegeben und das aufklären. Ansonsten wird das Heim zur Zeit gestürmt.«

»Ja verstanden. Kommen.«

Tatsächlich standen dort, aufgeteilt in mehrere Einheiten, rund hundert Polizisten. Das habe er gewußt, gab der Polizei-Einsatzleiter vor Ort, Jürgen Deckert, zu. Aber er sei in der zur Einsatzzentrale umfunktionierten Polizei-Inspektion Lütten-Klein relativ fernab vom Geschehen gewesen. In solchen Lagen wie im Fall von Rostock-Lichtenhagen gebe es eine Art Auftragstaktik, soll heißen, daß die Polizeiführer vor Ort im Notfall völlig eigenständig handeln. Aber das passierte erst, als ein Feuerwehrmann dem Kollegen im grünen Anzug Feuer machte. Es ist durchaus möglich, daß die Polizisten nicht sahen, daß die Vorderfront des Wohnheims schon seit einer halben Stunde brannte, denn sie standen *hinter* dem Haus. Eine Entschuldigung für Nichtstun aber kann das nicht sein, denn gleichzeitig tobte sehr wohl in Sichtweite der Mob. Und man schaute tatenlos zu, weil man ja – treu deutsch – keinen Einsatzbefehl hatte. Der Feuerwehrmann funkte entsprechend genervt in seine Zentrale:

22.15 Uhr

»Habe mit Polizei Verbindung aufgenommen. Er versucht krampfhaft über Funk seine Leitstelle zu erreichen. Keine Verbindung. Sind handlungsunfähig, da Heim gestürmt wird. Alarmanlage läuft in dem ehemaligen Asylbewerberheim. Hinweis: Gehen Sie CB-Kanal 29.«

»Florian 90102 für Florian 901. Kommen.«

»02 hört.«

»Was war jetzt mit CB-Funk gemeint?«

»Auf Kanal 29 im CB-Funk läuft eine aktuelle Berichterstattung der Ereignisse durch die CB-Funker.«

»Ja, nun 'ne andere Frage: Wir haben hier im Fernsehen gesehen, daß zweite und dritte Etage brennen. Kann das an dem sein?«

Diese Nachfrage läßt nur den Schluß zu, daß man in der Einsatzzentrale der Feuerwehr nicht glauben wollte, daß das Haus brenne und die Einsatzkräfte vor Ort nicht löschten.

» … Mecklenburger Allee. Ich kann nichts feststellen von hier aus.«

»Ja, wir versuchen, daß wir erst mal noch Kräfte zuführen, daß wenn wir dann rankommen einen schlagartigen Angriff dann einsetzen können. Kommen.«

»Zur Zeit können wir nicht handeln, da der ganze Bereich, eh, wir haben keine Deckung und keine Möglichkeiten. Fahre noch mal rum um das Objekt und gucke mir das nochmal an, soweit ich rankomme.«

»Ja, das hab' ich ja eben gesagt, daß ihr da zur Zeit nichts unternehmen könnt. Aber wenn ihr dann was unternehmen könnt, daß ihr dann genügend Kräfte da habt, weil wir im Fernsehen gesehen haben, daß da schon zweite und dritte Etage brennt. Kommen.«

»Von meinem Standort aus ist das wie gesagt nicht feststellbar. Fahre noch mal rum und gucke mir das noch mal an.«

»Ja, dann guck dir das noch mal an. Empfangen, Ende.«

Dann zogen die sich in der Nähe aufhaltenden Polizeikräfte mit Blaulicht und Sirene ab. Zurück blieb die Feuerwehr.

»… verläßt den Einsatzbereich. Ich weiß nicht, was die für Befehle haben. Sie haben keinerlei Verbindung und sind völlig handlungsunfähig.«

»Ja, Empfangen Ende.«

»Florian 90102 für Florian 901. Kommen.«

22.23 Uhr:

»Florian hat Objekt umfahren bis zur Stadtautobahn und wieder zurück. Erste Etage brennt es, in der zweiten auch, kann die Angaben bestätigen. Weit und breit keine Polizei zu sehen. Komme nicht an die Einsatzstelle ran. Muß es brennen lassen.«

»Empfangen.«

Eine Feuerwehr, die dazu verdammt war zuzuschauen, während aus einem Haus die Flammen schlugen. In dem Moment, sagte später ein Feuerwehrmann, haben einigen Kollegen Tränen in den Augen gestanden. Auch wenn sie zu kurz vor 22.30 Uhr noch davon ausgingen, daß das Haus leer sei.

»Florian 901 hat noch mal Mitteilung: Wir haben die Nachricht von der Polizei, daß sie die Kräfte zusammenziehen wollen. Wollen! So, und wenn eben kein Rankommen ist, ist kein Rankommen. Wir schicken jetzt noch TLF 16 *(Tanklöschfahrzeug – d. Verf.)* von Feuerwache 1 raus zur eventuellen Unterstützung, wenn dann ein Rankommen ist. Kommen.«

»Ja ja, das habe ich verstanden, bloß das entwickelt sich jetzt hier so, daß die Zufahrtswege alle mit Fahrzeugen verstellt werden. Wir stehen zur Zeit in der Mecklenburger Allee. Vor dem Asylbewerberheim ist die Zusammenrottung, auf der anderen Seite sind die Bürger, die Schaulustigen, die sich dort bewegen, so daß wir von keiner Seite rankommen. Solange wir hier keine Polizei haben und wir nichts unternehmen können, wie gesagt, kann hier nichts passieren. Ansonsten besteht die Gefahr, daß er *(der Brand – d. Verf.)* voll ausgestattet ist. Ich war erst noch mal in dem Heim drin, bevor das losging.«

»Ja, haben wir schon mitbekommen. TLF 16 kommt erst mal noch zur Unterstützung. Empfangen, Ende.«

»Von der Anfahrt her TLF 16 über Lütten-Klein und dann hinten durch in die Mecklenburger Allee rein. Dort stehen wir und warten der Dinge, die da kommen.«

»Florian 901 für 90130. Kommen.«

»90130 nimmt Funkverbindung auf. Fahren über Lütten-Klein an. Kommen.«

»Empfangen, Ende.«

»Florian 901 für Florian 90101. Kommen"

»Florian 901 hört.«

22.25 Uhr:

»Florian 90101 verlasse Stützpunkt, bleibe auf Empfang. Kommen.«

»Habe verstanden, Ende.«

»Florian 90101 für Florian 901. Kommen.«

»... Stelle erreicht, fahre bis zum Einsatzort. Kommen.«

»Florian 901 für 90102. Kommen.«

»Florian 901 hört.«

»Habe eben noch mal Hinweise gekriegt. Bei dem Objekt, wo das

Feuer gelegt wurde, soll es sich nicht um das ehemalige Asylbewerberheim handeln, sondern daneben. Und das soll noch von Vietnamesen bewohnt sein, so daß da noch Menschen drin sind. Wir müssen daher langsam mal handeln.«

»Florian 902 hier. Habe eben Mitteilung bekommen, daß Polizei jetzt zum Einsatzort kommt. Kommen.«

»Habe verstanden. Begebe mich vor und werde dann entsprechend Kräfte nachfordern.«

»Florian 902. Der A-Dienst kommt noch raus als Verstärkung. Kommen.«

»Halte meinen Standort hier, bin über Funk erreichbar.«

»Florian 901 verstanden, Ende.«

»Einsatzzug ist vor Ort. Von der anderen Seite jetzt ebenfalls Brandlegung. Helle Flammen. Da sind noch Bewohner drin. Zusammenrottung ist da, komme nicht ran. Wenn die Polizei hier nicht bald eingreift, dann haben wir die ersten Toten!«

»Ja, wir haben verstanden. Werden Polizei nochmals informieren.«

Inzwischen war es etwa 22.30 Uhr.

Das Haus brannte jetzt seit einer Stunde.

»Florian 901 für 90130. Kommen.«

»Florian 90130 für Florian 901. Kommen.«

»Also, hier ist sehr starkes Verkehrsaufkommen, die Straße ist total verstopft, wir kommen kaum durch. Kommen.«

»Ja, Empfangen, Ende.«

22.36 Uhr:

»Florian 901 für Florian 90102. Kommen.«

»Florian 901 hört. Kommen.«

»Habe mit dem Bereitschaftsführer die Maßnahme abgesprochen. Er setzt seine Kette ein, beräumt den Bereich. Bringe meine Kräfte in Bereitschaft, so daß ich unverzüglich dort, wenn geräumt ist, eingreifen kann. Weitere Kräfte noch nicht eingetroffen. Wenn nicht anders möglich, sollen die Warnemünder noch anfahren, über Elmenhorst oder so.«

»Benötigen sie noch mehr Kräfte?«

»Sicher brauche ich noch ein paar. Entwickelt sich ganz schön da.«

»Paß auf, zwei Tanker und eine Drehleiter sind noch unterwegs.«

»Weiß nicht, bis jetzt sind sie noch nicht hier. Kann sein, daß die irgendwo feststecken.«

»Ist klar, wir werden dann noch Warnemünde hinschicken. Noch folgenden Hinweis: Kontaktaufnahme mit dem Hausmeister. Es muß, ich sage mal so, in der siebten Etage eine Quertür geben in die 20 *(gemeint ist die 19 – d. Verf.)* rein. Kommen.«

»Ja, habe verstanden. Siebente Etage Querverbindung in die 20. Wenn sie nicht zugemauert ist.«

»Ja, hoffentlich nicht. In der 18 *(gemeint ist die 17, also der erste Aufgang, in dem Deutsche wohnen – d. Verf.)* soll zugemauert sein. Kommen.«

22.46 Uhr:

»Komm nicht ran an Objekte, kann weitere Angaben nicht machen. Wie gesagt, die räumen jetzt und dann fahr ich den Angriff vor.«

»Das war nur ein Hinweis zwecks Evakuierung. Kommen.«

»Ja, ist klar, Ende.«

22.51 Uhr:

»90130, sind am Einsatzort bei anderen Feuerwehrfahrzeugen angekommen, stellen uns hinten an und nehmen Kontakt mit Einsatzleiter auf.«

»Ja danke, Ende.«

»90330, haben Einsatzort erreicht, melden uns jetzt beim Einsatzleiter. Kommen.«

»Empfangen, Ende.«

22.51 Uhr:

»Florian 90101. Also wir sind unmittelbar davor. Sehr massive Gegenwehr, so daß ein Vordringen gegenwärtig noch nicht möglich ist. Das wird noch eine ganze Zeit dauern. Kommen.«

»Florian 901 für Florian 90101, ist nun Funkkontakt aufgenommen mit der Hundertschaft oder was ist da? Wie haben die Information, Kontakt ist aufgenommen von Florian 902. Kommen.«

»Von unserer Seite ist noch nichts gekommen. Die Molotow-Cocktails fliegen bis auf unsere Höhe hier ran. Einen haben wir ausgemacht, bis jetzt erstmal noch alles im Griff hier. Kommen.«

»Hab verstanden, Ende.«

»Florian 901 hört Florian 90101.«

22.58 Uhr:

»Wir sind jetzt in den Aufgang rein, da ist aber alles voll Gerümpel. Das Zeug haben wir erstmal rausgemacht, gehen jetzt in das Objekt weiter vor. Der Containerraum vorne brennt allerdings noch. Bis jetzt kommen wir erstmal klar. Kommen.«

»Empfangen, Ende.«

»Florian 90102 für Florian 901. Kommen.«

»901 hört.«

»Florian 90102. Fahren Angriff fort. Sind erstmal unten rein, wie gesagt, es befinden sich noch Leute in dem Haus. Versuchen unten erstmal, das [Gerümpel] wegzukriegen. Durch die Rauchentwicklung ist nicht einschätzbar, wieviel. Brauche weitere Kräfte und Mittel am Einsatzort.«

»Weitere Kräfte und Mittel sind unterwegs. Freiwillige Feuerwehr Warnemünde mit TLF 16, Freiwillige Feuerwehr Groß-Klein mit LF 16, vom Kommando Stadt ist ein TLF und eine DL *(Drehleiter – d. Verf.)*, vom Überseehafen ein TLF 16. Kommen.«

»OK, Anfahrt wie gesagt bis Mecklenburger Allee. Lassen Sie dann einweisen.«

»Florian 90102, benötigen Sie noch weitere Kräfte? Gehlsdorf ist jetzt auf dem Weg, Feuerwache 1. Kommen.«

»Schickt mir erst mal raus, was ihr habt.«

»Verstanden, Ende.«

»Florian 90101 für Florian 901. Kommen.«

»In der Mecklenburger Allee untere Etage ist eine vietnamesische Familie mit einem vom ZDF, die haben Schwierigkeiten, da rauszukommen. Versuchen, alles Notwendige einzuleiten, Kommen.«

»Florian 90101 für Florian 901. Kommen.«

23.03 Uhr:

»Wir haben jetzt einen Trupp hochgeschickt in die sechste Etage, wo die Leute vermutet wurden, weil sie aus dem Fenster geguckt haben sollen. Wir überprüfen das gegenwärtig. Wir begehen das Objekt auch noch weiter. Ansonsten, feuerwehrmäßig reichen die Kräfte aus. Wir überprüfen jetzt die Etagen, kommen.«

»Florian 901 verstanden, Ende.«

In der siebten Etage der ehemaligen ZAst fand die Feuerwehr sechs Vietnamesen, die sich dort versteckt hielten. Im Wohnheim nebenan hatten 18 den Weg hoch aus Angst nicht angetreten und sich in einer Wohnung in der siebten Etage verschanzt. Wäre der Einsatz durch den fehlenden Polizeischutz noch weiter hinausgezögert worden, hätte es zumindest die ersten Fälle von schweren Rauchvergiftungen gegeben.

23.34 Uhr, zwei Stunden nach dem ersten Notruf bei der Feuerwehr, erfahren die Einsatzkräfte, daß Menschen auf dem Dach sind.

23.47 Uhr ist das Feuer in den unteren drei Etagen gelöscht.

0.20 Uhr meldet Florian 90101: Einsatz beendet.

Zu der Zeit waren 43 Feuerwehrmänner im Einsatz, geschützt durch die zurückgekehrte Polizei.

Wäre die Polizei knapp vier Stunde zuvor am Sonnenblumenhaus geblieben, anstatt sich zurückzuziehen, hätte es aller Voraussicht nach nie einen Brand gegeben, der über 120 Menschen um ein Haar das Leben gekostet hätte.

24. August 1992, 22.00 Uhr, in der ehemaligen ZAst, siebte bis elfte Etage

Hier brennt es also auch. Aber vielleicht ist weiter oben der Rauch nicht ganz so dicht, vielleicht ist da noch mehr Luft zum Atmen. Und irgendwo muß es ja rausgehen. Wir sind nur noch wenige, eine Art Erkundungstrupp auf der Suche nach Rettung im evakuierten Haus: eine Handvoll Vietnamesen, die zu Hilfe gekommenen Wachmänner, Dietmar Schumann und ich. Der Rest ist in der 19, im Wohnheim, um dort einen Ausstieg zu finden.

Stockwerk um Stockwerk steigen wir höher, bis in den elften. Da endet die Treppe und mit ihr die Aussicht auf Rettung. Spannbeton statt Ausgang. Das war's. Bis hierher gekämpft, versucht, gehofft. Jetzt bleibt nur noch, nüchtern und rational zu konstatieren, daß das Leben eben ein Ende hat. Völlig unspektakulär ist dieser Moment. Ab und zu hustet jemand in die Stille. Heute Mittag saß ich noch in der KENNZEICHEN D-Redaktion in Berlin, froh und glücklich, endlich an einer politischen Berichterstattung mitarbeiten zu können. Und jetzt ist alles so anders wie nur eben möglich. Während ich in die Runde blicke, geht plötzlich das Licht aus. Komisch, wie sehr der Überlebenswille an ein paar Neonröhren hängen kann.

Zur gleichen Zeit sind die im Wohnheim Zurückgebliebenen schon ein Stück weiter. In der elften Etage haben sie sich im Dunkeln bis an eine Gittertür vorarbeiten können, hinter der ein Aufgang zum Dach existiert. Die Tür ist gesichert mit einer dicken Kette und einem Vorhängeschloß. Eine überaus passende Maßnahme für Notausgänge. Später erfahren wir:

Thinh und einigen anderen gelingt es, die Tür zu öffnen.

Der Qualm wird immer dichter.

Eine Kette wird gebildet, alle paar Meter steht ein Mann und hilft. Wolfgang läuft zu Astrid, die mit den Frauen und Kindern abseits steht. »So«, sagt er und zwingt sich dabei selbst zur Ruhe, »jetzt alle raus. Aber verhaltet euch still. Kein lautes Wort! Und wenn ihr auf dem Dach seid, dann bleibt in der Mitte, damit euch von unten keiner sehen kann.« Telefonieren, Hilfe holen, ach, vergiß die Polizei. Unten versucht ein Feuerwehrwagen, sich mit Blaulicht und Sirene Respekt zu verschaffen. Wolfgang steigt aufs Dach und kriecht über die Kieselsteine. Von der Wiese brüllen die Gaffer »Wir kriegen euch alle!«.

»Du mußt bis zum Aufgang Nr. 15, die Luke dort hinein haben wir bereits aufgebrochen«, flüstert Thinh ihm zu. Der Weg ist frei. Wolfgang Richter steigt in die 15 ein und findet eine Familie, die ihn telefonieren läßt.

Feuerwehr: Notruf Feuerwehr.

Richter: Ja, passen Sie auf. Ich erkläre es ihnen ganz in Ruhe. Mecklenburger Allee 19, das Wohnheim der Vietnamesen. Dort sind 150 Menschen drin, 150 Vietnamesen. Die Polizei hat sich zurückgezogen.

Feuerwehr: Ja.

Richter: Die Chaoten haben unten das Haus angesteckt.

Feuerwehr: Ja.

Richter: Die Gase kommen schon hoch, und sie kämpfen sich Stockwerk um Stockwerk hoch. Ich habe vor einer Dreiviertelstunde die Polizeiinspektion Lütten-Klein informiert.

Feuerwehr: Ja.

Richter: Es tut sich nichts. Hier muß sofort Feuerwehr her und ganz viel Polizei. Die Menschen sterben hier.

Feuerwehr: Ja, wir haben eben – wir sind unterwegs. Wir versuchen, alle Maßnahmen einzuleiten, wie wir können. Glauben Sie es, wir tun alles.

Richter: Vor einer Dreiviertelstunde habe ich Lütten-Klein angerufen. Wann ist denn jemand da?

Feuerwehr: Ja, wir haben auch ständig Verbindung mit der Polizei.

Richter: Ist der Bürgermeister informiert? Ist die Regierung in Schwerin informiert? Das ist ein einziger … *(unverständlich – d. Verf.)*

Feuerwehr: Der Innensenator ist eben von mir – es sind ja alle noch vor Ort, ja.

Richter: Gut, Sie können nichts dafür. Entschuldigen Sie, bitte.

Feuerwehr: Ernsthaft. Wir haben schon alle Kräfte, die wir haben, jetzt zusammengezogen. Wenn wir rankönnen. Aber wir kommen nicht ran.

Richter: Passen Sie auf. Wir versuchen jetzt … Die Frauen haben wir jetzt in der Mecklenburger Allee 15.

Feuerwehr: Ja.

Richter: Wir versuchen die Männer übers Dach nachzuholen. Können Sie wenigstens sichern, daß die Rückseite, wo die Eingänge sind, Mecklenburger 15, daß das erst mal abgesichert wird, daß wir vielleicht bis unten rauskönnen.

Feuerwehr: Ja.

Richter: Bevor Sie in der 19 oder in der 2 kämpfen, oder weiß ich, was Sie machen. Können Sie das durchstellen?

Feuerwehr: Na ja, wir können versuchen, daß wir hinten rumkommen.

Richter: Die Frauen sind also schon in der 15. Wir versuchen jetzt, die Männer nachzuziehen.

Feuerwehr: Ja. Alles klar. Wir versuchen es.«

Auflegen, durchatmen. »Vielen Dank für die Hilfe! Ich hole jetzt die anderen.« Rauf aufs Dach, über den Kies bis zur 19, der Luke des Wohnheims. Einige sind schon auf dem Dach und kauern in der Mitte.

»Hat jemand Bui Thi Mai gesehen?« Astrid Behlich wird unruhig. Gerade war die Vietnamesin mit ihrem wenige Wochen alten Baby noch da und jetzt schütteln nur alle den Kopf.

»Ich hab' sie!«, kommt es plötzlich von unten. Bui thi Mai zittert am ganzen Körper, als sie Astrid ihr Baby durch die Dachluke reicht – mit dem Kopf nach unten. Astrid merkt es nicht. Hauptsache, dem Winzling geht es gut.

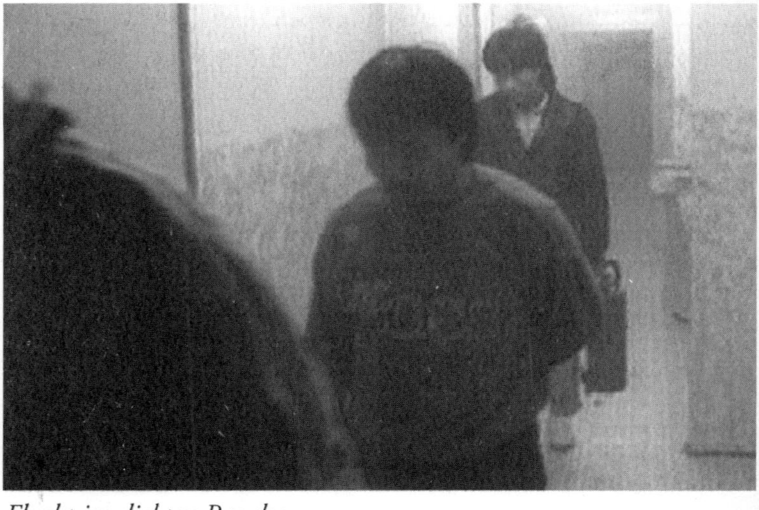

Flucht im dichten Rauch

Davon wissen wir in der ZAst zu jener Zeit noch nichts.

Wir stehen wieder einmal vor einer vergitterten Tür.

Werkzeug haben wir nicht. Wieder runter in die siebte Etage, und hinüber ins Wohnheim? »Keine Chance«, sagt einer der Wachmänner, »da kommen wir jetzt nicht mehr durch.« Jetzt bloß nicht aufgeben! Diese Tür werden wir knacken. Wir kommen hier raus, jetzt erst recht! Gemeinsam zerren wir an dem Gitter, einer hängt sich oben dran und stemmt die Füße gegen die Wand neben der Tür. Die Spalt wird immer größer, jetzt passen wir durch. Nach und nach klettern wir auf die andere Seite. Das Schlimmste haben wir hinter uns. Noch ein paar Stufen, denke ich, und wir sind frei!

Eine Stahltür steht uns im Weg. Freud und Leid liegen manchmal verdammt eng beieinander. »Seid mal still!«, raunt Dietmar. Draußen sind Schritte zu hören, irgendwer läuft da über den Kies! Freund oder Feind? Die Chancen für Freund sind größer, sagt mir der Zweckoptimismus, der sich gerade zurückmeldet. Aber da hämmert schon einer der Wachmänner an die Stahltür. Draußen haben sie das gleiche Problem: Freund oder Feind?

Thin beordert zwei Männer mit Stangen zu sich.

»Wer ist da? Meldet euch, meldet euch!«

Auf deutsch und auf vietnamesisch ruft er das, so laut wie nötig und so leise wie möglich. Innen hören wir nichts.

»OK«, sagt Thin. »Ich breche jetzt die Tür auf. Wenn eine Glatze rauskommt: Zuhauen!«

Das, erzählt er später, war die zweite Situation, in der ihm klar wurde: getötet werden oder selber töten …

Sie schlugen nicht zu.

Die Ordnungshüter

Deckert war eine Ein-Mann-Befehlsstelle.
Der Hamburger Hundertschaftsführer Heinz Dreyer
über die Situation in der Einsatzzentrale

»Wir zogen uns in einer Situation zurück, die so dramatische Auswirkungen auf andere hatte, was uns aber in der Dimension überhaupt nicht bekannt war«, sagt Klaus Springborn, einer der beiden Hamburger Hundertschaftsführer, als wir uns später in Hamburg trafen. Und sein Kollege Heinz Dreyer ergänzte: »Ich muß ganz ehrlich sagen: In dem Moment habe ich das Gebäude überhaupt nicht mehr im Kopf gehabt. Es ging um Rückzug, es ging um die Ordnung der Einheit, es ging um die Versorgung der Verletzten und auch die Fragestellung: Hast du überhaupt alle Männer bei dir? Denn wir haben zum Schluß, da waren wir schon in Lütten-Klein, noch gesucht. Da fehlte noch einer. Der war weg, der war beim Bahnhof Lichtenhagen bei den massiven Angriffen dort versprengt worden. Und als der Rückzug kam, da hat er sich versteckt, weil er alleine war. Der hat es dann über Funk geschafft, sich zu melden. Und den haben wir so gegen 24 Uhr erst rausgeholt.«

In der Tat spielten sich kurz vor dem Rückzug dramatische Szenen ab. Der rechte Mob hatte eine besondere Art von Molotow-Cocktails gegen die Polizeibeamten eingesetzt: Mit Benzin gefüllte Flaschen wurden in die Gruppen geschleudert, dann flogen aufgeschnittene und mit einer brennenden Lunte präparierte Tennisbälle hinterher. Schlagartig brannte die ganze Fläche. Allein in der Truppe von Springborn gab es 15 Verletzte, einige davon schwer, andere erlitten einen Nervenzusammenbruch, als sie in den Flammen standen.

Kurz zuvor war bei einem der beiden Wasserwerfer ein Druckventil geplatzt. Rund 7.000 Liter plätscherten aus dem Tank; damit war er im Einsatz nicht mehr zu gebrauchen. 21.34 Uhr war der zweite Wasserwerfer ebenfalls leer und damit funktionslos. 500 Randalierer befanden sich nun auf der Güstrower Straße vor dem Sonnenblumenhaus. Auf der anderen Seite, also durch den Mob vom Haus getrennt, zog sich die Polizei zurück.

21.34 Uhr machten sich die beiden Hamburger Hundertschaften und die zu ihrem Ersatz bestimmte Mecklenburger Hundertschaft »Arkona 150« auf den Rückmarsch in die anderthalb Kilometer entfernte Polizeiinspektion Lütten-Klein. Dabei war auch die 3. Hundertschaft Mecklenburg-Vorpommern, eine Ausbildungshundertschaft, die jämmerlich besetzt war. Ganze 23 Mann gehörten dazu, von denen fünf im Einsatz verletzt worden waren. Dies, sagt der Einsatzführer Günter Niemann, wäre nicht passiert, wenn man eine moderne Schutzausrüstung gehabt hätte. Aber die lag in Schwerin und war nicht ausgegeben worden.

Der Rückzugsbefehl, um sich neu zu ordnen, machte aus Sicht der Hundertschafsführer also Sinn. Die Polizei war zudem nur mit sich beschäftigt. Dreyer: »Bei einem Rückzug von den Männern und Frauen zu erwarten, daß man einzig und allein auf das Haus guckt, das ist irreal. Wir waren davon ausgegangen, die Organisation im Hintergrund hat das alles geregelt, und es gibt keinen Moment, wo das Haus unbewacht sein könnte. Sondern da sind Einheiten vor Ort, die das jetzt übernehmen.«

Daß sie es nicht taten, belegt der Funkspruch der Feuerwehr.

Durch den allgemeinen Rückzug ab 21.34 Uhr war das Sonnenblumenhaus zum Sturm freigegeben. Und auch wenn man keine Absicht unterstellen kann: Tatsache war, daß sich niemand mehr um das Haus kümmerte.

21.38 Uhr ging der erste Notruf bei der Feuerwehr ein, daß das Wohnheim brenne. Da waren die Hundertschaften schon nicht mehr vor Ort.

Erwa 21.45 Uhr will Deckert von dem Brand erfahren haben und sofort dem Mecklenburger Hundertschaftsführer Wenn-Karamnow den mündlichen Auftrag gegeben haben, die Feuerwehr bei den Löscharbeiten zu schützen. »Das beschwöre ich!«, sagte mir Jürgen Deckert in einem Gespräch. »Ich weiß, daß ich circa 30 Minuten, nachdem ich Wenn-Karamnow mündlich den Auftrag erteilt hatte, rauszufahren und der Feuerwehr zu helfen, von einem Kollegen aufmerksam gemacht wurde: ›Der ist gar nicht rausgefahren, der steht auf dem Hof.‹ Da sind wir selbst rausgefahren. Da hab ich gesagt: ›Los, auf geht's, einsteigen, jetzt fahren wir raus.‹ Ich weiß nur, daß der Schutz der Feuerwehr verspätet aufgebaut wurde, weil der Auftrag einfach nicht ausgeführt worden ist.«

Dazu Wenn-Karamnow: »Ich bin um 22.28 Uhr in das Büro rein

nach dem Motto: Wir fahren da jetzt raus und erledigen das oder wir unterstützen jetzt die Feuerwehr und fahren da wieder hin. So, und das hat der Kollege Deckert mir gegenüber nur abgenickt.«

Aussage gegen Aussage.

Was sich in der Folgezeit in der Polizei-Einsatzzentrale in Lütten-Klein abspielte, ist durch die Zeugenaussage des Führers der 3. Hundertschaft der Bereitschaftspolizei Mecklenburg-Vorpommern, Polizeihauptkommissar Günter Niemann, dokumentiert: »Gegen 22.00 Uhr erreichte der Zug Arkona 3/10 die PI Lütten-Klein. Dort hatten sich die Kräfte der 1. Hundertschaft Schwerin (Arkona 150), der 5. Hundertschaft (Arkona 510) und diverse Einzeldienstkräfte (meiner Einschätzung nach in der Stärke einer Hundertschaft) versammelt und warteten auf den nächsten Auftrag.«

Und auch die beiden Hamburger Hundertschaften standen im Hof. Nachdem Niemann eine Viertelstunde gewartet hatte, ging er mit einem Kollegen in die Dienststelle, um den Polizeiführer aufzusuchen. Sein Situationsbericht von dort gleicht eher der Beschreibung einer Betriebsfeier als der zu erwartenden Hektik in einer Einsatzzen-

Die Brandsätze fliegen, die Flammen lodern – doch in der Polizeiinspektion ist die Stimmung locker und gelöst

trale: »Alle anwesenden Beamten des gehobenen Dienstes begrüßten uns freundlich, ohne uns einsatzmäßig zuordnen zu können und ohne jemals die Einsatzstärke erfragt zu haben – mit neuen Aufträgen war offensichtlich zu diesem Zeitpunkt nicht zu rechnen. Meiner Einschätzung nach bestimmte Passivität das dienstliche Geschehen.«

Und das, obwohl ZAst und Wohnheim brannten, weit über hundert Menschen dort eingeschlossen waren, die Polizei sich zurückgezogen hatte, Tausende Zuschauer »Wir kriegen euch alle!« skandierten, Rechtsextremisten im Inneren der beiden Aufgänge Feuer legten, die Feuerwehr vergeblich um Polizeischutz nachsuchte und 400 Beamte auf dem Hof der anderthalb Kilometer entfernten Einsatzzentrale darauf warteten, einen neuen Befehl zu bekommen!

22.15 Uhr meldete der Einsatzleiter der Feuerwehr an seine Leitzentrale: »Polizei verläßt Mecklenburger Allee, kein Schutz mehr für Feuerwehr.«

22.16 Uhr ging beim Lagedienst der Polizeidirektion Rostock ein Notruf ein, der einen Brand im Bereich Mecklenburger Allee 18/19 meldete.

22.23 Uhr meldet der Einsatzleiter der Feuerwehr: »Erste und zweite Etage brennen, benötigen Polizei«.

22.32 Uhr trafen eine Einsatzhundertschaft der Bereitschaftspolizei Mecklenburg-Vorpommern und ein Wasserwerfer in der Mecklenburger Allee ein und begannen mit dem »Aufbau Schutz Feuerwehr«. Dieser Aufbau dauerte geschlagene 23 Minuten.

Der Einsatzleiter der Feuerwehr mahnte zur Eile: »Wenn wir nicht demnächst rankommen, müssen wir mit Toten rechnen.«

Erst für 22.55 Uhr verzeichnet das Protokoll »Schutz Feuerwehr gewährleistet Beginn Löscharbeiten«.

Zwischen dem ersten Notruf bei der Feuerwehr um 21.38 Uhr und dem Beginn der Löscharbeiten um 22.55 Uhr mußte die Feuerwehr dem Brand 77 Minuten tatenlos zusehen.

Unterdessen herrschte in der Polizeiinspektion Lütten-Klein eine lockere Stimmung, von Hektik oder Anspannung keine Spur.

Stillgestanden in Schwerin. Oder: Wie ein Landespolizeiamt agiert

Heinsen ist eine Schlüsselfigur
in der ganzen Angelegenheit.
Siegfried Kordus über den
Leiter des Landespolizeiamtes

Auch im Landespolizeiamt brach am Pogrom-Wochenende keine Hektik aus. Dort saß eine geballte Macht aus Führungskompetenz, die mit Einsätzen wie dem in Lichtenhagen durchaus vertraut war. Das galt ganz besonders für deren Leiter.

Landespolizeidirektor Hans-Heinrich Heinsen stammte aus Schleswig-Holstein, »Sieger von Brokdorf« wurde er genannt, weil er 1986 die Einsätze am dortigen Kernkraftwerk leitete. Ein Mann mit großer Erfahrung, qualifiziert und gut ausgebildet, ein Gewinn für das Partnerland Mecklenburg-Vorpommern, um dort nach der Wiedervereinigung die Landespolizei aufzubauen.

Hans-Heinrich Heinsen wußte natürlich, daß die Rostocker Polizei alles andere als gut auf die Lage vorbereitet war. Und ihm war auch bekannt, wer die Rostocker Polizei leitete – weitaus weniger erfahrene West-Kollegen, denen diese Aufgabe über den Kopf wuchs. Schließlich fehlte es an allen Stellen.

Dagegen war das Schweriner Landespolizeiamt bestens ausgestattet, logistisch wie personell. Die Entscheidungsträger seien überwiegend CDU-Leute aus Schleswig-Holstein gewesen, die dort das Bein nicht mehr so richtig auf die Erde bekommen hätten – so Siegfried Kordus über das Amt im Gespräch mit mir. Das Landespolizeiamt habe eine Führungsetage von Polizeiräten, Oberräten, Direktoren gehabt, wie man sich das nicht haben vorstellen können, so Kordus, während »wir beiden Hansel da alleine rumsprangen«.

Für die beiden »Hansel« Kordus und Deckert war das Landespolizeiamt die übergeordnete Stelle, bei der Einsatzkräfte zu beantragen waren. Nach Aussage des Rostocker Polizeidirektors habe er ständig mit dem Amt in Verbindung gestanden. Zu jeder Zeit sei man dort über die Situation in Lichtenhagen informiert gewesen – und das lückenlos.

Am Sonntagvormittag will Kordus starke Kräfte angefordert haben: mehrere Abteilungen von jeweils 400 Mann. Die seien sowohl von Heinsen persönlich als auch vom diensthabenden Leiter im Landespolizeiamt zugesagt, aber nie losgeschickt worden. Da habe er, Kordus, Innenminister Kupfer genötigt, Landesalarm auszulösen, damit sich in Schwerin etwas bewege. Die Hamburger Bereitschaftspolizei wurde alarmiert, eine Strafverfolgungseinheit des BGS und die am schlechtesten ausgestatteten Mecklenburger Kräfte, Einsatzzüge aus verschiedenen Polizeidirektionen des Landes, wurden in Marsch gesetzt. Die im Keller des Amtes liegende moderne Schutzausrüstung blieb dagegen, wo sie war.

Unter einem *Landesalarm* sollte man sich eigentlich etwas anderes vorstellen. Es bedeutet nicht weniger, als alle verfügbaren Kräfte in Mecklenburg-Vorpommern in Alarmbereitschaft zu versetzen und jederzeit abrufen zu können. Dabei ist es nach Ansicht hochrangiger Polizeiführer sogar nebensächlich, wie gut diese Kräfte ausgerüstet seien: Allein die Masse der geballten Staatsmacht nach Lichtenhagen zu beordern, hätte Wirkung gezeigt. So hätte die Gewalt ein schnelles Ende finden können.

Das und anderes wäre möglich gewesen. Wenn man es in Schwerin gewollt hätte.

Die Lage spitzte sich im Laufe des Montags bekanntlich immer weiter zu, neue Truppen aber wurden nicht genehmigt, obwohl man sie hätte besorgen können. Deshalb weigerten sich die Hamburger Hundertschaftsführer, als einzige gut ausgerüstete Einheiten weiter allein vor dem Sonnenblumenhaus Dienst zu schieben und sich jenseits der eigenen Landesgrenze »verheizen« zu lassen. Deshalb schickte die Hamburger Dienststelle ein Telex mit der Forderung, die eigenen Kräfte so schnell wie möglich herauszulösen und zurückzuschicken.

Als die Antwort auf sich warten ließ, bekam Hans-Heinrich Heinsen am frühen Montagnachmittag einen Anruf vom Hamburger Landespolizeidirektor Krabben. Das seltsame Telefonat gab Heinsen vor dem Schweriner Untersuchungsausschuß wieder:

Krabben: »Was ist denn da eigentlich in Rostock los, wieso stehen meine Kräfte, die gestern Abend nach Rostock geschickt wurden, eigentlich immer noch vor dem Gebäude der ZAst?«

Heinsen: »Herr Krabben, das ist ein Irrtum, das kann überhaupt nicht angehen. Wir haben alle Fremdkräfte meines Wissens heute Morgen entlassen. Wie sollten Ihre da noch stehen?«

Krabben: »Dann muß ich Ihnen leider sagen, daß Sie nicht wissen, was da im Augenblick tatsächlich los ist.«

Kaum war das Gespräch beendet, klingelte erneut das Telefon. Diesmal wollte Klaus Baltzer, der Staatssekretär im Innenministerium, eine Auskunft: »Sagen Sie mal, kann das angehen, daß da noch Hamburger in Rostock sind?«

Heinsen war pikiert, griff jetzt selbst zum Hörer und rief Kordus an. Ob das alles stimme, wollte er wissen, und warum die Hamburger Hundertschaften noch im Dienst seien? Das ginge nicht, er solle die Einheiten so schnell wie möglich zurückschicken.

Weiter heißt es im Zwischenbericht des Schweriner Untersuchungsausschusses: »Diese Telefongespräche waren etwa kurz nach 14.00 Uhr, vielleicht gegen 14.30 Uhr. Im Anschluß daran rief LPD Heinsen Staatssekretär Baltzer erneut an und erklärte ihm, daß die Sache jetzt in Ordnung sei und die Hamburger ›schnellstens herausgelöst‹ werden und nach Hamburg zurückfahren.«

Daß die Sache *jetzt in Ordnung* sei – was meinte der Landespolizeichef damit?

Die einzigen gut ausgerüsteten Einsatzkräfte wegzuschicken ist der einzige Befehl Heinsens am Gewaltwochenende von Lichtenhagen, der dokumentiert ist. Es wäre für den obersten Polizeibeamten von Mecklenburg-Vorpommern ein Leichtes gewesen, sich einen genauen Überblick über die Lage zu verschaffen, bevor er auf der schnellstmöglichen Durchführung seines Befehls beharrte. Er hätte erfahren können, daß zu jener Zeit die Lage am Sonnenblumenhaus zwar relativ ruhig, aber angespannt war. Er hätte ebenfalls erfahren können, daß klare Anzeichen mit Uhrzeitangabe vorhanden waren, wann die Gewalt weitergehen würde. Er hätte außerdem erfahren können, daß die eingesetzten Beamten von einer neuen Gewaltdimension berichteten, die sich gegen sie richtete.

Stattdessen interessierte ihn nur, ob die Hamburger Hundertschaften endlich auf dem Weg nach Hause wären, als er gegen 17 Uhr in der Rostocker Polizeidirektion anrief. Als die Antwort kam, daß das noch nicht möglich gewesen sei, machte Heinsen Druck: »Also Leute, nun macht mal ein bißchen Tempo. Das muß doch nun langsam über die Bühne gehen. Hamburg wartet auf seine Kräfte.«

Dann machte er sich auf den Weg nach Lübeck, um sich zu Hause auf eine Rede vorzubereiten, die er am nächsten Tag vor der Polizeiführungsakademie im westfälischen Hiltrup halten wollte. Die Großlage Lichtenhagen interessierte ihn offenbar nicht mehr, Hauptsache, der Druck aus Hamburg und vom eigenen Innenministerium hatte sich erledigt.

In Lichtenhagen wurde unterdessen stündlich deutlicher, daß die eingesetzten Polizeikräfte ohne die Hamburger Hundertschaften vorne und hinten nicht reichen würden. Das habe Heinsen gewußt, klagt

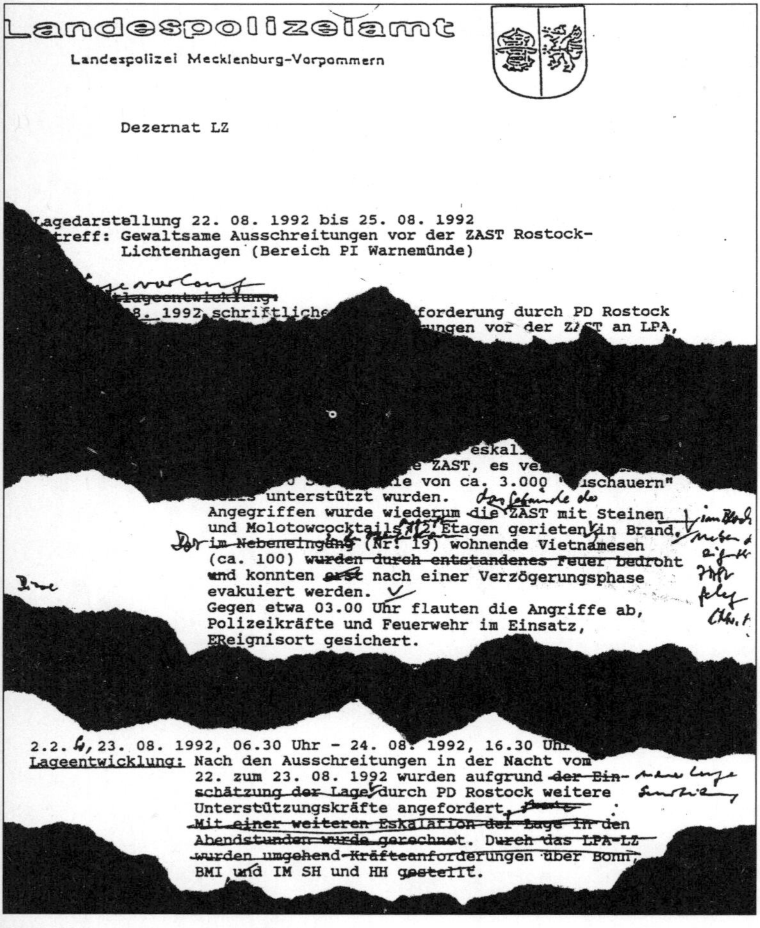

Landespolizeiamt

Landespolizei Mecklenburg-Vorpommern

Dezernat LZ

[redacted]agedarstellung 22. 08. 1992 bis 25. 08. 1992
[redacted]treff: Gewaltsame Ausschreitungen vor der ZAST Rostock-Lichtenhagen (Bereich PI Warnemünde)

[redacted]8. 1992 schriftliche[redacted]forderung durch PD Rostock [redacted]ungen vor der Z[redacted]T an LPA,

[redacted]

[redacted]eskal[redacted]
[redacted]e ZAST, es ve[redacted]
[redacted]le von ca. 3.000 [redacted]schauern"
[redacted] unterstützt wurden.
Angegriffen wurde wiederum die ZAST mit Steinen und Molotowcocktails, 12 Etagen gerieten in Brand. ~~im Nebeneingang~~ (Nr. 19) wohnende Vietnamesen (ca. 100) ~~wurden durch entstandenes Feuer bedroht~~ ~~und~~ konnten ~~erst~~ nach einer Verzögerungsphase evakuiert werden.
Gegen etwa 03.00 Uhr flauten die Angriffe ab, Polizeikräfte und Feuerwehr im Einsatz, EReignisort gesichert.

[redacted]

2.2.4, 23. 08. 1992, 06.30 Uhr - 24. 08. 1992, 16.30 Uh[redacted]
Lageentwicklung: Nach den Ausschreitungen in der Nacht vom 22. zum 23. 08. 1992 wurden aufgrund ~~der Einschätzung der Lage~~ durch PD Rostock weitere Unterstützungskräfte angefordert. ~~Mit einer weiteren Eskalation der Lage in den Abendstunden wurde gerechnet.~~ ~~Durch das LPA-LZ wurden umgehend Kräfteanforderungen über Bonn,~~ BMI ~~und~~ IM SH und HH ~~gestellt~~.

[redacted]

Bearbeitete »Lagedarstellung«

der Rostocker Haupteinsatzleiter Siegfried Kordus in unserem Gespräch. Wo sei der Rest der Polizei des Bundeslandes gewesen? Heinsen sei in der Ausführung und auch in der Praxis der Einzige, der die Kräfte hätte loseisen können und müssen.

In diesem Zusammenhang, sagt Kordus, müsse man auch den Einsatz der Wasserwerfer sehen. Die seien stets nach Schwerin zurückgeholt und dann nach Anforderung mit stundenlanger Verspätung erneut nach Rostock geschickt worden. Dafür gebe es nur eine Bezeichnung: Wahnsinn.

Daß hinter alldem System gesteckt habe, will Kordus nicht ausschließen. Heinsen sei für ihn eine Schlüsselfigur in der ganzen Angelegenheit, dieser könne nicht behaupten, über die Lage nicht informiert gewesen zu sein. Trotzdem habe er nicht gehandelt.

Interessant ist, daß Staatssekretär Klaus Baltzer seinen Anruf 14.00 Uhr gerade nach seiner Rückkehr aus Rostock getätigt haben muß. Denn nach Aussage von Kordus war er am Montagvormittag in der Rostocker Polizeidirektion, um sich über die Situation zu informieren. Auch Baltzer wußte also um die prekäre Lage, übte gleichzeitig aber Druck aus, der die Lage im Ergebnis noch verschärfte.

Der Druck aus allen Richtungen entlud sich beim Einsatzleiter vor Ort Jürgen Deckert. Der Befehl, die einzig gut gerüsteten Kräfte herauszulösen, erreichte ihn um 18 Uhr.

Wenn die Verantwortung tatsächlich allein im Landespolizeiamt zu finden war, dann würde das bedeuten, daß dort ein adäquater Ersatz verweigert wurde, wohl wissend, daß dieses Verweigern zu einer Katastrophe führen konnte. Oder mußte.

Ein brisantes Dokument belegt, daß das Landespolizeiamt bemüht war, im Nachhinein die Situation bis zur Unkenntlichkeit zu schönen. Die vier Seiten umfassende und nach dem Pogrom verfaßte sogenannte »Lagedarstellung« wurde in wesentlichen Punkten handschriftlich verändert. So heißt es ursprünglich über den Montag: »Mit einer weiteren Eskalation der Lage in den Abendstunden wurde gerechnet.«

Dieser Satz ist doppelt durchgestrichen. Wäre er geblieben, hätte man damit zugegeben, trotz eindeutiger Erkenntnisse keine weiteren Einsatzkräfte in Lichtenhagen genehmigt zu haben. Mehr noch: Es hätte bedeutet, daß man zugegeben hätte, genau gewußt zu haben, daß sich eine Katastrophe anbahnte und man trotzdem untätig blieb.

Die Aussagen von Kordus und Deckert belegen, daß das Landespolizeiamt zu jeder Zeit über die Lage informiert war. Das aber mußte nachträglich verschleiert werden.

Das Landespolizeiamt als Dienst- und Koordinationsstelle sollte als uninformiert gelten, um die Verantwortung für das eigene Versagen an die Rostocker Einsatzleitung weiterzugeben. Damit wäre auch das Innenministerium aus der Kritik, in Kenntnis der tatsächlichen Lage untätig geblieben zu sein.

Noch in einem weiteren Punkt wurde das Dokument nachträglich gefälscht. Ursprünglich stand dort: »Im Nebeneingang (Nr. 19) wohnende Vietnamesen (ca. 100) wurden durch entstandenes Feuer bedroht …«

Auch dieser Satz ist durchgestrichen. Obwohl man es besser wußte, wurde die Gefahr der Vietnamesen schlicht ausgeschlossen: es gab sie nicht.

Sowohl Innenminister Kupfer als auch Ministerpräsident Seite hatten es direkt nach dem Pogrom auffallend eilig festzustellen, daß nie eine Gefahr für die Vietnamesen bestanden habe. Das läßt nur einen Schluß zu: Die Landesregierung wollte, daß die Lagedarstellung des Landespolizeiamtes nachträglich so verändert wurde, daß

1. das Innenministerium und die ihm direkt unterstellte Behörde aus der Schußlinie genommen und damit das bewußte Nichthandeln nicht öffentlich wurde und

2. die damit verbundene Lebensgefahr für die im Haus eingeschlossenen Menschen auch von Polizeiseite verneint wurde, um der Darstellung der Landesregierung nicht zu widersprechen.

Dafür wurde die Wahrheit gebeugt.

Dieses Dokument lag dem Schweriner Untersuchungsausschuß vor. Es wurde nie hinterfragt.

Denn damit war festgestellt, daß das polizeiliche Versagen ein rein lokales Rostocker Problem war. Die im Schweriner Landespolizeiamt vorhandene Führungskompetenz blieb bei der Suche nach der Verantwortung unberücksichtigt, obwohl die auffallende Untätigkeit der Behörde bewiesen werden konnte.

Siegfried Kordus ging sogar einen Schritt weiter: Das Amt habe den Polizeieinsatz in Lichtenhagen aktiv behindert, weil es Einsatzkräfte bewußt zurückhielt.

Inzwischen spricht mehr dafür als dagegen.

Der Pakt

Ich schlage vor, wir treffen uns
in einer dreiviertel Stunde vor diesem Imbiß.
Ein Anwohner zu Polizeiobermeister Herzog

Um 21.30 Uhr, also unmittelbar vor dem Rückzug, wurde einem Polizeiobermeister in der Nähe der ZAst von einem Anwohner plötzlich ein Waffenstillstandsangebot der Angreifer überbracht. Der Funker in der Lütten-Kleiner Einsatzzentrale notierte daraufhin fünf Forderungen:
»1. Treffen mit einem verantwortlichen Polizeibeamten.
2. Besichtigung des Asylantenheimes mit einigen Gleichgesinnten.
3. Bereitstellung eines Lautsprecherwagens, um die Forderungen auszurufen.
4. Freier Abzug.
5. Das Treffen soll an einem unbeleuchteten Zeitungskiosk stattfinden.«

Würden diese Forderungen erfüllt, würden sich die Angreifer sofort zurückziehen. Der Funker übergab die Liste an Deckert. Der lehnte das vermeintliche Angebot »in dieser Form« ab. Und so wurde

zurückgefunkt, daß man zu Verhandlungen bereit wäre, aber die Bedingungen selbst stelle. Wenn überhaupt, dann sollte ein Treffen nur in der Polizeiinspektion Lütten-Klein in Frage kommen.

Deckert wandte sich mit den Forderungen an den soeben in der Einsatzzentrale eingetroffenen Leitenden Oberstaatsanwalt Wolfgang Neumann, um dessen Meinung dazu einzuholen. Neumann machte daraufhin einen besonders für einen Oberstaatsanwalt fragwürdigen Vorschlag: Um sicher zu gehen, daß es sich nicht um einen Spinner handelte, »solle er bei Wiederanruf veranlaßt werden zu beweisen, daß er für etwa 20 Minuten für vorläufige Ruhe sorgen könne. Wenn er dazu in der Lage gewesen (wäre), möge weiter mit ihm verhandelt werden«.

So steht es im Gedächtnisprotokoll des Oberstaatsanwaltes. Die Einsatzleitung wurde also von einem der führenden Justizbeamten der Stadt aufgefordert, den angebotenen Pakt ernst zu nehmen und den Angreifern Entgegenkommen zu signalisieren. Allein dieses Faktum stellte eine Bankrotterklärung dar: Man hatte kapituliert. Daß die fünf Forderungen den Schluß zuließen, daß die Polizei es nicht mit einer Gruppe von autonom handelnden Einzeltätern zu tun hatte, wurde nicht weiter verfolgt.

Die sich daraus ergebende Linie der Einsatzleitung, die tödliche Bedrohung von Menschen im Haus nicht mehr zur Kenntnis zu nehmen, bezeugte eine Aussage des Schweriner Hundertschaftsführers Waldemar Skrocki. Nachdem er mehrfach erfolglos über Funk Verstärkung angefordert hatte, fuhr er nach Lütten-Klein, um dort persönlich vorzusprechen. In seinem Einsatzprotokoll verzeichnete er dazu: »22.42 Uhr: Ich betrat die Diensträume des DLG der PI Lütten-Klein, um endlich Unterstützung für meine beiden bedrängten Züge an der Brücke zu erwirken und hörte, wie POR Deckert sagte, daß die Polizei ein Abkommen mit den Störern habe und daß sie sich vor Ort nicht sehen lassen dürfe!«

Diese Aussage vor dem Schweriner Untersuchungsausschuß ist zugegebenermaßen nicht durch andere Zeugen belegt, aber sie würde bedeuten, daß Deckert tatsächlich auf die Forderungen eingegangen ist.

Bis heute ist nicht geklärt, ob es über die Übergabe der Forderungen hinaus zu einer weiteren Kontaktaufnahme zwischen Polizei und Angreifern kam. Oberstaatsanwalt Neumann und Einsatzleiter Deckert bestreiten das, ebenso der Funker in der Einsatzzentrale Lütten-Klein. Er sagte bei seiner Vernehmung aber aus, daß nach Bekanntgabe der Forderungen »für eine kurze Zeit eine Beruhigung der Lage wahrgenommen« wurde.

Interessant ist, daß dieses für eine Bewertung der Ereignisse bedeutende Dokument weder in dem von Kordus verfaßten »Geschehensablauf« noch im »Einsatzprotokoll« der Polizei auftaucht. Es wurde vom Schweriner Innenministerium ebenfalls unterschlagen und erst herausgegeben, nachdem die SPD-Vertreter im Landesuntersuchungsausschuß ultimativ androhten, per Gericht eine zwangsweise Beschlagnahme aller Unterlagen in der Abteilung Öffentliche Sicherheit im Innenministerium durchführen zu lassen.

Trotzdem tauchen Einzelheiten zu den Waffenstillstandverhandlungen und allen damit verbundenen Fragen im Abschlußbericht nicht einmal auf. Sie wurden bewußt verschwiegen. Und die Erklärung wurde gleich mitgeliefert: »Der Ausschuß hat festgestellt, daß es sich bei dem Verhandlungsversuch durch den Zeugen W. mit der Polizei um den von vorneherein wenig erfolgversprechenden Versuch eines Lichtenhagener Bürgers gehandelt hat, die Ausschreitungen zu beenden.«

Wenn er also von vorneherein unbrauchbar war, warum hielt dann das Innenministerium alle Unterlagen darüber zurück?

Und warum bohrte hier der Parlamentarische Untersuchungsausschuß nicht weiter?

Warum wurde das Zurückhalten von Informationen nicht gründlich untersucht?

Auch zehn Jahre nach dem Rostocker Pogrom kann trotz intensiver Recherche nicht geklärt werden, ob der Rückzug der Polizei zu genau jenem Zeitpunkt weniger mit dem Schichtwechsel als mit einem Pakt begründet werden muß.

Beides ist möglich.

24. August 1992, 22.50 Uhr, auf dem Dach

Luft! Schon beim ersten tiefen Atemzug husten wir uns die Seele aus dem Leib: Die malträtierte Lunge kann mit der geballten Ladung Sauerstoff noch nichts anfangen. Egal, wir sind raus, bei den anderen. Erstmal sind wir frei.

Von unten hören wir dafür jetzt die Menge, wie sie ungefiltert – ohne die dämpfenden Plattenbau-Wände – gegen das Haus anbrüllt. *»Wir kriegen euch alle!«*

Thinh wird unruhig. Nicht wegen der ehrbaren Nachbarn auf der Wiese, es fehlen noch 15 Leute von uns. *»Ich gehe noch mal rein«*, ruft er leise, aber bevor ihn jemand zurückhalten kann, ist er schon durch die Dachluke verschwunden, wieder rein ins Wohnheim, runter bis in die zehnte Etage. Niemand, erzählt er mir später, sei durch den dichten Rauch zu sehen gewesen, und als er gegen die Türen gehämmert und *»Raus, raus, raus!«* gebrüllt habe, sei alles still geblieben. *»Plötzlich sind mir einige Jugendliche aus dem Rostocker Jugendzentrum über den Weg gelaufen und haben gerufen ›Komm raus, Thinh, das geht so nicht mehr!‹«*

Wenn nicht diese Ohnmacht wäre! Normalerweise ist Thinh ein Macher, einer, dem nichts zu schwer ist, aber jetzt hockt er ratlos und zitternd vor Wut auf den Kieselsteinen. *»Der Qualm ist so dicht, ohne Atemschutzmasken können wir nichts machen. Und der Wachmann ist auch noch drin!«*

Den hatte ich völlig vergessen, den älteren Herrn, dessen auffälligstes Körpermerkmal darin besteht, dass er hinkt.

Wolfgang atmet tief durch. *»OK, ich gehe jetzt wieder rüber in die 15 und unten raus. Mir wird vielleicht am wenigsten von uns allen passieren. Hoffentlich ist die Feuerwehr schon da und ich kann so etwas kriegen.«*

Und wenn da keine Feuerwehr ist, stattdessen aber jede Menge Neonazis, scharf gemacht von den Tausenden auf der Wiese, heiß auf nackte Gewalt? Ich kenne den Mann jetzt gerade mal seit drei Stunden und plötzlich habe ich Angst um ihn, diesen Hünen mit Lockenkopf und Rauschebart. Was hat er nicht schon alles getan, um uns rauszuholen. Trotzdem, es hilft nichts, im Haus sind noch welche von uns eingeschlossen und einer muß handeln. Aber da ist der Ausländerbeauftragte schon weg.

Im Dunkeln erscheint das Dach elend lang, unüberschaubar und schon deshalb gefährlich. Was geschieht, wenn wir aufeinander treffen mit den Angreifern, und was geschieht, wenn wir sie nicht aufhalten können? Schmeißen die uns hier oben vom Dach? Besser erst gar nicht daran denken, die Angst runterschlucken, Ruhe ausstrahlen. Denn wenn jetzt noch jemand von uns Panik kriegt, dann herrscht hier wirklich Chaos. Dann springt vielleicht noch einer. Und bloß nicht aufrecht gehen, um die da unten nicht auf die Idee zu bringen, über einen anderen Aufgang hochzukommen.

Wie unwirklich das alles ist. Eine Lebensgefahr schließt sich nahtlos an die andere an, als wäre es nun mal unser verdammtes Schicksal, getötet zu werden für nichts. Einfach so, ohne Sinn. Noch nicht einmal die Kinder dürfen hier oben laut ihre Angst rausweinen. Wimmern dürfen sie. Mehr erlaubt das deutsche Volk auf der Wiese nicht.

Jürgen hockt neben der Dachluke, die Kamera auf der Schulter. Eine Totale über das nächtliche Lichtenhagen, ein ach so friedliches Bild, würde nicht mittenrein ein Lautsprecherwagen plärren.

»Wir bitten darum, daß sie die Löscharbeiten der Feuerwehr nicht behindern. Wir danken für ihre Aufmerksamkeit und Unterstützung.«

Die bitten auch noch, diese Idioten. Sollen sie doch gleich noch einen Satz hinten dran hängen: »Wir wünschen ihnen einen angenehmen Abend.« So klingt das jedenfalls. Ich hasse Gewalt, aber in diesem Moment krempelt sich alles in mir um. Warum verdammt noch mal knüppelt die Polizei nicht einfach los, jedem auf die Schnauze, der nicht sofort abhaut? Die alle haben es verdient, alle 3000, ohne eine einzige Ausnahme. Stattdessen werden diese Kriminellen noch freundlich um »Unterstützung« gebeten. Na Klasse!

»Also, es geht los!«, flüstert Astrid Behlich den anderen zu. Bui thi Mai ist bei ihr, mit dem Baby im Arm kriechen sie los. Und mit ihnen die anderen Frauen und Kinder und ein paar Männer. Wir bleiben mit dem Rest zurück, um das Dach zu sichern. Wer weiß, ob die Schläger nicht doch noch irgendwie raufkommen. Es ist kurz vor 23 Uhr.

Erst später erfahren wir, was die Betreuerin zusammen mit ihrer Gruppe erlebt hat: Im Aufgang Nr. 15 angekommen, klopft Astrid an jede Wohnungstür. Ab und an ist ein Fernseher zu hören, wo Journalisten gerade die Bilder von draußen kommentieren. Aber die Türen bleiben zu: Sollen sich doch die anderen kümmern, Hauptsache man

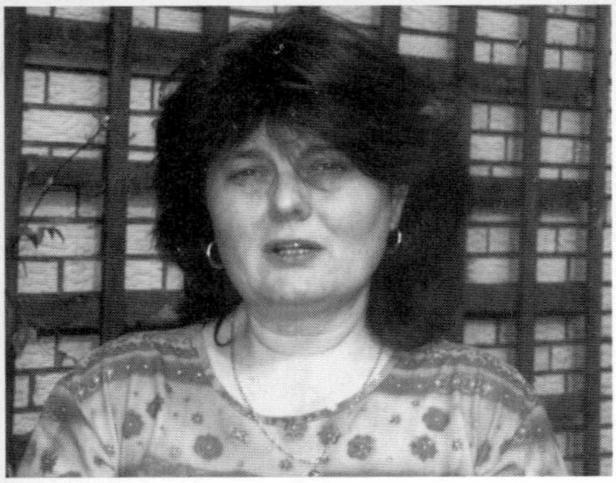

Astrid Behlich

selbst hat nichts damit zu tun. Sich totzustellen ist allemal besser als womöglich noch hineingezogen zu werden in diese brutale Gewalt, die man mit gebührender Abscheu vom heimischen Balkon aus betrachtet. Oder besser noch im Fernsehen.

Vor ein paar Stunden hatten die Vietnamesen ein paar Meter weiter noch eigene Wohnungstüren. Spätestens mit der Flucht auf das gemeinsame Dach sind sie heimatlos geworden, plötzlich selbst angewiesen auf Asyl – und jetzt vor verschlossenen Türen.

Hinter diesen Türen beginnt Deutschland, und dessen Gesicht ist nicht weniger häßlich als das, was auf der Wiese tausendfach gezeigt wird.

Astrid ruft in die Wohnungen hinein, daß sie Betreuerin aus dem Wohnheim ist und mit Kindern und Frauen sich nur im Flur aufhalten möchte, um auf die Polizei zu warten. Aber auch das interessiert hinter den deutschen Türen nicht. Denn es sind vietnamesische Kinder und Frauen, Fidschis, mit denen man besser nichts zu tun haben möchte. Wären es Deutsche, ja dann sähe die Welt natürlich anders aus. Aber so ...

Hoffentlich sagt hier jetzt keiner den Schlägern Bescheid, daß wir hier sind, denkt Astrid, während sie Stockwerk um Stockwerk hinunterläuft. Schlafen kann hier doch keiner! Überall klopft sie und ruft, daß sie von der Beratungsstelle für Vietnamesen kommt, mit Frauen und Kindern, daß man gar nicht rein will, nur Hilfe. Erst in der siebten Etage hat sie Glück: Eine Familie macht auf und nach und nach öffnen jetzt auch einige andere aus der großen Masse der Totgestellten. Insgesamt gehen vier Wohnungstüren auf. Jetzt erstmal die Kinder irgendwo hinlegen und die schwangeren Frauen. Und dann telefonieren.

»Am liebsten«, erzählt mir Astrid später, *»hätte ich mich in eine Ecke gesetzt und laut losgeschrieen. Aber ich habe immer gedacht, du mußt dich zusammenreißen. Da war auch keine Wut oder Erleichterung oder die Frage, was jetzt als nächstes kommt. Ich hatte kein Gefühl mehr für irgendwas.«*

Die West-Beamten

Ab 14.00 Uhr freitags steht beim Lagedienst das Telefon nicht mehr still. Da erkundigen sich die Herren alle nach den Verkehrsverhältnissen auf den Autobahnen Richtung Westen.
Ostdeutsche Polizisten über ihre westdeutschen Vorgesetzten

Nach der Rostocker Brandnacht wurden vereinzelt Stimmen laut, die behaupteten, der Polizeieinsatz sei deshalb mißglückt, weil die *ost*deutsche Einsatzleitung überfordert gewesen sei. Das ist schon deshalb falsch, weil es keine *ost*deutsche Einsatzleitung gab.

Nach der föderalen Neuordnung der DDR übernahmen die alten Bundesländer Patenschaften für die neuen Länder. In Mecklenburg-Vorpommern waren so alle für die Polizei wesentlichen Positionen – einzige Ausnahme Innenminister Lothar Kupfer – mit westdeutschen Beamten besetzt worden:

– Aus dem Innenministerium Schleswig-Holstein kommend, übernahm im Schweriner Innenministerium Klaus Baltzer das Amt des Staatssekretärs, Olaf von Brevern wurde Abteilungsleiter Öffentliche Sicherheit und Winfried Rusch Abteilungsleiter für Ausländerfragen und gleichzeitig Ausländerbeauftragter der Landesregierung.

– Der Leiter des Landespolizeiamtes Mecklenburg-Vorpommern Hans-Heinrich Heinsen war zuvor Leiter der Polizeidirektion Lübeck-Süd.

– Zum Leiter der Polizeidirektion Rostock ernannte man den Leitenden Kriminaldirektor Siegfried Kordus, der zuvor zehn Jahre lang Leiter des Referats »Politisch motivierte Ausländerkriminalität, Internationaler Extremismus, Terrorismus« beim Bundeskriminalamt in Bonn war.

– Einsatzleiter ab Sonntag, dem 23. August 1992, war Polizeioberrat Jürgen Deckert, der einst in Bremen der Abteilung Aus- und Fortbildung bei der Polizei vorstand und jetzt Leiter der Rostocker Schutzpolizei war.

Alle Führungskräfte der Polizei fuhren freitags zu ihren Familien nach Hause, sehr zum Ärger ihrer ostdeutschen Kollegen. Wochenenddienste blieben in der Regel an ihnen hängen.

Am Freitag, dem 21. August 1992, ging im Schweriner Landespolizeiamt eine Warnung der Polizeidirektion Rostock ein. Im sogenannten Lagefilm, einer Art Polizeitagebuch, heißt es an diesem Tag:

»11.45 Uhr, ELSt Rsk. *(Einsatzleitstelle Rostock – d. Verf.)*

Es gibt Hinweise, daß in Rostock Lichtenhagen, Asylantenaufnahmeheim, Störungen geplant werden. Das Heim ist überbelegt. Andere Personen aus der Bevölkerung fühlen sich belästigt. Anhänger der rechten Szene nutzen diese Situation aus. Am Sonnabend sollen gegen die Asylanten Maßnahmen geplant sein.

PD Rostock bittet um Unterstützung durch einen Einsatzzug BPA.« *(BPA = Bereitschaftspolizei-Abteilung)*

Absender dieser Meldung war Jürgen Deckert, laut Kordus dessen »ständiger Vertreter und Leiter Führungsstab«. Zu dieser Zeit waren die Führungsmitglieder der Polizei noch nicht ins Wochenende abgereist. Sowohl Landespolizeichef Hans-Heinrich Heinsen als auch Siegfried Kordus, aus dessen Rostocker Polizeidirektion die Warnung stammte, hätten also Zeit gehabt, eine geeignete Einsatzplanung zu erstellen. Sie hätten dies sogar gemeinsam tun können, denn Kordus hielt sich nach eigenen Angaben zu diesem Zeitpunkt selbst in Schwerin auf. Stattdessen ignorierten sie die eindeutige Meldung: Der Lagefilm ging zu den Akten.

Heinsen will von dem Dokument erst später Kenntnis erhalten haben. In einem Brief an Olaf von Brevern, den Abteilungsleiter »Öffentliche Sicherheit« im Schweriner Innenministerium, schrieb er, die Meldung sei »dem Landespolizeiamt allerdings auch erst im Nachhinein vorgelegt« worden. Bereits im folgenden Absatz aber widerspricht er seiner Darstellung. Nun will er an besagtem Freitag in Rostock nachgefragt haben, »welche genauen Kenntnisse über die polizeiliche Lage der Direktion vorlagen«. Das Ergebnis war aus seiner Sicht beruhigend: »Aus der Antwort ergab sich, daß keine konkreten Hinweise auf Gewalt vorhanden waren, sondern lediglich aufgrund einer Reihe von Vorkommnissen der letzten Tage und Wochen diese Einschätzung auf denkbare Gewalt von der Polizeidirektion Rostock vorgenommen worden war.«

Weder diese Einschätzung von Kollegen vor Ort, noch die von der Zeitung abgedruckte Ankündigung einer »heißen Nacht« veranlaßten demnach den obersten Polizeichef des Landes, über die prophylaktische Bereitstellung der angeforderten Kräfte hinaus tätig zu werden. Stattdessen fuhr er anschließend nach Schleswig-Holstein, um wie immer dort das Wochenende zu verbringen. Dem Untersuchungsausschuß im Schweriner Landtag war zwar die Zeitungsmeldung, in der im Vorfeld eine »heiße Nacht« angekündigt worden war, bekannt. Der Lagefilm aber – also der Nachweis dafür, daß der Polizei neben diesen Artikeln eigene Erkenntnisse über geplante »Störungen« in Lichtenhagen vorlagen – wurde vom Innenministerium unter Verschluß gehalten und erst Anfang 1993 auf nachhaltigen Druck des Ausschußvorsitzenden zusammen mit den Unterlagen über den angebotenen Waffenstillstand übergeben. Offenbar sollte vertuscht werden, daß man hätte reagieren können.

Auch Jürgen Deckert fuhr am Freitag, dem 21. August 1992, zu seiner Familie nach Bremen.

Innerhalb der Polizei wurden sowohl die eigenen Erkenntnisse als auch die Zeitungsmeldungen nicht genügend ernst genommen. Das potentielle Angriffsziel war mit der ZAst eindeutig definiert. Die Möglichkeit, daß auch die links der ZAst gelegenen Nachbaraufgänge der deutschen Anwohner gefährdet sein könnten, wurde offenbar ausgeschlossen. Und das Wohnheim der Vietnamesen, der rechte Aufgang? Da es der letzte Teil des Wohnkomplexes war, konnte es als einziges von drei Seiten angegriffen werden. Eine sich schon daraus ergebende Gefährdung wurde im Vorfeld nicht gesehen.

Was aber, wenn auch in diesem Aufgang deutsche Bewohner gelebt hätten?

Abgesehen davon, daß dann wohl niemand auf die Idee gekommen wäre, dort, in der Mitte des Blocks, eine ZAst einzurichten, stellt sich doch die Frage, ob die Polizei nicht weitaus ernsthafter mit den Warnungen umgegangen wäre.

Wenn also die ZAst durch den Umstand, daß sie nur an einer Seite an einen von Deutschen bewohnten Aufgang grenzte, für die Polizei eine Randlage darstellte, hieße das, daß es für die Beamten tatsächlich eine Einheit zwischen der gefährdeten ZAst und dem vietnamesischen Wohnheim gegeben hätte. Das allerdings wiederum würde bedeuten, daß von der Polizei sehr wohl eine akute Gefährdung auch der vietnamesischen Bürger hätte erkannt werden müssen. Schließlich wußte die Stammbesatzung der zuständigen Polizeiinspektion Lütten-Klein von der Unterscheidung zwischen ZAst und Wohnheim, und auch dem Haupteinsatzleiter Kordus war die Gefährdung bekannt, was sein eigener Aufsatz in einer Schriftenreihe des Bundesinnenministeriums belegt, erschienen im März 1992: »Die zunehmende Ausländerfeindlichkeit richtete sich ebenfalls gegen die noch in Rostock lebenden vietnamesischen Bürger.«

Trotzdem wurde nichts unternommen, um die Vietnamesen als potentielle Opfergruppe zu schützen, auch nicht von der Stammbesatzung der Polizeiinspektion Lütten-Klein. Der Umstand, daß die ostdeutsche Polizei faktisch von westdeutschen Beamten geleitet wurde, führte zu einem Konflikt zwischen oben und unten, zwischen West und Ost. Die Gedanken sind zwar frei, aber den Vorgesetzten ausdrücklich zu widersprechen wurde tunlichst unterlassen: Der »Besserwessi« hatte (und hat) recht, auch wenn er Unrecht hatte. Denn schließlich wollte (und will) man ja selbst im neuen System Karriere machen. »Contra« macht sich dabei nicht gut als Eintrag in der Personalakte. Also wurde stillgehalten, nicht immer, aber doch überwiegend.

So mag die damalige Stammbesatzung der Polizeiinspektion Lütten-Klein tatsächlich gedacht haben.

In der Konsequenz aber würde das bedeuten, daß die Beamten sehenden Auges die Katastrophe auf sich zukommen ließen.

24. August 1992, 23.10 Uhr, im Haus Nr. 15

Als Wolfgang die Treppe im Aufgang Nr. 15 wieder hinaufhastet, hat er keine Atemmasken von der Feuerwehr dabei. Dennoch zeigt er sich beruhigt. »Wir sollen von hier oben nichts unternehmen, die Feuerwehr geht unten rein und arbeitet sich hoch. Die holen den Wachmann und die anderen raus.«

Erleichterung.

Die Feuerwehr ist also im Haus. Und die Polizei, wollen wir wissen, ist die auch da? »Ja, mich hat einer angesprochen und gefragt, was mit den Vietnamesen werden soll. ›Wo sollen die hin? Was machen wir mit denen?‹ Ich habe da ziemlich übel reagiert und gefragt, ob er denn irgendwie ein bißchen spinne. Ich bin hier zwei Stunden im Haus und soll sagen, wo die Vietnamesen hin sollen, wie man die Busse kriegt und wo die hingefahren werden können? Das kann ja wohl nicht wahr sein. Da kam da irgendein Vorgesetzter von ihm dazwischen. Und dann bin ich wieder rein.«

Wieder rein! Er hätte dort in Sicherheit bleiben können. Stattdessen rennt er durch das Haus, hetzt über das Dach, dahin, wo es brennt, redet nebenbei beruhigend auf alle ein, und scheinbar ebenso nebenbei organisiert er die Rettung. Auch wenn es pathetisch klingt: Wolfgang Richter ist nicht nur für mich der Held in dieser Nacht. Einer jener Menschen, die man selten findet, weil unsere Gesellschaft Egoismus als Norm deklariert hat, die zu erfüllen scheinbar erstrebenswert ist. Vielleicht, denke ich, ist das Wir-Gefühl im Osten noch da, so was wie Solidarität, die im Westen schon lange als erledigt gilt; ein auslaufendes Modell im Trendy-Wahn.

Wolfgang Richter ist alles andere als trendy. Vielleicht ist das für den Ausländerbeauftragten der Stadt ganz normal, so zu handeln. Wahrscheinlich sogar.

»Ist unten alles sicher?« – »Ist genug Polizei da?« – »Holen die uns raus?« … Alle reden wir jetzt durcheinander.

»Ja«, antwortet Wolfgang noch ein wenig außer Atem, »aber viele Beamte habe ich nicht gesehen. Dafür aber Anwohner. Unten vor der Tür haben sich Männer gesammelt, die zu ihren Autos wollen. Und ich hab noch gedacht: Wäre gut, wenn sie jetzt nicht alle hier rausgehen, denn da sind ja noch genug von diesen Gewalttätern. Und wenn die merken, daß wir hier alle in der 15 sind, dann wird vielleicht das Haus auch noch gestürmt. Ich habe sie gebeten, sich doch ruhig zu verhalten. Die haben mich aber beschimpft, daß sie sich um ihre Autos kümmern müßten. Schließlich hätte auf sie in den Wochen vorher auch keiner Rücksicht genommen. Jetzt könnten sie nicht auf Vietnamesen Rücksicht nehmen, jetzt wären ihre Autos wichtiger.«

Eigentlich darf das alles nicht wahr sein. Aber es paßt ins Bild dieser Nacht.

Inzwischen sind wir alle durch die Dachluke in den Aufgang 15 gestiegen, rein in die Wohnung eines Mannes, der gerade Kekse verteilt. Die Prinzenrolle als Trostspender. Jürgen hat wieder die Kamera auf die Schulter genommen und beginnt zu drehen. Eine skurrile Situation ist das: Das Zimmer ist voller Vietnamesen, die meisten von ihnen Frauen, die Saft trinkend auf der Polstergarnitur sitzen. Fast wie ein Nachbarschaftsfest könnte es wirken, wenn in den Gesichtern nicht immer noch die nackte Angst stünde.

Draußen tobt der Mob, wenn auch ein bißchen leiser, jetzt, wo die Polizei wieder da ist und versucht, die Libero-Position zurückzuerobern.

»Wir können raus.« Wolfgang steht in der Wohnungstür. Unten vor dem Haus habe die Polizei ein Spalier gebildet, sagt er, und zwei Busse seien auch da, um die Vietnamesen in Sicherheit zu bringen.

Aber keiner rührt sich. Warum sollten wir jetzt ausgerechnet der Polizei glauben? Schließlich hat sie es zu verantworten, daß wir alle fast verbrannt wären. Und: Wo bringen sie die Vietnamesen hin? In Sicherheit, hat Wolfgang gesagt. Aber wo ist das? Raus aus Rostock? Raus aus Mecklenburg-Vorpommern? Am besten gleich raus aus Deutschland?

Ich habe eine solche Wut im Bauch, daß ich am liebsten rauslaufen würde zu den »Freunden und Helfern«, um ihnen zu sagen, daß sie sich gefälligst schämen sollten, gleichgültig ob sie persönlich Schuld haben oder nicht. Was hier passiert, ist ein verdammter Skandal. Aber was habe ich davon?

»Mir geht's genauso.« Dietmar ahnt meine Gedanken. »Es hilft nichts, erst einmal müssen die Vietnamesen hier raus! Dann können wir die Herren vor der Tür immer noch in die Zange nehmen.«

Also raus.

Wolfgang Richter

Vor der Haustür stehen sie in einer langen Reihe: ein Spalier aus Helmen, Schutzschildern und Kampfanzügen. Und weit entfernt warten zwei Gelenkbusse der Rostocker Verkehrsbetriebe, um die menschliche Fracht aufzunehmen.

Langsam gehen wir durch die freigehaltene Gasse. Spannung liegt in der Luft; hier ist es alles andere als friedlich. Denn auf der anderen Seite vor dem Haus weiß man genau, was hier hinten gerade passiert. An den beiden Bussen steht ein ganzer Pulk von »Demonstranten«, wie sich die johlende Masse selbst wohl nennt.

Und dann geht es los: »Deutschland den Deutschen!« – »Ausländer raus!« – »So viel Aufwand wegen so einem Pack!« – »Karrt sie gleich ins Wasser!« – »Da habt ihr noch mal Schwein gehabt!« – »Wir kriegen euch!«

Von allen Seiten brüllen die deutschen Saubermänner ihre wahre Gesinnung den Opfern ins Gesicht.

Urplötzlich passiert das, ohne Vorwarnung. Und jedes Wort trifft punktgenau in die Seele. Das sind keine jugendlichen Schläger, die hier stehen. Das sind die gleichen, die noch vor einer Stunde jeden Brandsatz beklatscht haben. Sie sind keinen Deut besser als die Nazischläger. Nur Steine zu werfen, das trauen sie sich nicht unter den Augen der schweigenden Polizei.

Odyssee an der Ostsee

Man sollte sie gleich alle ins Wasser fahren.
Weg damit!
Ein Anwohner der Mecklenburger Allee
zu KENNZEICHEN D

»Wir haben hier auch als Rostocker Polizei heute bewiesen, daß wir zu jeder Zeit, wenn wir von Dingen erfahren, wo es darum geht, Menschen in einer gewissen Notsituation zu helfen, auch behilflich sein zu können, unkonventionell helfen zu können und auch dafür zu sorgen, daß diesen Menschen ein entsprechender Schutz zukommt.« So äußerte sich Jürgen Deckert, als wir ihn um 1.30 Uhr morgens in Lütten-Klein interviewten. Es ist vermutlich der dümmste Satz, der in jenen Tagen gesprochen wurde. Aber es war nichts anderes als die Flucht nach vorn.

Inzwischen waren auch Polizeidirektor Kordus und Innenminister Kupfer mit frischen Hemden in der Lütten-Kleiner Einsatzzentrale eingetroffen. Wie unwichtig das Schicksal der Vietnamesen für die Verantwortlichen in der Einsatzleitung war, wurde deutlich, wenn man sich die Ereignisse, nachdem die Eingeschlossenen sich selbst befreit hatten, näher betrachtet:

23.35 Uhr wurden die Vietnamesen mit Bussen der Rostocker Verkehrsbetriebe fortgebracht. Die Polizeihundertschaft, die zuvor ein Spalier gebildet hatte, wurde wieder abgezogen. Die Busse wurden lediglich von einem mit zwei Rostocker Schutzpolizisten besetzten Streifenwagen begleitet. Mehr hielt man offenbar noch immer nicht für notwendig.

Gegen 23.45 Uhr entdeckten Polizeibeamte bei einer Durchsuchung der ZAst sieben weitere Vietnamesen, die sich dort in einer Wohnung verbarrikadiert hatten. Über das weitere Vorgehen schrieb Günter Niemann, der Führer der 3. Hundertschaft Mecklenburg-Vorpommern in seiner Zeugenaussage: »Über Funk wurde um ein weiteres Transportfahrzeug gebeten. Da nach ca. 20 Minuten keine positive Entscheidung übermittelt wurde, fuhren wir die übrigen Vietnamesen mit unseren Dienstfahrzeugen gegen 00.15 Uhr zur PI Lütten-Klein. In der Befehlsstelle befand sich POR Deckert (...) Nach

Innenminister Lothar Kupfer (CDU): Menschen waren nicht gefährdet, Verletzungen hat es nicht gegeben

längerer Zeit der Ignoranz wurde von PHK D. vorgeschlagen, die Vietnamesen nach Marienehe zu bringen. Der jetzt auch anwesende LPD Kordus stimmte dieser Maßnahme ›leicht gelangweilt‹ zu.«

Daraus geht hervor, daß sich in der gesamten Einsatzleitung niemand für das Schicksal der Vietnamesen in irgendeiner Form interessierte. Es wurde trotz Erfahrungen der vorangegangenen Stunden eine weitere Bedrohung oder gar Lebensgefahr nicht gesehen, weil man das nicht sehen wollte. Das Thema langweilte Kordus, der Rest ignorierte es einfach.

Auch Innenminister Lothar Kupfer wiegelte im Nachhinein ab. Gegenüber einem deutsch-britischen Kamerateam erklärte er: »Meines Erachtens hat es eine Gefährdung [der Menschen im Haus] nicht gegeben, was den Brandschaden angeht, insofern nicht gegeben, daß also bei der bereitgestellten ärztlichen Hilfeleistung während der Evakuierung keinerlei Hilfe in Anspruch genommen worden ist. Es ist also keine Verletzung vorgekommen. Insofern konnte aber sicherlich auch nicht eingeschätzt werden aus dem sechsten Stock heraus, wie groß der Brandschaden ist, der im Parterre gelegt worden ist. Ich will das nochmal deutlich sagen. Aber vom Faktischen her muß man jetzt sagen, war eine akute Gefährdung nicht gegeben und es hat auch keinerlei Verletzungen gegeben oder Rauchgasvergiftungen oder ähnliches.« Statt sich froh darüber zu zeigen, daß keine Menschenleben zu beklagen waren, bagatellisierte er und versuchte, die Verantwortung der Politik und der Polizeiführung zu bestreiten, um vom Fehlverhalten abzulenken.

Nach der Ausstrahlung des KENNZEICHEN D-Beitrags ermittelte der Rostocker Staatsschutz gegen die Redaktion. So wurde der Frage nachgegangen, ob die Szenen im Haus authentisch seien und ob den Vietnamesen für ihr Auftreten eine Gage gezahlt wurde. Ziel dieser Befragung war es offenbar, Belege dafür zu finden, daß es grundsätzlich keine bedrohliche Situation für die Eingeschlossenen gab.

Die Opfer sollten die Täter sein. Das Ganze sei vom Fernsehen inszeniert, um eine gute Einschaltquote zu erzielen. Die Vietnamesen dienten dabei als Statisten. Daher waren sie nicht gefährdet.

So erklärt sich, daß die nächste tatsächliche Gefahr, der die aus dem brennenden Haus im letzten Moment entkommenen Heimbewohner ausgesetzt wurden, ebenfalls von verantwortlicher politischer Seite mit keinem Wort erwähnt wurde. Diese beschrieb später Astrid Behlich, die in einem der beiden Busse saß.

»Es gab keinen Plan, wo wir hin sollten. Es ging nur darum: erst mal weg. Wir sind über die Dörfer von Lichtenhagen nach Bad Doberan gefahren. Irgendwo auf der Strecke haben wir eine Weile in einem Dorf gestanden. Da sind wir das erste Mal gesehen worden. Ist doch logisch, die Leute sitzen ja im Bus. Die da geguckt hatten, wendeten ihr Auto und fuhren eine Weile hinterher. Irgendwann haben sie uns weiterfahren lassen, entweder weil sie das Interesse verloren hatten, vielleicht aber auch, weil sie ihre Informationen schon weitergegeben hatten.

Wir sind weiter nach Bad Doberan. An einer Bus-Wendeschleife haben wir gehalten. Da sprang plötzlich einer der beiden Polizisten aus seinem Auto und schrie: ›Setzt euch ans Fenster, und ich fahr hier 100 Affen spazieren!‹ Das war ein Moment, wo ich gedacht habe: Jetzt schreie ich gleich los. Aber ich habe mich dagegen gewehrt und ihm gesagt, daß wir das nun nicht auch noch gebrauchen können. Da ist er ganz kleinlaut in seinem Streifenwagen verschwunden. Der war mit Sicherheit total überfordert und hatte auch mächtig die Hosen voll. Tja, und dann haben wir da eine ganze Weile gestanden – und dauernd fuhren Autos vorbei.«

Um circa 2.45 Uhr ging in der Einsatzzentrale in Lütten-Klein die

Meldung ein, daß die Busse in Bad Doberan verfolgt würden. Die Nachricht löste Achselzucken aus: Keiner wußte offenbar, wie man damit umgehen sollte. Günter Niemann, der Führer der 3. Hundertschaft Mecklenburg-Vorpommern, machte den Vorschlag, mit zwei Einsatzzügen, also rund 50 Beamten, die Busse zu schützen. Gemeinsam besprach man die Fahrtstrecke. Da aber schon lange klar war, daß der Funkverkehr der Polizei abgehört wurde, vereinbarte man absolute Funkstille.

Kaum waren sie unterwegs, hörten Niemann und seine Kollegen, wie *Robbe 50 Robbe 80* über die genaue Fahrtstrecke und den Zielort per Funk informierte. »Da möchte man am liebsten in die Armaturentafel beißen«, ärgerte sich Niemann noch heute. »Da fragt man sich: Wie ist das möglich?"

Es gibt nur zwei Erklärungen: Schlamperei oder Absicht. Beides ist denkbar.

Unterdessen beobachtete Astrid Behlich jedes vorbeifahrende Auto. Der Fahrer des Busses, in dem sie saß, hatte erklärt, im Falle eines Angriffs werde er sich aus dem Staub machen. Wenn er wie auch die beiden Schutzmänner in dieser Situation sich schon derartig Sorgen machten, ließ sich ahnen, wie groß die Angst der Vietnamesen gewesen sein muß. Sie schwand zumindest ein wenig, als die Bereitschaftspolizei eintraf. »Das war auch Verstärkung für mich«, erzählte Astrid Behlich, »denn es waren auch einige Beamtinnen dabei. Wir haben mit ihnen entschieden, daß – wenn wir länger hier stehen müßten – sie die schwangeren Frauen und Mütter mit den Babys in die Krankenhäuser von Bad Doberan und Kühlungsborn bringen würden.

Letztlich haben wir anderthalb bis zwei Stunden in Bad Doberan gestanden. Dann hieß es, wir fahren zurück. Wir fahren jetzt zurück in ein Notquartier.«

Der Hundertschaftsführer Günter Niemann ordnete an, daß sich alle Businsassen auf den Boden setzen sollten, um zu verhindern, daß man sie von außen sehen konnte. Die Busse fuhren los, während die Bereitschaftspolizei mit großem Abstand folgte, um so den hinteren Bereich zu sichern. Nun fuhr man nicht mehr über Nebenstraßen, sondern auf der Bundesstraße Richtung Rostock. Erst jetzt war auch das Ziel klar: eine Turnhalle im Rostocker Stadtteil Marienehe.

Für die Betreuerin war das ein weiterer Skandal: »Ich habe mich gefragt: Wie können die uns in die Turnhalle nach Marienehe schaffen, die von der S-Bahn-Strecke mit einem Molotow-Cocktail in Brand gesetzt werden kann. Das war nämlich eine Pappbaracke mit so einem Teerdach. Ein guter Werfer wäre in der Lage gewesen, von der S-Bahnbrücke das Ding in Brand zu werfen.«

Aber das war nun mal das festgelegte Ziel der Odyssee. Astrid Behlich teilte daraufhin dem Einsatzleiter mit, daß für Babynahrung gesorgt werden müsse und für die Möglichkeit, die beiden hochschwangeren Frauen zu untersuchen, ob sich eine Frühgeburt abzeichnen könnte.

An einem Kreisverkehr, dem sogenannten Schutower Ring, wurden die Busse aufgebracht. Zwei vermeintlich leere, aber beleuchtete Gelenkbusse, die nachts hintereinander auf der Bundesstraße unterwegs waren, konnten nicht viel anderes darstellen als eben die Fahrzeuge, mit denen die Vietnamesen evakuiert wurden.

»Das waren zwei Autos. Aber was für mich so erschreckend war: die hatten hinten so CB-Funkantennen drauf«, erinnerte sich Astrid Behlich. »Es war eindeutig zu sehen, daß sie Funkmöglichkeiten hatten. Der Polizei weit hinter uns habe ich da nicht mehr vertraut, seit ich am Abend um neun ja noch davon ausgegangen war, die würden dafür sorgen, daß wir im Haus sicher sind. Ich hatte in meinem ganzen Leben nicht daran gedacht, daß so etwas möglich ist bei so viel Polizei. Und dann kam die Angst wieder hoch: Wir werden verfolgt, das Ganze geht von vorne los. Das Ganze geht von vorne los! Und du hier alleine mit einem Busfahrer, der mir vorher gesagt hatte ›Auf mich kannst du nicht rechnen!‹ Was machst du, wenn der die Türen aufmacht?«

Die Busse konnten jedoch unbehelligt weiterfahren, gefolgt von der Polizei, die außer Sichtweite blieb.

»Auf dem letzten Abschnitt der Fahrt dachte ich zum zweiten Male, ich drehe durch. Wir sitzen da in diesem Bus auf dem Fußboden mit einem Gefühl im Bauch, das man nicht beschreiben kann. Ich schaute so von unten aus dem Fenster raus, als wir an einem Plakat vorbeifuhren. Im Nachhinein hat sich herausgestellt, daß es eine Bierwerbung ist, aber ich konnte nur den Hauptslogan oben lesen: ›Ein Land zum Leben‹. Da habe ich meinen Pullover geknüllt und reingebissen, damit ich nicht anfange zu schreien. Alles brach da auf.«

»Robbe 101«, der einsame Heuler

Wer hat hier bei wem eine Leiche im Keller?
Die gibt es, mit Sicherheit.
Jürgen Deckert im Gespräch mit dem Autor,
Ende April 2002

»Robbe 101« war die Funkkennung von Jürgen Deckert. Am Sonntag, dem 23. August, wurde er morgens 5 Uhr zu Hause bei Bremen telefonisch alarmiert. Gegen 8.45 Uhr kam er nach eigener Aussage in der Rostocker Polizeidirektion an. Zwei Stunden später wurde er von seinem Vorgesetzten Siegfried Kordus beauftragt, Einsatzleiter Trottnow abzulösen und die Führung vor Ort zu übernehmen. Kordus blieb Gesamteinsatzleiter und damit auch der Verantwortliche.

Daß Deckert mit dieser Aufgabe offensichtlich überfordert war, ergab sich aus seinem bisherigen beruflichen Werdegang. Als Leiter der Abteilung Aus- und Fortbildung bei der Bremer Polizei gab es für ihn nur äußerst wenige Berührungspunkte mit Großeinsätzen; somit besaß er darin keine hinreichenden Erfahrungen. Landespolizeichef Hans-Heinrich Heinsen, der erst am Dienstag, dem 25. August 1992, gegen 17.30 Uhr die Einsatzleitung übernahm, stellte in einem Schreiben an das Innenministerium fest, »daß eine ganze Reihe elementarer Grundbedingungen der polizeilichen Einsatzlage bei der bisherigen Einsatzführung offenbar unberücksichtigt geblieben waren:

– Es lagen keine Einsatzbefehle für die einzelnen Tage vor.
– Es gab keine klare Abschnittseinteilung.
– Die Führungs- und Unterstellungsverhältnisse am Einsatzort waren nicht klar geregelt.
– Die Kommunikation wurde nicht vom allgemeinen Funkverkehr der PD Rostock losgelöst wahrgenommen.
– Es gab keinen klaren Ablaufkalender der vorgesehenen polizeilichen Einsatzmaßnahmen.
– Eine gesonderte Befehlsstelle mit aktuellem Karten- und Übersichtsmaterial war nicht vorhanden.
– Es gab keine Übersichten über eingesetzte bzw. bereitgestellte Kräf-

te. Die notwendigen Grundbedingungen zur Wahrnehmung der polizeilichen Einsatzleitung mußten somit zunächst geschaffen werden.«

Warum übernahm Rostocks Polizeichef Kordus als Hauptverantwortlicher für den Einsatz dann nicht selbst die Leitung?

Seit Sonntagmorgen 5 Uhr war auch er im Dienst. Das belegte der sogenannte Ablaufkalender der Rostocker Polizeidirektion. Trotzdem delegierte er die Führung an Deckert, obwohl er wissen mußte, daß dieser der Aufgabe nicht gewachsen sein würde. Zwei simple Erklärungen gibt es dafür:

1. Kordus selbst hatte aufgrund seiner früheren Tätigkeit als Referatsleiter beim Bundeskriminalamt ebenfalls nur wenig praktische Erfahrungen mit der Leitung von Großeinsätzen und wäre somit selbst überfordert gewesen.

2. Er war soeben befördert worden: Am 1. September 1992 sollte er sein neues Amt als Leiter des Landeskriminalamtes von Mecklenburg-Vorpommern antreten. Seine eher zweifelhaften Führungskompetenzen bei derartigen Einsätzen aber hätten offenbar werden können. Das Risiko, auf diese Weise seinen sicheren Aufstieg zu gefährden, war augenscheinlich hoch.

Einzig der Landespolizeichef Hans-Heinrich Heinsen konnte auf Erfahrungen bei Großeinsätzen zurückgreifen. Er aber hatte sich ins Wochenende zu seiner Familie nach Schleswig-Holstein begeben und übernahm erst ab Dienstagabend 17.30 Uhr die Einsatzleitung. Da aber hatte sich die Lage bereits so entspannt, daß sich daraus keine größeren Herausforderungen ergaben.

Also blieb die Einsatzleitung von Sonntagmorgen bis Dienstagnachmittag weiter bei »Robbe 101« alias Jürgen Deckert. Sein Dienst endete nach eigenen Aussagen erst am Dienstagabend um 23 Uhr – nach 66 Stunden ohne Ablösung und ohne Pause.

Der Ausspruch gegenüber dem Hamburger Hundertschaftsführer Klaus Springborn, er, Deckert, werde »politisch alleingelassen«, gilt demnach ebenso für seine polizeilichen Vorgesetzten.

Es ist nicht verwunderlich, daß die Wortprotokolle des Untersuchungsausschusses in Schwerin den Vermerk »Nur für den Dienstgebrauch« tragen. Denn allein die Antworten der Polizisten Deckert (auf 171 Seiten) und Kordus (auf 155 Seiten) enthalten hochbrisante Fakten und persönliche Einschätzungen, die im Schweriner Abschlußbericht nicht auftauchen, obwohl sie für das Gesamtbild wesentlich sind. Sie belegen, daß der fatale Polizeieinsatz am Montagabend nicht allein auf Deckerts geringe Führungserfahrung zurückzuführen ist. Vielmehr wurde Deckert bei seiner Arbeit von Vorgesetzten nicht nur mangelhaft unterstützt, sondern auch aktiv behindert. Bei seiner Befragung vor dem Schweriner Untersuchungsausschuß am 15. Januar 1993 sagte Deckert über diesen Montagabend:

»Gegen 17.30 Uhr kamen neue Aufklärungsergebnisse von dem stellvertretenden Leiter der Kriminalpolizeiinspektion, der mir gegenüber in der Inspektion Lütten-Klein sinngemäß sagte: ›Da braut sich was zusammen, wir brauchen mehr Leute.‹ Ich habe mich daraufhin ans Telefon gesetzt und habe zwei weitere Einsatzhundertschaften angefordert. Diese Einsatzhundertschaften habe ich nicht bekommen. – Vorsitzender: Können Sie uns den Namen noch nennen? – Deckert: Ich habe mit dem Leiter der Polizeidirektion Rostock telefoniert. Herr Kordus ist das.«

Kordus kannte zu jenem Zeitpunkt jedoch schon das Telex aus Hamburg, das um 14.31 Uhr sowohl an den Innenminister als auch an ihn gerichtet war, mit folgendem Inhalt:

»Es wird um Benachrichtigung bis 15.00 Uhr gebeten, ob die in Rostock im Einsatz befindliche Hundertschaft der hamburgischen Bereitschaftspolizei noch weiter in Rostock benötigt wird. Diese kurzfristige Mitteilung ist erforderlich, damit die Behördenleitung ihre Prioritätenentscheidung aufgrund eigener Einsatzerfordernisse treffen kann.«

Kordus hat, wie bekannt, dieses Telex nicht sofort an Deckert weitergeleitet. »Ich habe das Ganze dann insoweit zurückgehalten und habe es auch dem Stab mit zeitlicher Verzögerung gesagt.« Deckert wußte also nicht, daß er auch auf diese Kräfte verzichten sollte.

Gegen 18 Uhr erhielt Deckert eine Weisung direkt aus dem Schweriner Landespolizeiamt, also der 100 km entfernten Behörde Heinsens, die vor der ZAst eingesetzten zwei Hundertschaften der Hamburger Polizei herauszulösen. Als Ersatz wurde die Hundertschaft Mecklenburg-Vorpommern »Arkona 150« angeboten. Eine für zwei. Daraus folgte: Hätte Deckert die von ihm geforderten Beamten bekommen, wäre der am späteren Abend erfolgte fatale »Schichtwechsel« möglicherweise anders verlaufen.

Rund zweieinhalb Stunden, nachdem Kordus gegenüber Deckert den Einsatz der beiden zusätzlich angeforderten Hundertschaften ablehnte, verzeichnete das Einsatzprotokoll der Polizei:

»20.03 Uhr: Steinwürfe gegen Einsatzkräfte

20.06 Uhr: starker Störerzulauf S-Bahn-Brücke
20.12 Uhr: Konfrontation Polizei / Störer S-Bahn-Brücke
20.15 Uhr: Anforderung weiterer Kräfte
20.20 Uhr: B 103 freigemacht
20.45 Uhr: Steinwürfe auf Polizei«

Der Ablaufkalender der Polizei vermerkte für 20.10 Uhr: »Herauslöse EHu *(Einsatzhundertschaft – d. Verf.)* HH BGS, ernste Bedrängnis, massive Angriffe«. Eine weitere handschriftliche Eintragung lautet: »20.10 – 21.25 kein Objektschutz an der ZAst wegen massiver Auseinandersetzung ... [Unleserlich], 34 Verletzte, ... [Unleserlich], Festnahmen von 2/3 Mann, Anteil nicht einsetzbare Beamte sehr hoch«.

Demnach fand zu jener Zeit eine regelrechte Straßenschlacht zwischen Angreifern und Polizei statt.

Über diesen Zeitraum schrieb jedoch Siegfried Kordus in seinem Geschehensablauf: »In der Phase der relativen Beruhigung, gegen 20.10 Uhr, verließ Unterzeichner die Polizeidirektion (...) Unterzeichner fuhr zunächst nach Lichtenhagen und überzeugte sich vor Ort, daß dort tatsächlich zwar eine große Menschenmenge vorhanden war, die sich allerdings ruhig verhielt. Beim Eintreffen in Warnemünde, gegen 20.15 Uhr, erreichte Unterzeichner sofort ein Anruf der Polizei Hamburg (...)«

Daraus ergibt sich folgendes:

– Kordus war nicht in der Einsatzzentrale Lütten-Klein, sondern in der Polizeidirektion in der Stadtmitte Rostocks. Die Fahrzeit von dort bis nach Warnemünde beträgt ca. 20 Minuten und nicht, wie angegeben, fünf Minuten.

– Innerhalb dieser fünf Minuten will er sich ebenfalls einen Überblick über die Situation in Lichtenhagen verschafft haben, die sich aber nachgewiesenermaßen weitaus brisanter darstellte als in seiner Beschreibung.

– Während der »Phase relativer Beruhigung« fand im Bereich der S-Bahn-Brücke direkt neben der Stadtautobahn Richtung Warnemünde und ca. 250 Meter vom Sonnenblumenhaus entfernt eine massive Auseinandersetzung zwischen Angreifern und der Polizei statt, die dazu führte, daß die ZAst und somit auch das Wohnheim der Vietnamesen ohne Schutz waren.

– Obwohl ihn sein Weg nach Warnemünde ebenfalls in der Nähe der Polizeiinspektion Lütten-Klein vorbeiführte, hielt er es nicht für notwendig, sich dort über die aktuelle Situation zu informieren oder gar den seit Sonntagmorgen ununterbrochen im Dienst befindlichen Einsatzleiter Deckert zumindest kurzzeitig zu unterstützen.

Offensichtlich hielt es Kordus jedoch für angebracht, sich selbst eine kleine Pause zu gönnen. Mehr noch: In Warnemünde angekommen, »hat Unterzeichner versucht, Einsatzbereitschaft oder Führungsbereitschaft auf sich bezogen durch Kleidungswechsel aufrechtzuerhalten bzw. wieder herzustellen«. So nachzulesen in seinem Geschehensablauf.

Noch einmal: Der Rostocker Polizeidirektor als hauptverantwortlicher Einsatzleiter wurde von einem verschwitzten Hemd an der Einsatz- oder Führungsbereitschaft gehindert.

Unterdessen eskalierte bekanntermaßen die Situation in Lichtenhagen. Das Wohnheim der Vietnamesen stand in Flammen – und die Polizei hatte sich zurückgezogen. Gegen 23.15 Uhr, also drei Sunden nach Kordus' angeblicher Ankunft in Warnemünde, machte sich der inzwischen nach Lichtenhagen gekommene Vorsitzende der SPD-Fraktion im Schweriner Landtag, Harald Ringstorff, auf die Suche nach dem Polizeidirektor – und dabei eine schwerwiegende Entdeckung. »Ich habe dann diese Rostocker Rufnummer angerufen und Frau Kordus hat sich gemeldet und hat zuerst Bedenken angemeldet, ob sie ihren Mann denn wecken könnte«, legte Ringstorff auf einer Pressekonferenz am nächsten Tag offen.

Kordus verteidigt sich während der selben Veranstaltung: Von seiner Ankunft in Warnemünde bis zum Anruf Ringstorffs habe er ständig telefoniert. »Ich habe also nicht geschlafen. Kordus hat ein Hemd gewechselt.«

Wenn Kordus geschlafen hätte, wäre dies ein handfester Skandal und Grund genug gewesen, ihn seines Amtes zu entheben. Folgte man indessen seiner Rechtfertigung, er habe ständig telefoniert, würde das bedeuten, daß er also auch über die Zuspitzung der Situation vor Ort informiert gewesen sein mußte. Was ebenso schlimm wäre, denn bis 23.30 Uhr hielt es der ranghöchste Polizeiführer nicht für nötig, sich in die Einsatzzentrale oder die Polizeidirektion zu begeben und seine Aufgaben als Haupteinsatzleiter zu übernehmen.

Mehr noch: Kordus hatte sich zu genau jener Zeit, als die Angriffe auf die Polizei massiv wurden und dadurch sowohl die ZAst als auch das Wohnheim der Vietnamesen mit den zur Verfügung stehenden Kräften nicht mehr ausreichend geschützt werden konnten, schlicht aus dem Staub gemacht. Als Leiter der Rostocker Polizei mußte er wissen, daß im Haus 120 Vietnamesen eingeschlossen waren. Die damit verbundene unterlassene Hilfeleistung hätte das Ende seiner Karriere bedeuten müssen.

Eine zentrale Rolle wäre dabei dem Landesuntersuchungsausschuß zugekommen. Kordus Abwesenheit aber spielte in dessen Befragung keine größere Rolle. Er blieb bei seiner Kleidungswechsel- und-Telefon-Version – der Ausschuss ging darauf nicht weiter ein. Kritische Nachfragen, die der Wahrheitsfindung hätten dienen können, gab es nicht.

Am 1. September, eine Woche nach dem Pogrom, wurde Siegfried Kordus offiziell zum Leiter des Landeskriminalamtes Mecklenburg-Vorpommern ernannt. Zwei Jahre später wurde er in den vorzeitigen Ruhestand versetzt. Nicht wegen seiner Rolle in Lichtenhagen, sondern wegen seiner Verstrickung in einen Rotlichtskandal. Heute lebt Kordus in Spanien. Ein Ermittlungsverfahren gegen ihn als Einsatzleiter in Rostock wurde 1994 eingestellt.

Der Nachfolger von Kordus in der Rostocker Polizeidirektion hieß Dieter Hempel. Er ist nicht nur der Auffassung, daß sein Vorgesetzter eklatante Führungsfehler begangen habe. Kordus habe »total versagt«, sagte Hempel mir in einem Gespräch in Rostock. Dabei ging er sogar so weit zu vermuten, daß dieses Versagen System gehabt habe. Anders sei ein derart »chaotisches Ergebnis« des Polizeieinsatzes nicht zu erklären.

Vor diesem Hintergrund sei es nicht nachvollziehbar, warum gegen Kordus nie ernsthaft ermittelt wurde, gegen Deckert dagegen bis ins Jahr 2000 ein Strafverfahren lief wegen »fahrlässiger Brandstiftung durch Unterlassen«. (Eine rechtliche Konstruktion, die übrigens nach Aussage des Sprechers am Rostocker Oberlandesgericht überaus umstritten ist.) Dies zeigte, so Dieter Hempel weiter, daß Deckert die gesamte Verantwortung übernehmen sollte, denn schließlich sei die Verbindung von Kordus zu politischen Entscheidungsträgern wie Innenminister Lothar Kupfer nachweisbar.

Mit anderen Worten: Wurde die Verantwortung allein auf die polizeiliche Ebene verlegt, war damit die Politik draußen. Damit sollte der Eindruck erweckt werden, daß das Versagen in der Einsatzleitung hausgemacht sei, ohne jemals durch politische Entscheidungsträger beeinflusst gewesen zu sein. Innenminister Kupfer hatte schließlich immer abgestritten, in polizeiliche Fragen involviert gewesen zu sein.

Vietnamesen fanden bei deutschen Familien im Aufgang 15 vorübergehend Aufnahme

Fest steht aber, daß er an Lagebesprechungen teilnahm, sich ab Sonntag bei Kordus in der Polizeidirektion aufhielt, am Montagnachmittag an der Sitzung mit Bundesinnenminister Rudolf Seiters teilnahm und im weiteren Verlauf des Tages exakt zur gleichen Zeit wie Kordus Rostock verließ, um wie dieser »ein Hemd zu wechseln«.

Daß Kupfer entgegen seiner Beteuerung an Entscheidungen direkt beteiligt war, geht ausgerechnet aus dem von Kordus verfaßten »Geschehensablauf« hervor. Danach löste Kordus »mit Zustimmung des in der Polizeidirektion anwesenden Innenministers M-V, Herrn Kupfer, Polizeialarm in den Polizeidirektionen des Landes aus.«

Trotz der bewiesenen Mitarbeit des Innenministers bei wesentlichen polizeitaktischen Entscheidungen aber sollte allein Polizeioberrat Jürgen Deckert für all dies zur Verantwortung gezogen werden.

Tatsächlich hatte dieser den Befehl zum Rückzug der Polizei vor der ZAst erteilt. Aber dies geschah, als weder der Innenminister noch der Polizeidirektor für Deckert vor Ort erreichbar waren.

Ein brennendes Haus und verheizte Polizisten

Nach der heutigen Ausschußsitzung und weiteren internen Informationen gewinne ich zunehmend den Eindruck, daß in jener Nacht Eskalationen bewußt in Kauf genommen wurden.
Rolf Eggert (SPD), stellvertretender Landtagspräsident, im SPIEGEL, 2. November 1992

Drei Wochen nach ihrem Einsatz in Rostock befragte die *Süddeutsche Zeitung* Polizeibeamte: »Die Polizisten erzählen, daß die meisten der Kollegen der Ansicht seien, der verkorkste Einsatz sei aus irgendwelchen Gründen gewollt gewesen. ›Warum‹, spekuliert einer, ›weiß keiner so recht. Vielleicht sollte es einfach die große Katastrophe geben.‹ Einer sagt, wie sehr er sich gewundert habe, ›als wir plötzlich von dem Heim zurückgezogen wurden‹. Ein anderer meint, schon den ganzen Tag seien so ›merkwürdige Dinge‹ über Funk gelaufen. Ein dritter, der in einer Hundertschaft nahe des Schauplatzes postiert war, weiß noch, wie alle den Kopf geschüttelt haben, als sie das brennende Haus gesehen haben, aber nicht los durften. Das darf doch nicht wahr sein‹.«

Gegenüber *Spiegel-TV* beschwerten sich Beamte der Bereitschaftspolizei: »Hier wurde bewußt zwei Tage lang Defensivtaktik gefahren, so daß den Leuten noch richtig Spielraum gegeben wurde. Damit die sich richtig sicher fühlen und aufrüsten und noch genug Leute anreisen können und Montag dann das totale Ding hier abfährt. Und daß 1.000 Mann wilde Sau spielen und die Polizisten sich zurückziehen müssen, auf Befehl. Das ist 'ne totale Sauerei.«

Diese Zitate standen exemplarisch für die Stimmung, die nach dem Einsatz bei vielen Beteiligten herrschte. Und sie belegten, daß schon sehr früh sogar innerhalb der Polizei der Verdacht aufkam, benutzt worden zu sein.

Galt das auch für Jürgen Deckert? Obwohl er keinerlei Erfahrung mit der Führung von Großeinsätzen hatte, wurde er von seinem Vorgesetzten, Polizeidirektor Kordus, als Einsatzleiter bestimmt. 66 Stunden lang wurde Deckert weder abgelöst noch von seinem Chef unterstützt. Es war daher nur eine Frage der Zeit, bis Deckert physisch und psychisch am Ende war. Hinzu kam, daß er offenbar der einzige war, der die Lage am Montag richtig einschätzte, nämlich daß man es nicht mit Wochenendkrawallen zu tun habe, sondern auch am Montagabend mit einem massiven Angriff zu rechnen sei. Dies ergab sich aus der Tatsache, daß Deckert am Nachmittag bei Kordus um zwei weitere Hundertschaften nachsuchte, die bekanntlich nicht kamen.

Die Rolle von Haupteinsatzleiter Kordus und die Frage nach seiner Verantwortlichkeit ist nie ganz geklärt worden, obwohl es eine ganze Reihe von Indizien gab, die mehr als ein Fehlverhalten belegen:

Kordus delegierte die Einsatzleitung und agierte selbst derweil im Hintergrund. Er unterschlug Deckert die Weisung, daß dieser die beiden Hamburger Hundertschaften herauslösen mußte. Anstatt eindringlich für neue Kräfte zu sorgen, verweigerte er Deckert zwei Hundertschaften. Dadurch entstand zwangsläufig ein Ungleichgewicht, was sich besonders am Abend als fatal herausstellen sollte. Als der Einsatzleiter vor Ort, Jürgen Deckert, davon erfuhr, war die Entscheidung schon lange gefallen. Die ersten Scharmützel vor dem Sonnenblumenhaus waren im Gange – jetzt noch kurzfristig gut ausgerüstete Truppen zu bekommen, um möglichst schnell der aufflammenden Gewalt ein Ende setzen zu können, war schon logistisch nicht mehr möglich. In dieser Phase wurde der Führungsgehilfe Deckerts und damit dessen rechte Hand in der Einsatzleitung von Kordus abberufen.

Obwohl er wußte, daß die Situation in Lichtenhagen jederzeit eskalieren konnte, verließ er die Polizeidirektion, um »das Hemd zu wechseln«. Selbst wenn man unterstellte, daß er ständig über die Lage vor Ort informiert gewesen war, so blieb der Fakt bestehen, daß der verantwortliche Haupteinsatzleiter Kordus während des Rückzugs der Polizei und der folgenden Stürmung des Hauses durch die Angreifer zu Hause – wenn nicht sogar im Bett – war. Es war auffällig, daß er erst wieder auftauchte, als der Brand gelöscht war. Spätestens jetzt hätte er Deckert ablösen und die Leitung des Einsatzes vor Ort übernehmen müssen. Sein erstes Interesse hätte dem Schutz der Vietnamesen gelten müssen, deren Bedrohung er selbst bereits im März 1992 festgestellt hatte. Stattdessen stimmte er dem Vorschlag eines Hundertschaftsführers »leicht gelangweilt« zu, den Transport der Vietnamesen zu schützen.

Erste BGS-Kräfte trafen um 0.10 Uhr per Transporthubschrauber ein, landeten aber nicht in der Nähe der ZAst, sondern im zwölf Kilometer entfernten Ostseestadion und mußten von dort mit Bussen der Verkehrsbetriebe nach Lichtenhagen gebracht werden.

Dieter Hempel, der Nachfolger von Kordus im Amt des Rostocker Polizeidirektors, faßte dessen Rolle in unserem Gespräch so zusammen: »Hätte Kordus eine derartige Einsatzleitung in einem Führungsseminar an der Polizeischule vorgeschlagen, hätte er dafür eine glatte Sechs bekommen.«

Derart eklatante Führungsfehler lassen nach Hempels Auffassung demnach nur einen Schluß zu: Absicht.

Dies zusammengenommen legt die These nahe, daß Kordus und das Landespolizeiamt ganz bewußt gehandelt haben mit dem Ziel, den Einsatz so zu beeinflussen, daß er in die Katastrophe führen mußte.

Dies macht polizeitaktisch keinen Sinn.

Politisch jedoch schon.

»Menschenleben waren nie gefährdet!« sagte der Innenminister von Mecklenburg-Vorpommern Lothar Kupfer nach dem Brand nachts 2.30 Uhr. Im Gegenteil: Das Haus sei leer gewesen. Bei dieser Version blieb er auch dann noch, als ihm berichtet wurde, daß nicht nur 120 Vietnamesinnen und Vietnamesen, sondern auch ein ZDF-Kamerateam sich kurz zuvor hatten selbst befreien können.

Den ganzen Montag über war Lothar Kupfer in der Polizeidirektion. Von der Bundestagsabgeordneten Andrea Lederer (PDS) und dem Rostocker Ausländerbeauftragten Wolfgang Richter war diese schon am Montagnachmittag unterrichtet worden, daß sich im Wohnheim der Vietnamesen noch Menschen aufhielten. Das will der Innenminister nicht mitbekommen haben?

Gegen 18 Uhr räumte die Polizei-Direktion gegenüber Andrea Lederer ein, daß ihnen dieser Sachverhalt bekannt sei. Eine entsprechende Nachricht hat die Polizei-Inspektion, also die Einsatzzentrale Deckerts in Lütten-Klein, offenbar nie erreicht.

Wenige Stunden nach der Selbstbefreiung antwortete Ministerpräsident Bernd Seite (CDU) gegenüber KENNZEICHEN D auf den Vorwurf, die Polizeiführung habe die Menschen im brennenden Haus schutzlos sich selbst überlassen: »Niemand hat das Fernsehteam aufgefordert, das Haus zu betreten.«

Von den *Bewohnern* des Hauses war da schon nicht mehr die Rede.

Diese Aussagen stehen exemplarisch für all die Äußerungen, die in den kommenden Tagen und Wochen von verantwortlichen Politikern getätigt wurden. Ihren vorläufigen Höhepunkt erreichten sie mit der – auffällig genau abgelesenen – Stellungnahme durch Ministerpräsident Seite auf einer Pressekonferenz am nächsten Tag: »Die Vorfälle der vergangenen Tage machen deutlich, daß eine Ergänzung des Asylrechts dringend erforderlich ist, weil die Bevölkerung durch den ungebremsten Zustrom von Asylanten überfordert wird.«

Was hatte das mit dem Brandanschlag zu tun und mit dem versuchten Mord an über hundert Menschen? Nichts.

Und selbst wenn man das Pogrom als Beleg nahm, um die angebliche Stimmung im Land zu verdeutlichen, war es durch nichts gerechtfertigt, die Opfer dafür verantwortlich zu machen.

Der Zynismus in Seites Aussage wurde deutlich, wenn man sie übersetzt: Es ging offenbar weniger darum, brandschatzende Rechtsextremisten an ihrem Tun zu hindern, vielmehr hatten die Opfer dieses ungebremsten Rassismus das Land schnellstens zu verlassen. Damit, so offenbar die Denkweise des Ministerpräsidenten, entzog man dem Haß die Ursache.

So aber wurden Opfer zu Tätern: Wer hier blieb, durfte sich nicht wundern, wenn er zum Objekt der angeblichen »Das Boot ist voll«-Meinung des Volkes wurde und Angriffen ausgesetzt war.

Im Fall Rostock handelten die Politiker erst von jenem Moment an, in dem sich der vermeintliche Bürgerwille mit dem der herrschenden Politik deckte. Die Gruppe derer, die tatsächlich eine Überfremdung des Landes fürchteten, war gewiß nicht klein. Hier aber wurde sie zur Mehrheit erklärt und dafür herangezogen, um die eigenen Vorstellungen einer zu novellierenden Asylgesetzgebung konsensfähig zu machen. Die Frage jedoch wurde nicht gestellt, wie die ebenfalls nicht kleine Bevölkerungsgruppe, deren Ziel Integration statt Ausgrenzung lautete, unterstützt werden konnte, welche Aktionen durchgeführt oder unterstützt werden sollten, um durch das Erreichen von Akzeptanz dem Rassismus nach und nach den Nährboden zu entziehen.

Es war auffällig, wie sehr die Politiker in Schwerin darauf bedacht waren, eine in Lichtenhagen manifeste Gefahr durch Rechtsextremisten herunterzuspielen. Sie wurden entpolitisiert, zur neutralen Masse umgedichtet. Rechtsextremisten hatte man nicht gesehen. Der Vorsitzende der CDU-Fraktion im Schweriner Landtag, Eckhard

Rehberg, stellte zu Beginn seiner Rede am 28. August 1992 klar: »Ich glaube, es ist hierbei gar nicht mehr angemessen, rechts und links unterscheiden zu wollen.«

Ausländerfeindlichkeit oder gar Rassismus kamen demnach als Ursache der Gewalt in Lichtenhagen nicht in Betracht. »Es geht diesen professionellen Gewalttätern doch nur noch darum, den demokratischen Rechtsstaat demontieren zu wollen. Um mehr geht es hierbei nicht.«

Wenige Tage zuvor hatte Innenminister Lothar Kupfer klargestellt, wer für den Brandanschlag in Lichtenhagen verantwortlich sei: »Diese Störer gehören nachweislich ihrer Herkunft und ihres Verhaltens zum Teil zur rechts- und linksradikalen Szene, aber auch zum Kreis der Autonomen.«

Und Ministerpräsident Bernd Seite fügte hinzu: »Die Aktivitäten solcher Gewalttäter beschränken sich nicht allein auf Mecklenburg-Vorpommern. Wir kennen sie auch aus Brokdorf, aus der Hafenstraße in Hamburg, von der Startbahn West in Frankfurt und von Wackersdorf.«

Dies sagten die drei hochrangigsten CDU-Politiker des Landes, nachdem drei Tage lang Ausländer von Rechtsextremisten massiv angegriffen worden waren, dazu einschlägige Parolen gebrüllt wurden und es entsprechende polizeiliche Erkenntnisse über die Angreifer gab.

Die Angreifer wurden auch nicht als solche benannt. Man sprach von »Störern« oder »Gewalttätern« – aber nie von Ausländerfeinden oder gar Rechtsextremisten.

So wurde versucht, die Brandnacht zu relativieren, umzumünzen gar als Akt linker Gruppierungen, die bekannterweise gegen die Staatsmacht vorgingen. Demnach, so die Erklärung weiter, war das Fanal von Lichtenhagen einzig und allein ein Anschlag auf den Staat und nicht auf Ausländer.

Für Politiker, deren Aufgabe der Schutz der Bürger ist, mutete diese Interpretation der Täter seltsam an. Bürger nach dieser Lesart waren offenbar allein diejenigen, die einen deutschen Paß besaßen. Vietnamesen, die seit vielen Jahren ihren Lebensmittelpunkt in Rostock hatten, waren keine Bürger: Sie besaßen kein solches Dokument. Eine Entschuldigung ihnen gegenüber hielt man demnach offenbar auch nicht für notwendig – übrigens bis heute nicht.

Sie tauchten in der Rückschau auf die Ereignisse – wenn überhaupt – nur am Rande auf. Lothar Kupfer, angesprochen auf die Vietnamesen, die sich in der ZAst verbarrikadiert hatten und von der Polizei befreit wurden, verstieg sich sogar zu der Behauptung, diese hätten sich dort *widerrechtlich* aufgehalten.

Die Opfer wurden zu Tätern, die sich des Hausfriedensbruchs schuldig gemacht hatten. Das wog schwerer als das Recht auf den Schutz des eigenen Lebens. Oder um es noch weiter zuzuspitzen: Den Vietnamesen wurde ein Vorwurf daraus gemacht, daß sie ihr Leben retten wollten. Welchem Zweck sollte das dienen? Der Verdacht liegt nahe, daß es sich um rein populistische Äußerungen handelte, die ganz bewußt zum Ziel hatten, der Bevölkerung ein simples Erklärungsmuster der Lichtenhäger Ereignisse aufzuzeigen:

1. Linksextremisten und Rechtsextremisten unterschieden sich nur durch die erste richtungsweisende Silbe. Beide waren als politisch extrem einzustufen und somit in ihren Handlungen identisch. (Diese Interpretation teilte auch der Ministerpräsident während seiner Landtagsrede am 28. August 1992: »War es bisher üblich, daß sich rechte, linke und autonome Radikale gegenseitig bekämpften – was die Polizei immer wieder vor nicht geringe Probleme stellt –, so zeigte sich hier ein gemeinsames Vorgehen.«)

2. Sowohl Asylbewerber als auch vietnamesische Vertragsarbeiter waren Ausländer und somit identisch. Ihnen kam zumindest eine Mittäterschaft zu, die darin bestand, daß ihre bloße Anwesenheit zu Unmut und in dessen Folge auch zu Gewalt führte. Somit waren sie an ihrer Situation selbst schuld.

Für beides aber – und darin zeigte sich der wesentliche Punkt einer solchen Denkweise – trug die Politik *keine* Verantwortung.

So war auch die Äußerung des Vorsitzenden der CDU-Fraktion Eckard Rehberg in seiner Rede vor dem Schweriner Landtag einzuordnen: »In den letzten Tagen wurde enorm viel Kritik an den Politikern und der Polizei geübt. Keiner, weder die Polizei, die Polizeiführung noch die Politiker, hat randaliert.«

Natürlich nicht.

Aber verbale Brandsätze wurden geschleudert.

Und Hetztiraden gegen Ausländer gab es im Schweriner Landtag mehr als genug.

Brand-Sätze

Geht es in Ihrer Arbeit auch um die Rolle der Politik?
Frage des Rostocker Ex-Polizeidirektors
Dieter Hempel an den Autor, 1998

»Ständige Angriffe auf die Einheimischen sind auf der Tagesordnung«, beschrieb der fraktionslose Abgeordnete Reinhardt Thomas in einer Landtagsrede am 28. August 1992 die Situation in Lichtenhagen vor dem Pogrom. Die Sinti und Roma »kampieren im Freien vor dem Objekt und verwandeln seither das Umfeld der ZAst in eine Kloake. Die Kriminalität steigt sprunghaft an. Überfälle – bereits am Tage auf Frauen und Mädchen –, Raub, Plünderung der Kaufhallen und ständige Angriffe auf die Einheimischen sind auf der Tagesordnung. Der Parkplatz an der Stadtautobahn wird nachts zum Umschlagplatz für gestohlene Waren (...) Es bilden sich erste Jugendgruppen zum Schutz der Mädchen und Frauen.«

Im Klartext hieß das: Die Asylbewerber sind kriminell. Es reicht nicht aus, ihnen allein Diebstahl und gar Plünderung vorzuwerfen, sie haben jegliche Daseinsberechtigung verwirkt, so daß es keinen Grund gibt, die Frage nach ihrer politischen Verfolgung überhaupt noch zu stellen. Daß gegen sie aber etwas getan werden muß, ist klar. Die Bildung von Bürgerwehren ist also durchaus legitim.

Nur ganze vier Tage, nachdem fast Menschen verbrannt wären, nutzte der Abgeordnete Thomas diese Bühne, seine eindeutige Gesinnung dem Parlament kundzutun. Allein das sollte als Skandal gewertet werden – auffällig aber war, daß ihm niemand widersprach. Im Gegenteil: Das Wortprotokoll der Sitzung verzeichnet auf den zwei Seiten seiner Rede 19mal »Beifall bei der CDU«. Und auch in vier Nachfragen von Mitgliedern der SPD wurde Thomas nicht zurechtgewiesen.

Reinhardt Thomas hatte seinen Wahlkreis in Lichtenhagen.

Hatte man sich im Hohen Haus an ein derartiges Vokabular bereits so gewöhnt, daß es nicht mehr weiter auffiel? Oder *wollte* man es einfach nicht gehört haben? Das eine wäre so schlimm wie das andere. Denn es hieße, ultrarechte Äußerungen als gesellschaftliche Normalität zu legitimieren. Das aber war genau der Nährboden, der im

Vorfeld des Pogroms in Lichtenhagen existierte. Zeitungsartikel, die mit reißerischen Beschreibungen der Zustände rund um die ZAst ausländerfeindliche Stimmung machten, gehörten ebenso dazu wie Flugblätter, auf denen ein ausländerfreies Rostock gefordert wurde.

Erst einige Zeit danach begannen die Anwohner der ZAst damit, sowohl den Senat der Hansestadt als auch die Landesregierung in die Pflicht zu nehmen. Schriftliche Eingaben wurden verfaßt, in denen deeskalierende Maßnahmen vor Ort eingefordert wurden. Dies alles blieb ohne Erfolg. In der Regel wurde aus Schwerin und Rostock – wenn überhaupt – mit Formbriefen geantwortet: Man wisse um die Situation und sei um eine Lösung bemüht. Mit freundlichen Grüßen.

Vor dem städtischen Untersuchungsausschuß sagte Oberbürgermeister Kilimann aus, die Beantwortung aller Briefe habe Schwierigkeiten gemacht. Deshalb habe er dann den Weg über die Medien gewählt. Offenbar gab es viele Briefe.

So wurde eine für die Anwohner der ZAst als unzumutbar erklärte Situation nicht entschärft. Im Gegenteil:

Spätestens seit dem 26. Juli 1991 war auch im Schweriner Innenministerium bekannt, daß die Stimmung in Lichtenhagen jederzeit umschlagen konnte. Damals schrieb der Rostocker Oberbürgermeister an den Innenminister des Landes, daß das Objekt »als ZAst für Mecklenburg-Vorpommern denkbar ungeeignet« sei. Es gebe kriminelle Handlungen von Seiten der Asylbewerber, das eingesetzte Wachpersonal sei überfordert. »Diese Probleme, die in Zusammenhang mit der ZAst stehen, haben in den letzten Wochen in gravierender Weise die Ausländerfeindlichkeit in Rostock gefördert. Bemühungen zur Integration ausländischer Bürger in Rostock werden dadurch immer wieder untergraben. Die Sicherheit aller ausländischen Bürger in Rostock ist in einem deutlich höheren Maße gefährdet. Gewalttätigkeiten gegenüber ausländischen Bürgern nehmen zu. Schwerste Übergriffe bis hin zu Tötungen sind nicht mehr auszuschließen.«

Deutlicher konnte man kaum belegen, daß die Stimmung unter Teilen der deutschen Bevölkerung Lichtenhagens schon dreizehn Monate vor dem Pogrom eindeutig ausländerfeindlich war. Dieses deutliche Warnsignal aber wurde in Schwerin nicht ernst genommen. Der damalige Innenminister Diederich schrieb zurück, er teile die Sorgen des Oberbürgermeisters und werde sich für eine Lösung des Problems einsetzen. Dann herrschte in der Landeshauptstadt wieder Stille.

Erst im Januar 1992 reagierte der Innenminister und kündigte an, die ZAst werde im Juni des Jahres nach Hinrichshagen verlegt. Dieser Termin, sagte er später, habe *im Bereich des Möglichen* gelegen. Er war also nicht fest und verbindlich.

Bekanntlich geschah nichts, obwohl bereits im Juni erstmals Asylbewerber unter freiem Himmel auf der Wiese vor der Mecklenburger Allee übernachten mußten.

Diederichs Nachfolger im Amt des Innenministers, Lothar Kupfer, verschob diesen Termin immer wieder. Nun sollte der Umzug der ZAst am 1. September erfolgen. Es ist anzunehmen, daß auch dieses Datum nicht eingehalten worden wäre, hätte sich Kupfer durch die massiven Angriffe auf die ZAst am Gewaltwochenende nicht in der Pflicht gesehen. Denn der Umbau der ehemaligen NVA-Kaserne war auch Ende August noch nicht abgeschlossen. Der Leiter des Rostocker Ordnungsamtes gab dazu seinen Eindruck vor dem Rostocker Untersuchungsausschuß wieder: »Zu der Zeit, wo wir die Leute *(gemeint sind die Asylbewerber – d. Verf.)* verbracht haben, waren in Hinrichshagen nicht einmal die geringsten Voraussetzungen gegeben, um die Leute menschenwürdig unterzubringen.«

Zusammengenommen bedeutet das, daß die Landesregierung weder die Situation in Lichtenhagen besonders ernst nahm noch beim Umbau der Kaserne besondere Eile an den Tag legte.

Der Grund für die Überbelegung der ZAst sei allein in der großen Gruppe von Direktbewerbern zu sehen, die zum Teil durch Schleuser nach Lichtenhagen gebracht würden. So hieß es in Rostock und Schwerin gleichermaßen. Daß dies aber nur die halbe Wahrheit darstellte, zeigte sich, wenn man die Personalsituation der Zentralen Aufnahmestelle näher beleuchtete.

Insgesamt 19 Planstellen waren im Personalhaushalt des Schweriner Innenministeriums für die Lichtenhäger ZAst vorgesehen. Zehn Mitarbeiter waren im Bereich Verwaltung beschäftigt. Dazu gehörten die Aufgabenbereiche Aufnahme, Antragsbearbeitung, Zuweisung, Verteilung und Sekretariat, die von jeweils zwei Mitarbeitern betreut wurden. Ferner gab es eine Sekretariatsleiterin und den Leiter der ZAst. Für die eigentliche Gemeinschaftsunterkunft waren neun Bedienstete zuständig.

Im Oktober 1991 kündigte die erste Mitarbeiterin, zwei Monate später folgten zwei weitere Kündigungen. Daraufhin wurden im Auftrag von Staatssekretär Baltzer zwei Planstellen gestrichen. Vor dem parlamentarischen Untersuchungsausschuss gab Baltzer hingegen an, daß es keine Personalprobleme gegeben habe. Die ZAst sei – im Gegenteil sogar – von Personalkürzungen ausgenommen gewesen. Vielmehr habe das Problem bestanden, daß zwei Planstellen zeitweilig nicht besetzt werden konnten, weil es an geeigneten Bewerbern gefehlt habe. Dies sei aber nicht im Dezember gewesen, sondern erst im Mai/Juni 1992. Offenbar stimmte das nicht.

In der zweiten Jahreshälfte 1991 kamen pro Monat durchschnittlich 500 Asylsuchende in die Landeseinrichtung. Zwischen Januar und Mai 1992 stieg diese Zahl auf bis zu 900, im Juni 1992 wurden sogar 1585 Asylbewerber gezählt, bedingt durch den starken Zuwachs von Direktbewerbern. Bis zu 70 Personen pro Tag mußten erfaßt und untergebracht werden. Die ZAst aber war nur für maximal 280 Plätze ausgelegt. Die Stadt Rostock wurde zwar vom Innenministerium aufgefordert, mit drei eigenen Mitarbeitern den Personalstand zu erhöhen, trotzdem stellte der Leiter der ZAst vor dem Schweriner Untersuchungsausschuß fest, daß die knappe Personalausstattung ein grundlegendes Problem allein schon der verwaltungsmäßigen Erfassung der Asylsuchenden dargestellt habe.

Hinzu kam, daß der sprunghafte Anstieg der Zahl von Direktbewerbern einen größeren Verwaltungsaufwand darstellte und sich wegen des fehlenden Personals die Aufenthaltszeit in der Zentralen Aufnahmestelle verlängerte. So war die Kapazitätsgrenze schnell erreicht.

Interessant ist in diesem Zusammenhang, daß bereits im Sommer 1991 Beschwerdebriefe bei der Stadt eingingen, worin Anwohner sich nicht allein über das Verhalten der Asylbewerber beschwerten, sondern die ZAst als Ort bezeichneten, von dem auch andere Störungen ausgingen. So war von »Randalierern« die Rede, von »Prügeleien zwischen Deutschen und Asylanten« und dem »nächtlichen Zerschlagen von Flaschen«. Auch der Zwischenbericht des Schweriner Untersuchungsausschusses stellte hierzu fest: »Zur Belästigung der Anwohner und Vandalismus kam es auch durch offensichtlich ausländerfeindlich eingestellte Jugendliche.«

Dies belegt auch ein Protokoll einer Mieterversammlung des Aufgangs Nr. 17 vom 26. März 1992. Dort ist auf zwei Seiten festgehalten, daß seit anderthalb Jahren im Haus Vandalismus durch deutsche Jugendliche begangen wurde. Beschimpfungen der Bewohner seien an der Tagesordnung. Die Wohnungsgesellschaft WIRO, der das Gebäude mit Ausnahme von ZAst und Wohnheim gehörte, wurde aufgefordert, Anzeige gegen Unbekannt wegen Hausfriedensbruchs zu erstatten. Ansonsten werde man die Mietzahlungen bis auf weiteres einstellen. In dem Protokoll wurde darüber hinaus gefordert, die ZAst »unverzüglich« zu verlegen. Von Belästigung oder Bedrohung durch die Asylbewerber war in diesem Zusammenhang nicht die Rede: Die Landeseinrichtung müsse vielmehr weg, weil sie jugendliche Randalierer anziehe.

Sowohl Stadt als auch Land war demnach schon im März 1992 bekannt, daß Anwohner sich durch »ausländerfeindlich eingestellte Jugendliche« bedroht fühlten. Dem wurde aber offensichtlich keine größere Bedeutung beigemessen, ebensowenig wie dem schon erwähnten, im selben Monat veröffentlichten Aufsatz von Kordus, in dem von einer wachsenden Ausländerfeindlichkeit in Rostock die Rede war. Gehandelt wurde nicht.

Am 6. März 1992 mußten Mitarbeiter der ZAst 40 Asylbewerber abweisen, weil das Haus bereits überfüllt war. Sie wurden vorübergehend im kommunalen Ausländerwohnheim der Stadt untergebracht. Dort wurden sogar Zelte als Notquartier aufgestellt. Offenbar hielt man in Schwerin damit die Unterbringung für gewährleistet: War die ZAst bis dahin rund um die Uhr geöffnet, so wurde sie jetzt wegen Überfüllung pünktlich zum Dienstende geschlossen. Für Asylsuchende, die danach eintrafen, waren weder Unterbringung noch Verpflegung geregelt. Es blieb also nur die Wiese vor dem Haus.

Einen besonders drastischen Fall von Pflichtverletzung seitens des Ausländerbeauftragten der Landesregierung, Ministerialdirigent Winfried Rusch als Dienstherr der ZAst, beschrieb der Rostocker Ausländerbeauftragte Wolfgang Richter in einer Sitzung des Senats am 16. April 1992. An der Eingangstür der ZAst fand er einen Zettel vor, wonach in der Zeit »vom 16.04. bis 21.04.1992 keine Aufnahme« erfolge. Weder die Stadt noch der ebenfalls eingebundene Arbeiter-Samariter-Bund waren von der Schließung informiert worden. Über Ostern sei schließlich überall geschlossen, so die lapidare Begründung.

Am 5. Mai 1992 berichtete ein Mitarbeiter des Innenministeriums dem Leiter der Ausländerabteilung (ebenfalls Rusch), daß ein schneller Umzug von Lichtenhagen nach Hinrichshagen nötig sei. Es bestehe ein starker Termindruck seitens der Hansestadt. Ob und wie Rusch darauf reagierte, ist nicht bekannt: Fakt ist aber, daß sich an der Situation vor Ort nichts änderte.

Ab Mitte Juni schließlich war die ZAst völlig überbelegt, von einer geregelten Aufnahme konnte schon lange nicht mehr die Rede sein.

Das wenige Personal konnte nicht einmal mehr die Aufnahmeformalitäten erledigen. Die Lage auf der Wiese vor dem Haus spitzte sich immer weiter zu. Wer nicht aufgenommen werden konnte, mußte warten – ohne Verpflegung, ohne sanitäre Anlagen, eben ohne alles. So konnte es nicht weitergehen, befand auch die Stadt und stellte schließlich im Rahmen der Amtshilfe zwei Mitarbeiter für die ZAst frei.

Am 18. Juni schrieb der Leiter des Rostocker Gesundheitsamtes nach einem Besuch in Lichtenhagen an Oberbürgermeister Kilimann: »Es ist meine Pflicht, Sie auf der Grundlage des § 10 Bundesseuchengesetzes (...) darauf hinzuweisen, daß Maßnahmen zur Abwendung drohender Gefahren schnellstens eingeleitet werden müssen.«

Erst am 16. Juli reagierte das Innenministerium und forderte alle Landräte und Bürgermeister der kreisfreien Städte auf, die Direktbewerber sofort aufzunehmen, ohne daß diese zuvor das Aufnahmeverfahren der ZAst durchliefen.

Kurz zuvor hatte sich Staatssekretär Klaus Baltzer vor Ort selbst ein Bild von der Lage verschafft. Vor dem Schweriner Untersuchungsausschuß zu seinem Besuch in Lichtenhagen befragt, antwortete er: »Als ich da war, Anfang Juli, z. B. war von Überfüllung überhaupt nicht die Rede. Die waren zwar alle draußen, aber drinnen war alles leer. So daß das also ein Hin und Her war, eine Woche überfüllt, die nächste Woche wieder völlig normaler Betrieb.« Damit wurde noch im Nachhinein durch den Staatssekretär bestritten, daß es zu dieser Zeit über eine längere Phase die vielfach bezeugte Überbelegung der ZAst überhaupt gegeben habe. So wurde durch das bewußte Unterdrücken der Wahrheit versucht, das Nichthandeln der Landesregierung zu rechtfertigen: Eine ZAst, in der »drinnen alles leer« war, erforderte schließlich keiner besondere Aufmerksamkeit oder gar Aktivitäten.

Ein wesentlicher Dissens zwischen Stadt und Land bestand in der Frage, wer für die ZAst letztlich verantwortlich und damit zuständig sei. Dadurch, daß

– die Mitarbeiter Bedienstete des Landes waren,
– die von der Stadt im Rahmen der Amtshilfe zur Verfügung gestellten Kräfte ebenfalls vom Land finanziert wurden,
– eine oben beschriebene Schließung über mehrere Tage ohne Rücksprache mit der Stadt vorgenommen werden konnte,
– die Dienst- und Fachaufsicht allein durch das Innenministerium

ausgeübt wurde und die Stadt in keinen Entscheidungsprozess einbezogen war,

schloß der Senat eine eigene Verantwortung für alle Angelegenheiten in und um die Einrichtung aus. Für die Versorgung der Asylbewerber, die unter freiem Himmel auf ihre Aufnahme in die ZAst warten mußten, sei demnach auch das Land zuständig gewesen.

Nach Auffassung des Staatssekretärs im Innenministerium Klaus Baltzer aber habe dessen ungeachtet die gesetzliche Regelung beachtet werden müssen. Schließlich gebe es die »Landesverordnung zur Durchführung des Asylverfahrensgesetzes« für Mecklenburg-Vorpommern. Dort heißt es in § 1 Abs.1: »Der Oberbürgermeister der Hansestadt Rostock als Ausländerbehörde ist zuständige Ausländerbehörde für die Entgegennahme von Asylanträgen«.

In § 2 wird die Aufgabe des Landes umrissen. Demnach ist der Innenminister »für die Verteilung der im Land aufzunehmenden Asylbewerber auf die Landkreise und kreisfreien Städte zuständig«.

Vor dem Schweriner Untersuchungsausschuß erklärte Innenminister Lothar Kupfer dazu, er habe die im Gesetz festgeschriebene Verantwortung der Stadt zwar mehrfach eingefordert, de facto aber habe das Innenministerium die Arbeit der Hansestadt mit übernommen.

Die existierende Durchführungsverordnung legte die beiderseitige Verantwortlichkeit fest. Deshalb ist die Tatsache, daß Entscheidungen allein in Schwerin getroffen wurden, ohne die Hansestadt einzubeziehen oder zumindest über die Ergebnisse zu informieren, nicht ohne weiteres möglich. Faktisch hatte der Rostocker Senat zwar kein Mitbestimmungsrecht, gleichzeitig aber sollte er für die Mißstände vor Ort die alleinige Verantwortung übernehmen. Weil man im Rathaus dazu nicht bereit war, schob man die Verantwortung zurück nach Schwerin. Dieses Prozedere führte letztlich dazu, daß sich die ZAst quasi im luftleeren Raum bewegte, weil sich niemand für zuständig erklärte.

Eindeutig entschieden war jedoch, ob und wann die Einrichtung aus Lichtenhagen verlegt werden sollte. Der Leiter der Ausländerabteilung im Innenministerium Winfried Rusch erklärte gegenüber Bürgermeister Zöllick, »eine endgültige Entscheidung zur Verlagerung der ZAst werde nach Rücksprache mit dem Minister und dem Staatssekretär getroffen.«

Kurz: Nicht in Rostock, sondern in Schwerin hatte man dafür den Hut auf.

Weggekarrt und vergessen

Am liebsten hätte man die ganze Geschichte totgeschwiegen. Es war ja nichts passiert. Jetzt seien wir ja gut untergebracht, und wir könnten froh sein: Wir machten auf Kosten der Stadt Urlaub. So war das.
Astrid Behlich

Als die beiden Busse mit den Vietnamesen im Rostocker Stadtteil Marienehe ankamen, hätte man denken sollen, daß jetzt alles dafür getan worden wäre, um den Opfer Sicherheit zu garantieren. Fehlanzeige. Kaum waren sie ausgestiegen, machte sich die Polizei auf den Rückweg. Zurück blieben zwei Mitarbeiter einer privaten Wachgesellschaft, die fortan den Schutz für 120 Menschen gewährleisten sollten.

Eine Turnhalle war das einzige an Notunterkunft, was die Stadt auf die Schnelle aufgetrieben hatte. Die Vietnamesen mußten über Feuerwehrschläuche steigen, die im Eingangsbereich ausgerollt worden waren mit der Absicht, eine Havarie vorzutäuschen. Denn schließlich war es eine ganz normale Turnhalle, in die wenige Stunden später die ersten Kinder und Jugendlichen zum Schulsport kamen. Wieder wurde der Befehl an die Vietnamesen ausgegeben, sich absolut ruhig zu verhalten, um bloß nicht aufzufallen. Die Angst wurde auf diese Weise nicht geringer. »Im Laufe des Vormittags schrien dann schon die ersten Schüler durch die Tür zu den Angestellten: ›Ihr braucht gar nicht so zu tun, wir wissen, wer da drin ist!‹«, erinnerte sich Astrid Behlich.

Man war also wieder gefangen; schon der Gedanke, nur einmal um die Ecke zu gehen, um sich die Beine zu vertreten und ein bißchen frische Luft zu schnappen, verbot sich von alleine.

Immerhin hatte die Stadt in dem Turnhallenasyl für Decken gesorgt, unter denen die zu Flüchtlingen gewordenen Vietnamesen auf Turnmatten schlafen konnten. Und auch Babynahrung war da. Nur für die Erwachsenen gab es nichts – weder zu essen noch zu trinken.

Wolfgang Richter war am Vormittag im Rathaus. Oberbürgermeister Kilimann (SPD) hatte sich wieder in den Urlaub begeben, sein Stellvertreter Zöllick (CDU) aber hatte es auch nicht für nötig erachtet, für die Verpflegung der 120 Menschen zu sorgen. Leider seien ihm da die Hände gebunden, erklärte er dem verdutzten Ausländerbeauftragten. Geld habe die Stadt dafür nicht, schließlich aber hätten doch die Vietnamesen alle ein Einkommen, in den Wohnungen sei doch bestimmt noch etwas Eßbares, was man holen könne. Richter solle das organisieren.

Stattdessen rief dieser eine Stiftung an, mit der er schon öfter zusammengearbeitet hatte. Die versprach, sofort Geld für Lebensmittel zu schicken. Was Richter nicht wußte: Zeitgleich gab die Stiftung eine Presseerklärung heraus.

Ein paar Tage mußten sie überbrücken, bis die Überweisung angekommen war. Wolfgang Richter fuhr nach Marienehe, holte Astrid Behlich ab und machte sich gemeinsam mit ihr auf den Weg in ein Einkaufszentrum – jeder mit seiner persönlichen EC-Karte im Portemonnaie. »Das war die erste Verpflegung«, erzählt Wolfgang Richter. »Diese Stadt war völlig unwirklich. Es war Sommer und Sonne und die Leute gingen in kurzer Kleidung. Das Leben lief den normalen Gang, als wenn in dieser Stadt nichts passiert wäre. Die lachten, die scherzten, die freuten sich. Und da hängen die Vietnamesen da in dieser Turnhalle und trauen sich nicht raus. Da war hier drei Nächte lang Bürgerkrieg in Lichtenhagen. Irgendwie geht das doch alles nicht! Nachdem wir die Lebensmittel abgeliefert hatten, bin ich zurück ins Rathaus. Und da kam Zöllick mit der Presseerklärung und sagte, Journalisten hätten schon angerufen. So sei das das doch überhaupt nicht gemeint gewesen. Das sei alles ein Mißverständnis und natürlich: ›Wenn die nicht können, dann müssen wir irgendwie was finden, und klar werden wir da bezahlen‹.«

Drei Tage blieben die Vietnamesen in Marienehe. Dann entschied Bürgermeister Zöllick, daß die Verpflegung dort zu kompliziert sei. Also wurden sie verlegt: Die Männer und die Frauen ohne Familie wurden in ein Landschulheim nach Niex südlich von Rostock gebracht, die Schwangeren und Mütter kamen in ein evangelisches Ferienheim nach Graal-Müritz. »Von dem Moment an, wo wir in Niex waren, haben wir keinen, weder von der Stadt noch vom Land, mehr gesehen oder gehört. Wir waren versorgt und untergebracht. Und damit hätte man am liebsten die ganze Geschichte totgeschwiegen. Es war ja nichts passiert«, klagte Astrid Behlich später. »Ich denke, die haben da offen gelegt, daß politische Motive über menschliche gehen – zumindest die Leute, die an den politischen Hebeln sitzen.«

Aber es reichte offenbar immer noch nicht.

Nach zwei Tagen in Niex kam die Anweisung von Bürgermeister Zöllick, daß es jetzt an der Zeit sei, ins Sonnenblumenhaus zurückzugehen. Schließlich seien nur die unteren Etagen ausgebrannt, die Wohnungen der Vietnamesen dagegen unversehrt. Das bißchen Geruch sei doch nicht so schlimm.

Das war am Samstag nach dem Pogrom.

An jenem Tag waren wieder tausende Menschen vor der Mecklenburger Allee aufgezogen, um zu demonstrieren, diesmal allerdings *gegen* Gewalt. Ob es gewaltfrei bleiben würde, wußte zu der Zeit jedoch noch niemand, auch nicht Zöllick. Es gab Gerüchte, wonach die rechten Schläger noch einmal zurückkehren könnten. Trotzdem sollten nach dem Willen des CDU-Bürgermeisters die Opfer so schnell wie möglich wieder im Tatort einziehen. So hätte alles einen neuen Anfang nehmen können.

Blauäugigkeit, infantile Dummheit oder pure Absicht?

Die Stadt jedenfalls wäre aus der ungeliebten Verantwortung gewesen, sich um die Opfer kümmern zu müssen – und das wollte sie offenkundig lieber heute als morgen. Wieder mußte der Ausländerbeauftragte eingreifen, um dem amtierenden Oberhaupt der Hansestadt Rostock den Weg zu weisen. Keiner in der Chefetage des Rathauses, weder Bürgermeister Zöllick noch Oberbürgermeister Kilimann noch Innensenator Magdanz, war fähig oder gewillt, logisches und menschliches Handeln über politisches und verantwortungsloses Taktieren zu setzen.

Dessen ungeachtet bekleideten sie die höchsten Ämter in der 250.000-Einwohner-Stadt an der Ostsee.

So war es leider nicht einem verantwortungsbewußten Stadtoberhaupt, sondern allein Wolfgang Richter zu danken, daß die Vietnamesen nicht ein weiteres Mal zwangsläufig traumatisiert wurden. Sie blieben mehrere Wochen in Niex, bewacht von drei verängstigten und überforderten Mitarbeitern einer Sicherheitsfirma.

Weder Politik noch Polizei sahen darüber hinaus einen Handlungsbedarf. Weder in Rostock noch in Schwerin.

Der Rostocker Senat, die ZAst und wie man Verantwortung definiert

Es ist jetzt nicht an der Zeit,
nach Fehlern zu suchen.
Oberbürgermeister Klaus Kilimann (SPD)
in den Norddeutschen Neuesten Nachrichten,
29. August 1992

Der Schwarze Peter wurde zum Handlungsreisenden zwischen Rostock und Schwerin. Die Hansestadt hätte indes handeln können und teilweise auch müssen, um eine Eskalation der Ereignisse in Lichtenhagen bereits im Vorfeld zu verhindern. Bereits mit der Entscheidung, mitten in einem Wohngebiet eine Zentrale Aufnahmestelle für Asylbewerber einzurichten, provozierte man bewußt soziale Konflikte.

Daß die Entscheidung für Lichtenhagen gefallen war, hing mit den Besitzverhältnissen zusammen: Als ehemaliges Arbeiterwohnheim gehörten die Aufgänge 18 und 19 der Seehafen GmbH. Die wiederum gehörte zu drei Vierteln der Stadt und zu einem Viertel dem Land. Es habe sich jedoch immer um ein Provisorium gehandelt, betonte Rostocks Oberbürgermeister Klaus Kilimann (SPD) vor dem Untersuchungsausschuß der Rostocker Bürgerschaft. Die Entscheidung über den endgültigen ZAst-Standort war zu jener Zeit noch offen. Daß die Einrichtung mitten im Wohngebiet lag, hielt man im Senat zwar für bedenklich, durch die vorherige Nutzung als Wohnheim für ausländische Vertragsarbeiter ging man aber davon aus, daß die deutschen Anwohner das Miteinander mit Ausländern gewohnt waren.

Vor dem Rostocker Untersuchungsausschuß mußte Kilimann einräumen: »Daß es sich dort um ein spannungsreiches Umfeld handeln würde, das war uns schon klar.« Trotzdem wurde nichts unternommen, um eine Eskalation von vornherein auszuschließen.

Der nach den massiven Problemen aufgrund der Überbelegung der ZAst 1991 von Kilimann verfaßte Brief an das Schweriner Innenministerium, in dem er von dramatisch gestiegener Ausländerfeindlichkeit sprach und sogar Tötungen nicht mehr ausschloß, wurde erst nach einem Monat beantwortet. Der Leiter der dortigen Ausländerabteilung Winfried Rusch stellte fest, daß eine Verlegung der ZAst auf Schwierigkeiten stoße, »die nicht kurzfristig überwunden werden können«. Damit gab sich Kilimann offenbar zufrieden. Weder wurde protestiert, noch wurden weitere Schreiben bekannt, die die Brisanz der Situation vor Ort geschildert hätten.

Als Grund dafür gab der Oberbürgermeister immer wieder an, für die ZAst nicht zuständig gewesen zu sein. Schließlich habe es sich um eine Landeseinrichtung gehandelt: »Wir waren dort mehr Gäste in der ZAst, hatten dort als Stadt nichts zu sagen.« Damit war seine im Selbstverständnis definierte Rolle vor dem Untersuchungsausschuß ausreichend dargelegt.

Die Proteste der Anwohner nahm der Senat wenig ernst. Erst als sich die Situation rund um die ZAst verschärfte und dadurch der Unmut in der Bevölkerung Lichtenhagens größer wurde, drängte man die Landesregierung verstärkt auf eine Verlegung nach Hinrichshagen. Statt mit den Bürgern vor Ort jetzt das Gespräch zu suchen und somit nebenbei Präsenz zu zeigen, ging man den weitaus bequemeren Weg: »Wir wollten versuchen, über die Medien zu sagen: Leute, haltet aus, am 1. September besteht sie *(die neue ZAst in Hinrichshagen – d. Verf.)*. Das war unsere Praktik.« Die habe er sich »als besonders effektiv vorgestellt«, sagte der Oberbürgermeister und meinte das auch ernst.

Mit anderen Worten: möglichst wenig Aufwand betreiben und sich möglichst weit zurückhalten. Es war in der Tat besonders effektiv, aber eben anders, als es der Oberbürgermeister sich gedacht hatte.

Am 3. August 1992 fuhr Kilimann in Urlaub. Erst am Abend des 23. August, also am Sonntag, wollte er erfahren haben, daß der Unmut der Bevölkerung in Gewalt umgeschlagen sei. Auf die Frage, ob er Anzeichen dafür nicht schon vorher habe bemerken müssen, antwortete der Oberbürgermeister lapidar: »Ich war weit genug von Rostock entfernt, um nicht den Lokalteil Rostock lesen zu können.«

Kilimann unterbrach seinen Urlaub erst in der Nacht zum Montag und fuhr in die Hansestadt. Dort zu bleiben und seiner Verantwortung als Stadtoberhaupt nachzukommen, hielt er allerdings nicht für notwendig. »Es lagen keine weiteren Erkenntnisse vor über eine weitere Gefährdung. Da bin ich erstmal wieder rausgefahren, eine

Stunde von Rostock entfernt.« Das war nach eigener Aussage gegen 17 Uhr. Daß die ZAst zu jenem Zeitpunkt bereits geräumt worden war, habe er nicht gewußt. Offenbar interessierte ihn diese Frage ebenso wenig wie die nach dem Schutz der Asylbewerber. Schließlich sei das die Aufgabe der Polizei gewesen. »Das war für mich also gar keine große Frage, das Gebäude und die Einwohner zu schützen.«

In seiner zweiten Befragung vor dem Rostocker Untersuchungsausschuß wurde das geringe Interesse Kilimanns besonders deutlich:

»Frage: Hat der OB am Montagabend und in der Nacht keine Nachrichten gesehen oder gehört, wenn schon keine telefonische Verbindung bestand?

Antwort: Habe ich tatsächlich nicht. So daß ich eigentlich die Sache im Kopf abgehakt habe.«

Der Oberbürgermeister war nicht gewillt, sich mit einem Problem in seiner Stadt, dessen Verantwortung er aber ausschließlich in Schwerin sah, selbst zu befassen. Offenbar waren ihm darüber hinaus Leben und Gesundheit sowohl der Asylbewerber als auch der Vietnamesen egal, so daß er an seinen Urlaubsort zurückfuhr und die bereits über zwei Tage andauernde Gewalt in Lichtenhagen ignorierte. Dies damit zu entschuldigen, er habe sich auf die Anwesenheit seiner Senatskollegen Zöllick und Magdanz verlassen, ist weitaus mehr als nur eine Mißachtung der Dienstpflicht: Es ist das Totalversagen eines Stadtoberhauptes, das das Wort Verantwortung nicht kannte.

Am 12. November 1993 erklärte Kilimann seinen Rücktritt – allerdings allein wegen des öffentlichen Drucks, wie er sich immer wieder beeilte zu betonen.

Ebenso kritisch muß die Rolle des Rostocker Innensenators Peter Magdanz (SPD) beleuchtet werden. Seine Äußerungen in der Presse vor dem Lichtenhäger Pogrom zeigen drei Schwerpunkte:

1. Die Stadt trug keine eigene Verantwortung, sondern »verwaltet nur den Notstand«, der allein durch die zögerlichen Fortschritte der Bonner Parteien in Sachen Asylgesetzgebung entstanden war.

2. Der Senat arbeitete an einer Lösung. Die Landesregierung sollte zum Umzug der ZAst verpflichtet werden. Zur Beruhigung der Bevölkerung legte er dafür den 1. September 1992 als Termin fest.

3. Nahezu alle Asylbewerber mißbrauchten das Asylrecht. Dagegen mußte etwas getan werden. Das Verhalten insbesondere der Sinti und Roma sei vielfach kriminell.

Besonders seine Äußerungen über Asylbewerber waren dazu geeignet, einer ausländerfeindlichen Stimmung Nahrung zu geben. Dies jedoch stritt Magdanz ab. In einem persönlichen Gespräch erklärte er: »Ich habe versucht – ob das immer glücklich war, weiß ich im Nachhinein nicht – öffentlich zu deeskalieren, so gut es ging.«

Die Forderung des Lichtenhäger Ortsamtes an den Innensenator, mobile Toiletten aufzustellen und damit einen der wesentlichen Kritikpunkte seitens der Anwohner mit minimalem Aufwand zu beseitigen, lehnte Magdanz ab. Das belegt ein vom Ortsamt verfaßter »Überblick zu den Ereignissen um die ZAst in Lichtenhagen in der Zeit vor den Ausschreitungen«. In unserem Gespräch begründete Magdanz seine Haltung: »Es hätte auch dazu führen können, daß dadurch vielleicht Entwicklungen angeschoben werden, nach dem Motto ›Aha, jetzt haben die sich damit abgefunden, und nun versuchen sie, das Problem so in den Griff zu kriegen.‹« Allerdings räumte er ein, daß auch das Gegenteil hätte möglich sein können.

Magdanz war als Innensenator und Hauptadressat des Bürgerprotestes sehr detailliert über die Situation in Lichtenhagen unterrichtet. Trotzdem nahm er die über die Presse verbreitete Warnung einer »heißen Nacht« nicht ernst und trat am Samstagmorgen ebenfalls seinen Urlaub an. Der Rostocker Untersuchungsausschuß stellte in seinem Abschlußbericht hierzu fest, man habe »den Eindruck, daß sich alle darauf verlassen haben, daß es keine angemeldete Demonstration gab«. Es »erfolgte keine deutliche Stellungnahme der verantwortlichen Stadtpolitiker für die Bedrohten und auch keine Warnung an die Bevölkerung, sich von zu befürchtenden Ausschreitungen fernzuhalten«.

Peter Magdanz muß allerdings zugute gehalten werden, daß er ab Sonntagmorgen bereits wieder in Rostock war. Von diesem Moment an war er ständig vor Ort oder im Rathaus, wo er auch in der folgenden Woche blieb und während dieser Zeit auf einem Feldbett in seinem Büro übernachtete. Von nun an nahm er seine Verantwortung, besonders in der Funktion als Dienstherr der Rostocker Feuerwehr, wahr.

Nach der Auffassung des Ausländerbeauftragten Wolfgang Richter sei Magdanz »einer der ganz wenigen, die durch die Ereignisse von Lichtenhagen etwas gelernt haben«.

Untersuchungsaussch(l)üsse

Hoyerswerda, Rostock, Mölln, Solingen
– nichts ist aus dem Nichts entstanden.
Manfred Rißmann, Vorsitzender der SPD-Fraktion
im Schweriner Landtag, 23. Juni 1993

Das Pogrom von Lichtenhagen hatte weltweit Aufsehen erregt. Gleich zwei Untersuchungsausschüsse sollten nun für Aufklärung sorgen: Neben dem parlamentarischen Gremium des Landtags setzte die Rostocker Bürgerschaft eine eigene Kommission ein. Ihr ging es weniger um eine Bewertung des Polizeieinsatzes während der Ausschreitungen oder die Rolle der Landespolitik. Vielmehr sollte geklärt werden, »ob Pflichtverletzungen des Senates oder der Stadtverwaltung im Zusammenhang mit den Ereignissen an der ZAst in Rostock-Lichtenhagen vorliegen und was Senat und Bürgerschaft unternommen haben, um die Ereignisse zu verhindern«.

Es fällt auf, daß es den Mitgliedern des städtischen Ausschusses wirklich und wahrhaftig um eine Klärung dieser Fragen ging. Dies wird besonders durch die Tonbandprotokolle belegt, die im Gegensatz zu Abschriften auch die Stimmung während der Befragungen dokumentierten: Man war um Fairness bemüht und besonders auf Überparteilichkeit bedacht.

Auf 25 Seiten wurde am 11. Oktober 1993 das Ergebnis der insgesamt 22 Sitzungen veröffentlicht. Danach »war die Gefahr einer Eskalation von Gewalt den Verantwortlichen des Rostocker Senats bekannt, wurde aber in ihrem ganzen Ausmaß unterschätzt«. Der Oberbürgermeister sei »seiner politischen und moralischen Verantwortung nicht im vollen Umfang gerecht geworden.«

Als besonders gravierende Defizite stellte der Ausschuß fest:

- »unklar abgegrenzte Verantwortlichkeiten
- mangelnde Umsetzung von Willensbekundungen
- fehlende Ausführung von Beschlüssen und deren Kontrolle
- routinemäßiger Umgang mit Hinweisen und Beschwerden.«

Aber auch die Bürgerschaft habe Verantwortung zu übernehmen, denn bereits im Vorfeld habe sie sich mit der Arbeit des Senats in Sachen ZAst und den Erklärungen zu den damit verbundenen Problemen zufrieden gegeben. Der Abschlußbericht transportierte aber nichts von der Brisanz, die in vielen Aussagen der Befragten enthalten war. Lückenlos aufzuzeigen, wer was wann wo getan oder gelassen hatte, wäre ein wesentlicher Aspekt gewesen, um die individuelle Verantwortung der Politiker zu dokumentieren. Weil darauf bewußt verzichtet wurde, hat der Abschlußbericht einen Großteil an Aussagekraft und letztlich auch an Aufklärung verspielt.

Ebenso undeutlich blieb die Rolle der Landespolitik. Diese zu beleuchten gehörte zwar nicht zum selbstgestellten Rostocker Untersuchungsauftrag; bei den Befragungen aber wurde deutlich, daß insbesondere die Verantwortung für die ZAst offenbar strittig war.

Als Fazit blieb festzuhalten: Die Rostocker Kommission zeichnete sich zwar durch viel guten Willen aus, der Wahrheit näher zu kommen. Das Ergebnis hingegen war für einen offiziellen Abschlußbericht alles andere als befriedigend.

Der zweite Teil dieser Feststellung galt auch für den Schweriner Ausschuß. Viel guter Wille zur schonungslosen Wahrheitsfindung ließ sich hier allerdings nicht erkennen. Die CDU war verärgert, daß der kleine Koalitionspartner FDP überhaupt einen parlamentarischen Untersuchungsausschuß forderte und lehnte den Antrag als unbegründet ab. Erst auf äußeren Druck stimmte der CDU-Fraktionsvorsitzende Eckhard Rehberg der Einsetzung des Gremiums zu, verlangte aber eine Erweiterung des Untersuchungsauftrages. Gegenstand müßten auch Einzelheiten des Zuzugs von Asylbewerbern und die sich daraus ergebenden Belastungen für die Bevölkerung sein.

Also wieder die Asyldebatte.

Die Rolle des Innenministers zu untersuchen war tabu. Die CDU-Fraktion habe ihm das Vertrauen ausgesprochen, wurde Rehberg am 28. August 1992 in der *Frankfurter Allgemeinen Zeitung* zitiert.

So lautete der am selben Tag im Landtag Mecklenburg-Vorpommern beschlossene Untersuchungsauftrag, »festzustellen,
– wie sich die Situation des Ausländerzuzugs in Mecklenburg-Vorpommern seit dem 3. Oktober 1990 entwickelt hat,
– welche Belastungen sich für die Bevölkerung und für die Gemeinden des Landes daraus ergeben haben,
– welche Maßnahmen die Landesregierung zur Umsetzung des Asylverfahrens-Beschleunigungsgesetzes wann eingeleitet hat,
– wie sich die Verhältnisse im Umfeld der ZAst-Lichtenhagen im Zeitraum von Frühjahr 1991 bis August 1992 entwickelt haben,

– worin die Ursachen für die gewalttätige Eskalation im August 1992 liegen,
– den genauen Ablauf der Ereignisse zu rekonstruieren,
– wer in diesem Zusammenhang Verantwortung für die Entwicklung trägt.«

Schon die Gewichtung der Aufgabenstellung machte deutlich, daß es zumindest für die CDU letztlich die Ausländer selbst waren, die durch ihren Zuzug die Bevölkerung belasteten und somit als Ursache der Gewalt manifest wurden. Die Rolle des Innenministeriums als die für die ZAst verantwortliche Behörde spielte nur im Zusammenhang mit der Umsetzung des Asylverfahrens-Beschleunigungsgesetzes eine Rolle. Stattdessen wurde durch die Erweiterung des Untersuchungsauftrags eine Voraussetzung dafür geschaffen, den parlamentarischen Untersuchungsausschuß als ein weiteres Gremium in der Diskussion um die bevorstehende Novellierung des Asylrechts zu institutionalisieren. Und somit zu mißbrauchen.

Am 16. Juni 1993 erschien ein umfassender Zwischenbericht, in dem auf 85 Seiten besonders die Tätigkeit der Polizei beleuchtet wurde. Dies geschah mit einer auffallenden Akribie. Hauptgegenstand der Untersuchung war die Rolle des Einsatzleiters vor Ort Jürgen Deckert.

Im Wortprotokoll seiner Befragung fällt auf, daß insbesondere die Ausschußmitglieder der CDU, der dem Gremium vorsitzende Christoph Brandt und der Abgeordnete Lorenz Caffier, alle Fakten, die Deckert hätten entlasten können, nicht näher betrachteten, zum Teil sogar völlig ausblendeten. So wurde er zu der Rolle von Polizeidirektor Kordus innerhalb der Einsatzleitung nur in Verbindung mit der Suche nach eigenen Fehlern befragt.

Ein Beispiel: Im Zusammenhang mit seinem insgesamt 66 Stunden währenden Dauereinsatz wollte Brandt von Deckert wissen, ob er am Montagabend um Ablösung gebeten habe.

»Vorsitzender: Sie sind nicht mehr voll konzentrationsfähig gewesen. Also waren Sie doch schon Belastungen unterworfen, bei denen man sagt, ich weiß nicht, wann ich abgelöst werde, wenn das so weitergeht, halte ich das nicht durch. Haben Sie das Herrn Kordus so deutlich gesagt? – Deckert: Eine entsprechende physische und psychische Belastung war sicherlich vorhanden. – Vorsitzender: Sie hatten meine Frage nicht beantwortet. Haben Sie Herrn Kordus so deutlich das gesagt? – Deckert: Ist mir nicht erinnerlich.«

Durch diese Art der Befragung wurde im Ergebnis also klargestellt, daß Deckert seinen Vorgesetzten darüber hätte informieren müssen, daß er nach 40 Stunden Dienst am Montagabend überlastet war. Daß er dies nicht tat, war also sein Verschulden. Daß Deckert zu dieser Zeit von Kordus alleine gelassen worden war, weil dieser ein Hemd wechselte, wurde während der ganzen Befragung nicht thematisiert. Ebenso wenig war man an einer Einschätzung Deckerts dazu interessiert.

Das gleiche galt für die Tätigkeit des Leiters des Landespolizeiamtes Heinsen wie auch für Innenminister Kupfer, obwohl dem Ausschuß zur Zeit der Befragung Deckerts schon bekannt gewesen sein mußte, daß dessen Einsatzkonzept maßgeblich von dem Handeln bzw. Nichthandeln seiner Vorgesetzten beeinflußt war.

Es bleibt der Eindruck, als habe man Deckert bereits im Vorfeld der Untersuchung als den Alleinverantwortlichen ausgemacht. Kordus, Heinsen und Kupfer sollten offenbar so weit wie möglich aus der Kritik ausgeklammert und damit aus der Schußlinie genommen werden.

Diese Vermutung wurde in persönlichen Gesprächen wiederholt geäußert. So vermutete der Kordus-Nachfolger Dieter Hempel, daß Jürgen Deckert als »Prügelknabe für die Fehler seiner Vorgesetzten herhalten sollte«. Ähnliches wurde auch von Seiten der Staatsanwaltschaft Rostock und vom Landesverband der Gewerkschaft der Polizei erklärt.

Vergleicht man die Befragung Deckerts mit der von Kordus, bestätigt sich der Verdacht. So wurde dessen Abwesenheit am Montagabend zwar erwähnt, kritische Nachfragen aber unterblieben ebenso wie die Feststellung, daß es sich hierbei um eine eklatante Pflichtverletzung gehandelt hatte. Dieter Hempel bescheinigte dagegen seinem Vorgänger im Amt gravierende Führungsfehler. »Kordus hat total versagt.« Es sei unverständlich, daß Kordus eine Woche nach dem Pogrom seine Tätigkeit als Leiter des Landeskriminalamtes aufnehmen konnte und auch nicht beurlaubt wurde, als sein Versagen durch diverse Veröffentlichungen offenkundig wurde.

So viel Raum die Beurteilung des Polizeieinsatzes durch Deckert im parlamentarischen Untersuchungsausschuß Raum einnahm, so wenig wurde dagegen der Frage nach der politischen Verantwortung nachgegangen. Besonders durch Recherchen von Journalisten wurde bereits sehr bald nach dem Pogrom deutlich, daß Innenminister Kupfer nicht nur ab Sonntag ständig in Rostock war, (womit er seiner Aufgabe als oberster Dienstherr der Polizei gerecht wurde), sondern – entgegen seiner Aussage – auch in polizeiliche Belange vor Ort direkt involviert war. Dies wurde durch Siegfried Kordus mehrfach bestätigt.

Auf Anfrage des *Spiegel* teilte das Innenministerium am 10. September 1992 mit, Kupfer habe sich am 24. August »in der Polizeidirektion Rostock eingehend über die polizeilichen Maßnahmen« unterrichten lassen. Die »eingeleiteten Maßnahmen« bewertete er als »angemessen«. In einer Sitzung des Rostocker Innenausschusses am selben Tag berichtete er, er habe schon am Abend zuvor »vor Ort ins Geschehen eingreifen können«.

In seiner Landtagsrede am 28. August 1992, dem Tag der Einsetzung des Untersuchungsausschusses, gestand Kupfer ein: »Kein Zweifel, als Innenminister bin ich politisch verantwortlich für die Polizei dieses Landes und damit auch für den Polizeieinsatz in Rostock.« Trotzdem hielt die CDU eine Untersuchung seiner Rolle für unangebracht. Stattdessen versuchte der spätere Ausschußvorsitzende Christoph Brandt, die soeben von Kupfer übernommene politische Verantwortung wieder nach Rostock zu verlegen. »Meine Damen und Herren, ich frage Sie: Warum hat sich der Rostocker Oberbürgermeister, Herr Dr. Kilimann, seit Sonntag nicht ein einziges Mal in der Polizeizentrale Rostock sehen lassen?«

Es fällt auf, daß Kupfer erst in der 18. Sitzung (von insgesamt 22 Ausschußsitzungen) geladen wurde. In dem »Beweisbeschluß 2/17« fand sich das Thema: »Der Innenminister soll als Zeuge der Koordinationsmaßnahmen der Polizei- und Grenzschutzeinsätze (...) befragt werden.« Kupfer erschien am 29. Januar 1993 bestens vorbereitet vor dem Ausschuß. Erst im Nachhinein wurde bekannt, daß bei allen vorhergehenden Befragungen ein persönlicher Referent zugegen war, so daß der Innenminister jederzeit wußte, was inhaltlich auf ihn zukommen würde. Das bestätigte auch der Pressesprecher der SPD-Fraktion im Schweriner Landtag Knut Degner.

Mangelnde Kompetenz und die Weigerung, die angekündigte Übernahme der politischen Verantwortung umzusetzen, führten auf Druck der Opposition dazu, daß Ministerpräsident Seite am 11. Februar 1993 Lothar Kupfer aus dem Amt entlassen mußte.

Am 3. November 1993 wurde der 45 Seiten umfassende Abschlußbericht dem Schweriner Landtag übergeben. Es fällt auf, daß darin die Frage nach der politischen Verantwortung in erster Linie mit Blick auf den Senat in Rostock Erwähnung findet. Dieser habe u. a. zu verantworten, daß bereits im Vorfeld alle Zeichen, die auf den Ausbruch von Gewalt hindeuteten, unbeachtet geblieben seien.

Der Rolle des Innenministeriums wurde gerade einmal eine Seite gewidmet.

Dies und die Tatsache, daß Deckert als Hauptverantwortlicher des gescheiterten Polizeieinsatzes an den Pranger gestellt wurde, Kordus und Heinsen dagegen unbeschadet blieben, veranlaßte die SPD, dem Abschlußbericht nicht zuzustimmen und wenige Tage später ein eigenes Untersuchungsergebnis vorzulegen. Dort wurde die Verantwortung zwar auf mehrere Schultern verteilt, personelle Konsequenzen aber wurden nicht gefordert und also auch nicht umgesetzt.

Der Leiter des Landespolizeiamtes Hans-Heinrich Heinsen blieb trotz aller Kritik im Amt, obwohl ihm nachgewiesen werden konnte, daß er es nicht für notwendig hielt, an der Einsatzführung teilzunehmen und für eine massive personelle Verstärkung der Einsatzkräfte zu sorgen. Daß er dazu in der Lage gewesen wäre, zeigte sich darin, daß bei einer von linken Gruppierungen angemeldeten *Demonstration gegen Gewalt* am Wochenende nach dem Pogrom ohne Probleme

- kurzfristig 3.000 Beamte nach Rostock beordert werden konnten,
- alle Zufahrtswege nach Rostock gesperrt waren,
- der Bahnverkehr eingestellt wurde,
- eine große Anzahl von Polizei- und BGS-Hubschraubern über der Stadt und den Anfahrtswegen kreisten,
- Tausende von Demonstranten schon vor den Toren der Stadt eingekesselt wurden.

Das alles war nach Ansicht der Ausschußmitglieder eine Woche zuvor offenbar noch Utopie. Im offiziellen Abschlußbericht wird dem nicht weiter nachgegangen.

Ebenso blieb Siegfried Kordus Leiter des Landeskriminalamtes, obwohl

- seine Rolle als formal hauptverantwortlicher Einsatzleiter feststand,
- seine mangelnde Führungskompetenz durch den Untersuchungsausschuß festgestellt wurde,
- er Jürgen Deckert in dessen Funktion als Einsatzleiter vor Ort nicht unterstützte, sondern im Gegenteil massiv behinderte,
- er eine Gefährdung der Vietnamesen ausschloß, obwohl er diese bereits ein halbes Jahr zuvor in seinem Aufsatz über Rostocks Innere Sicherheit selbst festgestellt hatte,
- er während des Höhepunktes der Eskalation zu Hause war.

Daß trotz alledem Jürgen Deckert als der Hauptverantwortliche benannt wurde, kann nur mit einem übergeordneten politischen Interesse der CDU-Landesregierung erklärt werden. Die beiden hochrangigsten Polizeibeamten des Landes zu entlassen hätte bedeutet, zugeben zu müssen, daß sich die Polizeiführung in Mecklenburg-Vorpommern in einem mehr als desolaten Zustand befand – und mit ihnen das Innenministerium als oberste Dienstbehörde. So erklärt sich auch, daß auf die Darstellung des Versagens durch das Innenministerium so wenig Wert gelegt wurde, daß es im Abschlußbericht auf eben einer Seite Platz fand.

Ebenso wenig fand sich im Schweriner Abschlußbericht die Frage nach der eigenen politischen Verantwortung. Auch dafür lag die Erklärung im übergeordneten politischen Interesse, diesmal jedoch auf Seiten der Bundesregierung.

Neben Lothar Kupfer hätte auch Ministerpräsident Bernd Seite aus dem Amt scheiden müssen. Seine Einschätzung in einer Pressekonferenz einen Tag nach dem Brandanschlag, die Ereignisse hätten gezeigt, »daß eine Ergänzung des Asylrechts dringend erforderlich ist, weil die Bevölkerung durch den ungebremsten Zustrom von Asylanten überfordert wird«, belegte, daß die Landesregierung nicht nur Verständnis für die Gewalt zeigte, sondern im Nachhinein intensiv bemüht war, politischen Nutzen aus dem Pogrom zu ziehen.

Dies wurde dadurch noch unterstützt, daß der Ministerpräsident im gleichen Zusammenhang feststellte, daß Rechtsextremisten nicht für die Gewalt verantwortlich zu machen seien. »Die Aktivitäten solcher Gewalttäter beschränken sich nicht auf Mecklenburg-Vorpommern. Wir kennen sie auch aus Brokdorf, aus der Hafenstraße in Hamburg, von der Startbahn West in Frankfurt und von Wackersdorf.«

Diese Äußerungen als Fauxpas zu entschuldigen, verbietet sich schon deshalb, weil der Ministerpräsident drei Tage später in seiner Rede vor dem Landtag noch einmal das selbe erklärte, nämlich »daß es sich bei den Gewalttätern keineswegs nur um Mitglieder der rechten radikalen Szene handelt (...) War es bisher üblich, daß sich rechte, linke und autonome Radikale gegenseitig bekämpften – was die Polizei immer wieder vor nicht geringe Probleme stellt – so zeigte sich hier ein gemeinsames Vorgehen.«

Sinn dieser Aussagen war es also, von einer klar ausländerfeindlich geprägten Grundhaltung der Angreifer abzulenken. Seite mußte übrigens keine politischen Konsequenzen aus diesen für ein Landesoberhaupt eklatanten Fehlinformationen ziehen, obwohl er Fakten verdrehte und offenkundig kein Interesse daran hatte, die Ausländer als Opfer anzuerkennen. Stattdessen schrieb er ihnen die Rolle der Mittäter zu, die durch ihre bloße Anwesenheit die Ursache für die Gewalt lieferten.

Der Grund dafür war im übergeordneten Interesse der Bundesregierung zu suchen: Als CDU-Ministerpräsident diente Seite als Garant dafür, die Inhalte unionsbestimmter Politik in Mecklenburg-Vorpommern umzusetzen.

Ganz besonders traf dies im Fall der in Bonn geführten Asyldebatte zu.

Der Verdacht liegt nahe, daß das konsequente (Nicht-)Handeln der politischen Entscheidungsträger System und einen sehr viel tieferen Sinn hatte, nämlich eine kontrollierte Eskalation in Lichtenhagen herbeizuführen, um mit dem garantierten Entsetzen der Öffentlichkeit Druck auf die SPD-Fraktion im Bundestag auszuüben, einer Änderung des Artikels 16 Grundgesetz nicht länger die Zustimmung zu verweigern.

Folgt man dieser These, würde dies bedeuten, daß eine Eskalation in Lichtenhagen im bundespolitischen Interesse lag und der CDU-geführten Landesregierung von Mecklenburg-Vorpommern die Aufgabe zukam, dieses Interesse in die Tat umzusetzen.

Die Asyldebatte

Wir können den Vorgängen von Rostock nur gerecht werden, wenn wir sie in ihrer ganzen Vielschichtigkeit erfassen.
Ministerpräsident Bernd Seite
in einer Rede vor dem Landtag, 28. August 1992

»Wir brauchen eine neue Mauer«, erklärte der Schweriner Justizminister Herbert Helmrich (CDU) zwei Wochen nach dem Pogrom in einem Zeitungsinterview, denn »was uns überschwemmen wird, geht bis in die Türkei«.

Klarer konnte der politische Standpunkt nicht definiert werden. Die Landesregierung zeigte sich nicht etwa erschüttert über die Gewalt gegen Ausländer, sondern verschärfte die Debatte. Der SPD-Fraktionsvorsitzende im Schweriner Landtag Harald Ringstorff wertete die Äußerung des Ministers so auch als »unverantwortliche Aufforderung an Gewalttäter in unserem Land«. Aber gesagt war gesagt.

Brand-Sätze wie die des CDU-Justizministers hatten bereits lange vor dem Pogrom in Deutschland Konjunktur. Die Deutsche Volksunion (DVU) und die »Republikaner« hatten den angeblich massenhaften Asylmißbrauch zum Wahlkampfthema gemacht. Mit Parolen wie »Scheinasylanten ausweisen« schaffte die DVU bei der Landtagswahl in Schleswig-Holstein am 5. April 1992 mit über 6 Prozent der Stimmen den Einzug ins Parlament. Mit dem Slogan »Das Boot ist voll. Schluß mit Asylbetrug« kämpften die »Republikaner« in Baden-Württemberg um Wählerstimmen. Sie bekamen 10,3 Prozent und wurden drittstärkste Partei im Landtag.

Um die »Protestwähler« wieder für konservative Politik zu gewinnen, ging die CDU ungeniert dazu über, mit Parolen, die traditionell zum Sprachgebrauch von Rechtsextremisten zählten, den eigenen Wahlkampf zu bestreiten. Bei der Landtagswahl in Bremen 1991 plakatierten die Christdemokraten den Slogan »Asylmißbrauch beenden«. In Wahlkampfanzeigen folgte unter der Überschrift »CDU zum Thema Asylmißbrauch« als Ergebnis der festgefahrenen Asyldebatte: »Weiter massenhaft Scheinasylanten – das ist dann Sache der SPD«.

Intern machte die Bundes-CDU sogar massiv Stimmung *gegen* Asylbewerber. Am 12. September 1991 forderte der Generalsekretär

Volker Rühe in einem Schreiben die Parteivertreter an der Basis auf, »in den Kreisverbänden, in den Gemeinde- und Stadträten, den Kreistagen und in den Länderparlamenten die Asylpolitik zum Thema zu machen«. Um sicherzugehen, daß dies auch im Sinne der Parteizentrale war, fügte er dem Schreiben einen vorgefertigten »Entwurf einer Resolution zur Asylpolitik« bei. Darin hieß es: »Die Aufnahmekapazitäten in den Städten und Gemeinden sind weitgehend erschöpft. Freie Wohnungen zur Unterbringung von Asylbewerbern stehen nicht mehr zur Verfügung. Die Übergangseinrichtungen sind vielfach überbelegt. (Hier einige Daten zur örtlichen Situation.) Eine weitere nennenswerte Zuweisung von Asylbewerbern ist für die Stadt ... nicht mehr verkraftbar.«

Von der Parteibasis mußte nur noch der Name der Kommune ergänzt werden, fertig war die Protestnote, um den politischen Gegner SPD unter Druck setzen zu können. Und weil es eine offizielle Resolution war, konnte man nebenbei sicher gehen, daß das Thema Asylmißbrauch öffentlich diskutiert wurde.

Dieser Appell zum Schüren ausländerfeindlicher Stimmung war kein »dummer« Fehler des CDU-Generalsekretärs. Es war eine kalkulierte politische Aktion. Keine Kopfgeburt eines einzelnen Hirns, sondern eine von Strategen durchgeplante Handlungsanweisung mit klar definiertem Ziel.

Es zeigt, daß die Bundesregierung es bewußt darauf anlegte, eine ausländerfeindliche Stimmung innerhalb der Bevölkerung zu erzeugen, um eine Änderung des Asylrechts mehrheitsfähig zu machen.

Am 26. Mai 1993 wurde mit den Stimmen der CDU/CSU und der FDP sowie einer Stimmenmehrheit der SPD der erste Satz in Artikel 16 GG praktisch annulliert. Dieser lautete: »Politisch Verfolgte genießen Asylrecht.«

Die Neufassung – jetzt als Art. 16 a ausgewiesen – hieß: »Auf Artikel 16 kann sich nicht berufen, wer aus einem Mitgliedsstaat der Europäischen Gemeinschaft oder aus einem anderen Drittstaat einreist, in dem die Anwendung des Abkommens über die Rechtsstellung der Flüchtlinge und der Konvention zum Schutze der Menschenrechte und der Grundfreiheiten sichergestellt ist.«

Das heißt: Wer aus einem sicheren Drittland einreist, und alle Staaten Europas gelten als sichere Drittländer, kann kein Asyl beantragen. In Rostock-Lichtenhagen, zur Erinnerungen, waren in der ZAst mehrheitlich Osteuropäer registriert worden – diese hatten jetzt keinen Anspruch auf Asyl mehr. Sie kamen ja aus angeblich sicheren Drittländern

Die Änderung des Asylrechts wurde im Bundestag auch mit Verweis auf die vermeintliche Stimmung im Lande durchgesetzt. Gemeinhin ist das Interesse der Regierungen an der Befindlichkeit draußen im Land eher gering. Das Volk, der vermeintliche Souverän, ist nur Stimmvieh. Volksentscheide in Deutschland? Ausgeschlossen. Aber mitunter braucht man die *vox populi*, um unpopuläre Entscheidungen zu legitimieren. Etwa eine solche Änderung des Grundgesetzes, dessen Väter sich seinerzeit dankbar daran erinnerten, daß deutsche Emigranten während der Nazidiktatur Aufnahme in anderen Ländern gefunden hatten. So wie seinerzeit fremde Völker politisch, religiös oder rassisch verfolgte Deutsche aufnahmen, so sollten fortan politisch, religiös und rassisch verfolgte Menschen aus anderen Teilen der Welt in der Bundesrepublik Obdach finden.

Damit sollte nun weitgehend Schluß sein.

Anfang 1992 wurde in Rostock die UCEF-Studie zur »Akzeptanz von Asylbewerbern in Rostock-Stadt« vorgestellt. Dort konnte man nachlesen, daß die Saat schon lange aufgegangen war: »Insbesondere erscheint die Annahme nicht unbegründet, daß die Art der öffentlich geführten politischen Diskussion um das Thema ›Asylbewerber‹ zumindest in Teilen der Bevölkerung ausländerfeindliche Denkweisen und Reaktionen gefördert hat, die ihrerseits Politikern und Medien als Bezugspunkte in der Diskussion um eine Begrenzung der Aufnahme von Asylbewerbern dienen.«

Stimmungsmache gegen Asylbewerber und andere Ausländer war Anfang der 90er Jahre fester Bestandteil bundesdeutscher Regierungspolitik.

Es ging um den Machterhalt – um jeden Preis.

Der Verdacht, oder: War das Fanal inszeniert?

Aus heutiger Sicht sage ich: Man hätte sich in dem ein oder anderen Fall nicht mit den Erklärungen, die einem gegeben wurden, zufrieden geben dürfen.
Peter Magdanz, 1998

»Wir machen uns natürlich hier alle Gedanken, wie es zu dieser Situation gekommen ist. Es gibt nur zwei rationale Erklärungen: Entweder bodenlose Dummheit oder der absichtliche Versuch, die Sache zum Kochen zu bringen.« (Peter Gatter, NDR-Korrespondent in Rostock, in einer Sondersendung der ARD-Tagesthemen in der Brandnacht) »Ich wurde dieser Tage von einem Journalisten gefragt, ob es sein könne, daß irgendeine Partei Interesse daran gehabt habe, daß die Situation in dieser Art eskaliert, um gewisse politische Ziele besser durchsetzen zu können. Der Gedanke, daß es so sein könnte, jagt mir kalte Schauer über den Rücken. Die Vorstellung, daß hier Menschen, sowohl die Schutzsuchenden, die zu uns kommen, als auch die Einwohner der Stadt Rostock, zum Spielball politischer Interessen gemacht werden, hieße, es käme ein Skandal ohnegleichen auf uns zu. Doch diese Frage ist schon fast die Quintessenz, die wir am Ende einer langen Reihe von Fragen beantworten müssen.« (Stefanie Wolf, FDP, in einer Rede vor dem Schweriner Landtag am 28. August 1992)

Die Quintessenz wurde nie beantwortet. Daß das Pogrom aber tatsächlich weitaus mehr als das bloße Ergebnis eines Bürgerprotestes gewesen sein könnte, ist immer wieder vermutet worden.

Um der Frage nach einem Zusammenhang zwischen dem Pogrom und der zeitgleich stattgefundenen Asyldebatte nachzugehen, wird aufgrund der geschilderten Fakten im Folgenden eine These aufgestellt, für deren Richtigkeit es zwar keinen eindeutigen und einzigen Beweis, jedoch ein ganzes Bündel von Indizien gibt.

Rostock-Lichtenhagen sollte als Fanal fungieren. Geplant war von Seiten der Politik eine kontrollierte Eskalation des Volkszorns mit dem Ziel, die SPD zum Einlenken in der Asylfrage zu zwingen.

– Trotz eindeutiger Warnungen wurde eine Zuspitzung der Spannungen vor der ZAst billigend in Kauf genommen. Bereits im Juli 1991 teilte der Rostocker Oberbürgermeister Klaus Kilimann dem Innenministerium mit, daß sich die Stimmung innerhalb der Bevölkerung Lichtenhagens gegenüber den Asylbewerbern derart verschärft habe, daß »schwerste Übergriffe bis hin zu Tötungen nicht mehr auszuschließen« seien. Seine Forderung, für eine schnelle Verlegung der ZAst zu sorgen, wurde zwar zur Kenntnis genommen, Aktivitäten in diese Richtung waren aber nicht zu erkennen. Stattdessen wurde diskutiert, wer für die ZAst und die untragbaren Zustände dort die eigentliche Verantwortung trage.

– Eingaben der Bevölkerung an Stadt und Land wurden – wenn überhaupt – mit Standardbriefen beantwortet. Reaktionen aus Schwerin blieben oftmals ganz aus.

– Obwohl mit einer Verringerung der Asylbewerberzahlen nicht zu rechnen war, wurde das Personal der ZAst nicht entsprechend aufgestockt. Im Gegenteil. Staatssekretär Klaus Baltzer strich zwei Planstellen. Dies führte mit dazu, daß es immer längere Wartezeiten gab, mitunter die Neuankömmlinge eines Tages nicht erfaßt werden konnten und es als logische Folge daraus zu einer Überbelegung kam, die zu einem für die Asylbewerber unfreiwilligen Kampieren auf der Wiese führte. Der Unmut in der Bevölkerung war vorprogrammiert.

– In einem ZDF-Interview am Sonntag, dem 23. August 1992, gab Innenminister Kupfer offen zu, daß eine mögliche gewalttätige Eskalation in Lichtenhagen seitens der Landesregierung schon lange bekannt war: »Bei den infrastrukturellen Problemen, die wir hier noch zu bewältigen haben, ist das ganz klar, daß auch in einem solchen Wohngebiet, wo auch eine gewisse Konzentration an Arbeitslosigkeit in der Bevölkerung zu verzeichnen ist, ein Nährboden da ist, der sofort greift.«

– Obwohl eine Verlegung der ZAst nach Aussage des früheren CDU-Innenministers Georg Diederich bereits für den 1. Juni 1992 zugesagt wurde, verschob sein Nachfolger im Amt Lothar Kupfer den Termin ein ums andere Mal. Es gab zwar Notquartiere, die allerdings nicht bzw. erst spät genutzt wurden. Dies führte dazu, daß das Vertrauen der Bevölkerung in die Politik sank, gleichzeitig aber die Bereitschaft, eine eigene Lösung herbeizuzwingen, wuchs.

– Die eindeutige Ankündigung einer »heißen Nacht« blieb ohne Folgen. Die in leitenden Funktionen im Innenministerium tätigen

Westbeamten verließen am Freitag Schwerin und fuhren nach Hause. Mit der Feststellung, daß für das Wochenende keine Anmeldung einer Demonstration vorlag, verlegte man zuvor nur einen schlecht ausgestatteten Zug Bereitschaftspolizei nach Rostock.

– Die Drohung der »heißen Nacht« wurde zur Realität. Die Rostocker Polizei war weder personell noch logistisch vorbereitet. Zwei Wasserwerfer mußten in jeder Gewaltnacht wieder aus Schwerin geholt werden. Weil in der Landeshauptstadt keine entsprechend ausgebildeten Fahrer verfügbar waren, mußten diese erst von Rostock ins 100 Kilometer entfernte Schwerin entsendet werden. So konnten die Wagen erst gegen 2.00 Uhr morgens eingesetzt werden, sechs Stunden nach dem Beginn der ersten Angriffe.

– Trotz der gemachten Erfahrungen wurde für die kommenden Tage kein Großaufgebot an Polizei nach Rostock beordert. Anstatt die vorhandenen Kräfte dem Einsatz entsprechend auszustatten, blieb Ausrüstung im Wert von drei Millionen Mark in einem Lager in Schwerin und wurde nicht ausgegeben. Dafür verantwortlich war das Innenministerium.

– Für einen Großeinsatz mit mehreren beteiligten Einheiten ist die Sicherstellung von funktionierenden Kommunikationssträngen eine Grundvoraussetzung für dessen Gelingen. Einsatzleiter Deckert stand für den gesamten Einsatz nur ein Funkkanal zur Verfügung, der zudem oftmals gestört war und seit der Nacht zum Sonntag abgehört wurde. Selbst die Verständigung zwischen den Einheiten vor Ort funktionierte nicht. Eine Kommunikation zwischen Polizei und Feuerwehr war funktechnisch gänzlich ausgeschlossen. Weitere Funkfrequenzen standen zwar zur Verfügung, wurden im Schweriner Innenministerium aber nicht freigegeben.

– Dies zusammengenommen würde bedeuten, daß die Polizei absichtlich in Fragen der Ausstattung in eine denkbar ungünstige Ausgangsposition gebracht wurde.

– Mit der Einsatzleitung vor Ort wurde Jürgen Deckert beauftragt, der allerdings keine Erfahrung mit der Führung eines derartigen Großeinsatzes hatte. Sein Vorgesetzter, der Polizeidirektor Siegfried Kordus, hielt sich auffallend im Hintergrund. Damit war auch personell die Möglichkeit gegeben, den Polizeieinsatz zum Scheitern zu bringen.

– Auch der Leiter des Landespolizeiamtes Hans-Heinrich Heinsen sah keine Veranlassung, an diesem Wochenende nach Lichtenhagen zu fahren, obwohl er wußte, daß neben Deckert auch Kordus qua Ausbildung als Kriminalbeamter nicht die Fähigkeiten besaß, eigenständig einen Einsatz dieser Größenordnung zu führen.

– Bei einer Sitzung am Montagmittag wurde darüber beraten, ob die ZAst geräumt werden solle oder es taktisch nicht sinnvoller sei, die Asylbewerber *nicht* in Sicherheit zu bringen, um – so die offizielle Version – die Polizeibeamten vor Ort nicht zu demotivieren. Diese Überlegung allein aber legt den Schluß nahe, daß die These eines beabsichtigten Fanals durchaus im Bereich des Möglichen liegt. Denn eine ZAst ohne Asylbewerber taugte nicht als Beispiel, um darzustellen, was passierte, wenn das Asylrecht nicht geändert werden würde.

– So war es auch eine logische Konsequenz, die eigenmächtig durch die ZAst-Leiterin Heike Buhrow veranlaßte Räumung scharf zu verurteilen. In dieser Phase erreichte den mit dem Schutz der Evakuierung beauftragten Hamburger Hundertschaftsführer Springborn ein Funkspruch des Inhalts, die Asylbewerber wieder zurück in die ZAst zu bringen. Dieser Befehl wurde nicht ausgeführt und später zurückgenommen.

– Auf eine Evakuierung des Wohnheims der Vietnamesen aber wurde bewußt verzichtet. Offiziell hieß es, man habe für sie keine Gefahr gesehen. Daß dies zumindest für Kordus falsch war, belegt sein Aufsatz vom März 1992, in dem er eine *Gefährdung* der vietnamesischen Mitbürger *ausdrücklich betonte*. Der Verdacht liegt nahe, daß das Wohnheim der Vietnamesen demzufolge als Angriffsfläche herhalten sollte. Dafür spricht auch, daß in den ersten Stellungnahmen der verschiedenen Landespolitiker nicht zwischen vietnamesischen Mitbürgern und Asylbewerbern unterschieden wurde.

– Auch vor diesem Hintergrund muß die Frage gestellt werden, ob der Polizeieinsatz am *Montag* von der Polizeiführung in Schwerin absichtlich so vorbereitet wurde, daß er automatisch in die Katastrophe führen mußte. Ob sie dabei autonom oder auf politische Weisung hin gehandelt hat, ist nie geklärt worden. Sicher ist, daß Landespolizeichef Heinsen der einzige war, der über weitreichende Erfahrungen in der Leitung von Großeinsätzen verfügte. Er griff jedoch erst nach der Brandnacht in das Geschehen ein.

– Fest steht, daß der Einsatz am Sonntag zwar nicht reibungslos, im Großen und Ganzen aber geordnet vonstatten ging, und das, obwohl nach Aussage des Rostocker Ausländerbeauftragten Wolfgang Richter mehr Angreifer und Schaulustige vor dem Haus agierten als am folgenden Tag. Ab Montagmittag verkehrte sich der Polizeieinsatz ins Gegenteil. Was bisher als geordnet erschien, wurde bis zum Abend immer konfuser.

– Am Montagnachmittag fand in der Rostocker Polizeidirektion eine Sitzung mit Bundesinnenminister Seiters, BGS-Inspekteur Hitz, Ministerpräsident Seite, Landesinnenminister Kupfer, dem Schweriner Abteilungsleiter »Öffentliche Sicherheit« von Brevern und dem Rostocker Polizeidirektor Kordus statt. Vertreter der Stadt Rostock waren erstaunlicherweise nicht eingeladen. Inhalt und Ergebnis dieser Gespräche, die teils auch unter vier Augen stattfanden, sind nie bekannt geworden.

– Zu jener Zeit äußerte der Einsatzleiter vor Ort, Jürgen Deckert, gegenüber einem Hamburger Hundertschaftsführer: »Ich glaube, ich werde politisch alleine gelassen.« Fakt ist auch, daß Kordus nach dieser Sitzung Deckert zwei zusätzliche Einsatzhundertschaften verweigerte und die Weisung aus Hamburg, deren zwei Hundertschaften herauszulösen, erst am Abend weitergab. Zudem wurde Deckerts Führungsgehilfe und damit rechte Hand in der Einsatzleitung abgezogen. So wurde die Polizei neben der von Schwerin verantworteten mangelnden Ausstattung auch personell massiv ausgedünnt und damit an den Rand der Handlungsfähigkeit gebracht. Die Vermutung, daß dies mit Absicht oder gar auf Weisung geschah, wird auch von dem Rostocker Polizeidirektor Dieter Hempel geteilt: »Kordus hat total versagt. Dieses Versagen hatte aber System, sonst konnte es nicht zu einem so chaotischen Ergebnis führen.«

– Kurz vor dem Höhepunkt der Eskalation am Montagabend zogen sich sowohl Kordus als auch Kupfer aus Rostock zurück. Beide lieferten im Nachhinein dafür die gleiche Begründung, indem sie behaupteten, der Zeitpunkt sei günstig gewesen, um zu Hause ein Hemd zu wechseln. Damit aber war kein Teilnehmer der Sitzung vom Nachmittag mehr am Ort des Geschehens: Seiters und Hitz hatten Rostock direkt nach der Konferenz per Hubschrauber verlassen, Seite und von Brevern waren wieder in Schwerin. Während der Abwesenheit der beiden hochrangigsten Verantwortlichen konnte die Situation in der Mecklenburger Allee eskalieren, weil sich die Polizei zu einer angeblichen Neuformierung zurückzog. Sowohl Kordus als auch Kupfer erschienen erst wieder gegen 23.30 Uhr, also nachdem die Eingeschlossenen sich selbst in Sicherheit hatten bringen können.

– Anstatt sich nun primär um die Sicherheit der Vietnamesen zu kümmern, reagierte Kordus nach Aussage eines Augenzeugen auf die Information, daß deren Busse verfolgt würden, »leicht gelangweilt«. Dies belegt, daß das Schicksal der Vietnamesen den Polizeidirektor nicht aus eigenem Antrieb zu sofortigem Handeln veranlaßte.

– Nach dem Anschlag wurde immer wieder betont, eine Gefährdung der Vietnamesen habe es nie gegeben. In diesem Zusammenhang macht es auch Sinn, daß nach der Ausstrahlung des KENNZEICHEN D-Beitrages der Rostocker Staatsschutz gegen die Redaktion ermittelte. So wurde der Frage nachgegangen, ob die Szenen im Haus authentisch seien und ob den Vietnamesen für ihr Auftreten eine Gage gezahlt worden wäre. Ziel dieser Befragung war es offenbar, Belege dafür zu finden, daß es zu keiner Zeit eine bedrohliche Situation für die Eingeschlossenen gab.

– Die einige Tage nach dem Brandanschlag verfaßte Lagedarstellung des Landespolizeiamtes wurde nachträglich in wesentlichen Punkten handschriftlich geändert. So wollte man im Nachhinein von einer drohenden Eskalation am Montagabend nichts gewußt haben. Obwohl die Lebensgefahr für die im Haus eingeschlossenen Menschen schon am Montagabend öffentlich bekannt war, wurde sie aus der Lagedarstellung gestrichen. Es ist zu vermuten, daß diese Änderungen auf Geheiß der Landesregierung vorgenommen wurden, um auch hier von der eigenen Verantwortung abzulenken.

– Obwohl am gesamten Wochenende eine massive Gewalt gegen die Asylbewerber, gegen die Vietnamesen und auch gegen die Polizeikräfte stattfand, wurde darauf von politischer Seite nicht reagiert, auch nicht in Form einer sonst üblichen Pressekonferenz. Der Grund dafür könnte darin liegen, daß das Fanal eventuell noch nicht beendet war.

– Bei der Landespressekonferenz am Dienstagmorgen spielten die Vietnamesen und ihre Flucht in der Darstellung der Geschehnisse keine Rolle. Stattdessen führte Ministerpräsident Seite das Fanal zum Finale: »Die Ereignisse der vergangenen Tage haben gezeigt, daß eine Ergänzung des Asylrechts dringend erforderlich ist, weil die Bevölkerung durch den ungebremsten Zustrom von Asylanten überfordert wird.« Auffällig ist, das Seite jedes Wort seines Manuskriptes ablas. Hier drängt sich die Frage auf, wer wann die offizielle Stellungnahme des Ministerpräsidenten geschrieben hat. Da der Brand und auch die Lebensgefahr der Vietnamesen und ihrer Begleiter mit keinem Wort erwähnt werden, liegt der Verdacht nahe, daß dieses Manuskript bereits vor dem Brandanschlag verfaßt worden war.

– Landespolizeiamtsleiter Heinsen übernahm ab Dienstagnachmittag die Einsatzleitung. Was zuvor nicht möglich gewesen sein soll, konnte nun ohne Probleme in die Tat umgesetzt werden. Starke Kräfte aus mehreren Bundesländern wurden nach Rostock beordert. Nach Aussagen von am Einsatz beteiligten Polizeibeamten wurde die in Schwerin lagernde Ausrüstung nun wenigstens teilweise ausgegeben. Auch funktechnisch funktionierte der Einsatz: Jetzt standen der Einsatzleitung sieben separate Kommunikationsstränge zur Verfügung. Dies zusammengenommen könnte bedeuten, daß das Landespolizeiamt als Garant dafür eingesetzt wurde, das Fanal jederzeit beenden zu können und die Eskalation so unter Kontrolle zu haben.

– Auch Otto Diederichs, Herausgeber der Schriftenreihe »Bürgerrechte und Polizei« und ein Experte für Fragen der öffentlichen Sicherheit, unterstützt die Vermutung von Ex-Polizeidirektor Hempel, daß das Versagen der Polizei in Lichtenhagen System hatte: »Daß (...) ›Rostock‹ lediglich eine Gemengelage aus Inkompetenz, menschlichem Versagen und mangelnder Ausstattung gewesen sein soll, ist schwer zu glauben. Eine solche Schlußfolgerung griffe zu kurz, denn zu viele ›Zufälle‹ treffen hier aufeinander.«

– Ob sich die SPD tatsächlich erpreßt fühlte oder nicht, ist nicht bekannt. Tatsache aber ist, daß sie zeitgleich mit dem Rostocker Pogrom ihren Widerstand gegen die Änderung des Artikels 16 Grundgesetz aufgab, aber nicht automatisch auf die verfolgte Linie der CDU-Bundesregierung einschwenkte. Stattdessen wurde Gesprächsbereitschaft signalisiert, aber gleichzeitig weiterer Diskussionsbedarf eingefordert. Es ist zumindest theoretisch im Bereich des Möglichen, daß die Bundesregierung Lichtenhagen als ein letztes schlagkräftiges Argument benutzte.

Wie gesagt, es handelt sich um eine These. Wenn die seit zehn Jahren immer wieder öffentlich geäußerte Vermutung stimmt, daß das Rostocker Pogrom politisch inszeniert war, dann würde dies bedeuten, daß die an exponierter Stelle stehenden Politiker in Bund und Land sich neben der verbalen Brandstiftung auch der Anstiftung zur tatsächlichen Brandstiftung schuldig gemacht hätten. Die beschriebenen Indizien sprechen dafür, auch wenn der Beweis für diese Annahme (noch) nicht erbracht werden kann.

Ebenso wenig kann die Möglichkeit mit Sicherheit ausgeschlossen werden, daß neben der passiven Duldung der Ereignisse rund um

Lichtenhagen auch aktiv gehandelt wurde, indem die Polizei absichtlich in eine kaum zu beherrschende Lage gebracht wurde, die zwangsläufig in die Katastrophe führen mußte.

Der ehemalige Rostocker Innensenator Peter Magdanz antwortete auf die Frage, ob er sich vorstellen könne, daß es in Lichtenhagen bewußt zu einer politisch gewollten Eskalation kommen sollte, um die SPD zum Einlenken in der Asyldebatte zu zwingen: »Dieses Gefühl allerdings bin ich bis heute nicht losgeworden.«

Und weiter sagte er: »Das sind die Sachen, die man immer in sich drin hat: Gibt es nicht doch jemanden, der sein Süppchen kochen wollte? Ich sage jetzt mal einfach: Bonn. Egal, in welche Richtung es geht. In dem Moment hätte man [die SPD] wahrscheinlich eher sagen sollen: Schluß, aus, Leute, wir lassen uns hier nicht erpressen! Sorgt ihr dafür, daß so was in Deutschland nicht passieren kann, und wenn alles vorbei ist, dann können wir uns nochmal in Ruhe zusammensetzen und darüber diskutieren.«

Und Jürgen Deckert vermutet: »Wenn das auch nur in den Ansätzen eine vorsätzlich verfolgte Linie gewesen sein sollte, diese Theorie, dann ist das schlimm für diesen Rechtsstaat, dann haben wir zumindest hier in Mecklenburg-Vorpommern oder in dieser Bundesrepublik mit dem Rechtsstaat mal 48 Stunden oder auch länger ausgesetzt. Und dazu passen eben diverse Blauäugigkeiten. Und wenn diese nicht blauäugig waren, dann war es schlimm. Dann war es Vorsatz.«

Es würde bedeuten, daß das politische System der Bundesrepublik Deutschland in seinen wesentlichen Bestandteilen ad absurdum geführt worden ist und, indem man rechtextremistische Terrorakte für die Umsetzung bundespolitischer Ziele genutzt hätte, außer Kraft gesetzt wurde.

Es würde bedeuten, daß für die Umsetzung legislativer Entscheidungen die Gefährdung von Menschenleben billigend in Kauf genommen worden ist.

Es würde bedeuten, daß in diesem Zusammenhang ebenso die Polizei in ihrer Funktion als staatliche Exekutive mißbraucht worden ist.

Und es würde bedeuten, daß auch Tausende Rostocker Bürger in ihrer Rolle als eine der Gewalt zustimmende Masse sich letztlich für eine politische Inszenierung haben instrumentalisieren lassen.

Vieles spricht dafür.

Zum Beispiel auch die Tatsache, daß die CDU-geführte Bundesregierung schon im Vorfeld immer wieder auf Entscheidungen der CDU-geführte Landesregierung von Mecklenburg-Vorpommern einwirkte. Ministerpräsident Seite habe selten autonom gehandelt, bestätigten Politiker und Journalisten gleichermaßen. Dafür habe nicht zuletzt Günter Krause gesorgt, damals Bundesverkehrsminister und damit hochrangigster bundespolitischer Vertreter des Landes. Krause war zudem auch CDU-Landesvorsitzender.

Mecklenburg-Vorpommern galt in Bonn als Unsicherheitsfaktor, auch weil die beiden obersten Vertreter der Landesregierung alles andere als über Jahre aufgebaute Politprofis waren: Dr. Berndt Seite war Tierarzt, Innenminister Lothar Kupfer Diplomingenieur für Erdöltechnik, bevor er 1990 Landrat in Ribnitz-Damgarten wurde.

In dieser Hinsicht erschien das Land an der Ostsee vielleicht als das einzige, in dem ein inszeniertes Pogrom am ehesten möglich war. Auf keine andere Landesregierung, weder in West noch Ost, hatte die damalige Bundesregierung derart großen Einfluß.

Und es gab nirgendwo in Deutschland solche idealen Voraussetzungen, um ein bundespolitisches Ziel in die Tat umzusetzen: Lichtenhagen war eine offene Wunde.

Wenige Stunden bevor der Polizeieinsatz in die Katastrophe mündete, hatten sich Bundesinnenminister Seiters und Ministerpräsident Seite in das Büro des Rostocker Polizeidirektors zu einem Vier-Augen-Gespräch zurückgezogen.

Auf meine Frage an Siegfried Kordus, ob er daraus ableite, daß in Lichtenhagen möglicherweise sehr viel mehr passiert sei als nur ein Bürgerprotest, antwortete er »Ja.«

Ob dies bedeute, daß seiner Meinung nach Lichtenhagen passieren *sollte*?

Antwort: »Ja.«

Einen Beleg für die Anschuldigung habe er zwar nicht, es sei für ihn damals und heute aber eindeutig, »daß das Gesamtmotiv politisch war«. Man könne die verschiedenen Indizien zusammentragen und komme dann zu dem Ergebnis, daß »eine hohe Wahrscheinlichkeit« dafür spreche, daß Absicht vorgelegen habe. Wenn man weiter eins und eins zusammenzähle, so Kordus weiter, dann könne er nicht ausschließen, daß »Lichtenhagen als Vehikel produziert« worden sei und auf die Gesetzesänderung hinauslaufen sollte.

Die Brandbeschleuniger

In der brutalen Stimmung der Anarchie
schwimmen die Randalierer wie Fische im Wasser.
Frankfurter Allgemeinen Zeitung, 26. August 1992

»Die lustigen Zuschauer finde ich am schlimmsten, denn sie hetzen oder heizen die Extremisten auf und die bieten ihnen auch Schutz, wenn die Polizei eingesetzt wird.« Das sagte Ngyuen Do Thinh am Montagabend im Interview von KENNZEICHEN D, während gleichzeitig einige Tausend Rostocker Bürger »Deutschland den Deutschen, Ausländer raus!« skandierten und jeden Brandsatz, der in das Haus geschleudert wurde, mit frenetischem Applaus feierten.

Anstatt Gewalt und Terror gegen Sachen und Menschen zu verurteilen, sah man sich legitimiert, ein Tabu zu brechen. Schließlich, so sagte mir eine Frau in der Menge, als wir am Montagabend in Lichtenhagen ankamen, habe man sich lange genug beschwert, ohne daß von Seiten der Politik in Stadt und Land etwas geschehen sei, nun müsse den Verantwortlichen gezeigt werden, daß man »die Sache« selbst in die Hand nehmen könne und auch wolle.

Daß sich Rechtsextremisten im Laufe des Wochenendes immer stärker in den Vordergrund stellen konnten und von Unpersonen zu begrüßenswerten Helfern in der Not mutierten, bedeutete, daß rechtsterroristische Gewalt geduldet war, um bei der vermeintlichen »Lösung des eigenen Problems« die Unterstützung zu erhalten, die von den in Stadt, Land und Bund verantwortlichen Politikern verwehrt worden war.

So hatte für einen Großteil der Lichtenhäger Bevölkerung der Staat schlichtweg versagt. Diese Einschätzung muß vor dem Hintergrund gesehen werden, daß die Bevölkerung durch das gesellschaftliche System der DDR sozialisiert worden war, in dem individuelles Handeln nicht gefördert wurde. Mit der Wiedervereinigung aber wurde das gesellschaftliche System der BRD als die fortan für alle Bürger gültige Norm übernommen. Individuelles Handeln wurde so plötzlich zur Notwendigkeit, um im neuen Wettbewerb bestehen zu können.

In diesem Wettbewerb störten Ausländer. Sie dienten als Argument dafür, daß die eigene Entwicklung drohte, zum Stillstand zu kommen oder man zurückfiel, zum Beispiel durch den Verlust des Arbeitsplatzes. Dieser Konkurrenzgedanke war zuvor von Politikern zwar nicht deutlich benannt, aber doch indirekt vorbereitet worden. Allein schon die Tatsache, daß man eine Novellierung des Asylrechts für dringend notwendig erachtete, weil man sich einem Ansturm der Armen gegenüber sah, implizierte auch die Frage nach der Finanzierbarkeit, nach dem Motto: Das ganze Geld, das der Staat für Asylbewerber ausgeben muß, kann nicht den deutschen Bürgern zugute kommen.

In diesem Zusammenhang stehen auch die im Wahlkampf verwendeten Schlagworte »Asylbetrüger« und »Scheinasylanten«. Diese Begriffe gehören allein schon durch ihre Häufigkeit zur Alltagssprache. Daß sie eindeutig negativ besetzt waren, weil sie einen vermeintlichen Mißstand beschrieben, den es zu beseitigen galt, wurde oftmals nicht mehr wahrgenommen. Durch den unverantwortlichen Umgang mit Sprache aber wurde so eine Form von Alltagsrassismus produziert, nicht zuletzt – und besonders – eben auch in Wahlkampfzeiten. Ganz bewußt appellierte man an die niederen Gefühle: Hauptsache, man hatte einen gemeinsamen Nenner gefunden, der sich prozentual ausdrückte. Wichtig war (und ist), was hinten raus kam.

Neben dem Zorn der Anwohner kam es zu einer Art Tourismus aus dem Rostocker Umland. Die unhaltbaren Zustände vor Ort rückten in den Hintergrund, die Verurteilung der Asylbewerber als Gefahr für die ureigene Entwicklung hatte dagegen allgemeingültigen Charakter: In Lichtenhagen lag die Chance, ein Fanal zu schaffen, das auch andernorts für »Lösungen« sorgen könnte.

Individualitätsverlust, gepaart mit wachsender Existenzangst und der Ärger über die Untätigkeit des Staates konnten zwar als Phänomene herangezogen werden, die das Entstehen von aggressivem Verhalten begünstigten; das aber als Entschuldigung anzubringen, taugt nicht.

Wer Brandsätze beklatscht und damit auch die Gefährdung von Menschenleben billigend in Kauf nimmt, wer »Wir kriegen euch alle!« brüllte und mit dieser Form von Brand-Sätzen offenen Ausländerhaß zeigt, macht sich eines »Verbrechens gegen die Menschlichkeit« schuldig.

Dies gilt auch für diejenigen, die im Nachhinein für sich in Anspruch nehmen wollten, weder Brandsätze noch Steine geworfen zu haben. Wer daneben stehen bleibt und tatenlos zuschaut, wer es zuläßt, daß die Angreifer immer wieder in der Menge untertauchen können, billigt damit die Gewalt und macht sich zum Mittäter.

Hier muß dem ehemaligen Außenminister Hans-Dietrich Genscher deutlich widersprochen werden, der am 28. August 1992 gegenüber dem ARD-Morgenmagazin erklärte, er glaube nicht, »daß das Dabeistehen in jedem Fall eine Billigung der Gewalttaten darstellt«.

Ebenso klar muß dem in Rostock geborenen Schriftsteller Walter Kempowski widersprochen werden. Nach dessen Ansicht war der Brandanschlag für die »Schaulustigen« nicht viel mehr als »eine Art Feuerwerksbelustigung«.

Allein die Wortwahl ist für einen Schriftsteller mehr als bedenklich.

Ein ganz wesentlicher Grund für die Ansammlung auf der Wiese vor der Mecklenburger Allee aber bestand in einem Umstand, den es noch zu beleuchten gilt. Niemals zuvor und danach wurde über einen rechtsextremen Anschlag live per Satellit berichtet. Dies geschah nur bei der Berichterstattung über das Pogrom von Lichtenhagen. Die Anwesenheit von über zwanzig Kamerateams und einem Großaufgebot an Übertragungstechnik erregte Aufsehen. Wer nicht mit draußen war, konnte die Gewalt live im Fernsehsessel verfolgen.

»Meine Mutter hat dich gesehen gestern Abend im Fernsehen.« – »Mensch, wie war ich?«, zitierte die *Frankfurter Allgemeine* zwei Rostocker Jugendliche.

»Haben Sie ARD zufällig eingeschaltet?«

Die Lüge per Bild
ist nicht weniger verwerflich als die Lüge per Wort.
BILD über die Berichterstattung von
KENNZEICHEN D, 9. September 1992

»Haben Sie ARD zufällig eingeschaltet?« So meldete sich ein Anrufer am Montagabend beim Notruf der Feuerwehr. Weiter sagte er: »Ich habe jetzt ARD an.« – Feuerwehr: »Ja, alles klar, wir können nicht noch nebenbei Fernsehen gucken. Das geht nicht.« – Anrufer: »Aber wie gesagt, das ist das Aktuellste jetzt.«

Der Anrufer war ein Anwohner aus Lichtenhagen. Er sagte nicht: »Ich habe aus dem Fenster geschaut, das Haus brennt.« Er holte seine Information aus dem Fernsehen. Ihm glaubte er mehr als der Feuerwehr vor Ort, sogar mehr als dem eigenen Erleben. Denn erst was in der Nachrichtensendung kommt, scheint wahr zu sein. Das Fernsehbild ist wirklicher als die Wirklichkeit. Was oder wer nicht in den Medien ist, existiert nicht.

Die Gelegenheit, die sich den Sendern in Lichtenhagen bot, war quotenträchtig. Hier hatte man die einmalige Möglichkeit, nicht wie sonst auf eine Straftat nur im Nachhinein reagieren zu können, hier bot sich die Chance, die Straftat selbst live zu übertragen. So kam es dazu, daß Grundregeln journalistischer Arbeit verletzt wurden. Die Nachricht beinhaltete nicht die Situation der Betroffenen – die Gewaltakte standen im Vordergrund. Das brennende Haus in Verbindung mit dem Publikum bot eine einzigartige Kulisse.

Der Grund dafür liegt im wachsenden Konkurrenzdruck. Wenn, wie in Lichtenhagen, alle Sender die gleichen Bilder haben, muß nach den Regeln des Marktes versucht werden, über die Art und Weise der Präsentation eine Steigerung der Quote zu erreichen. Der Grundsatz »Je reißerischer, desto finanzträchtiger« heißt nichts anderes als zu versuchen, die Mitbewerber mit eindrucksvolleren Bildern zu übertreffen.

Dieser Druck kommt – gerade bei Live-Ereignissen – in erster Linie aus den heimischen Redaktionen, wo natürlich auch das Programm der anderen Sender beobachtet wird. Der Zwang zur Aktualität läßt keinen Raum für Geduld bei der Beobachtung. So wird eine Nachricht oftmals als »Wahrheit« verbreitet, ohne daß deren Wahrheitsgehalt zuvor durch eine Recherche überprüft wurde. Die dadurch oberflächliche, wenn nicht sogar falsche Berichterstattung steigert sich zur Sensationsgier. »Der Zuschauer will das sehen« ist ein dafür immer wieder angeführtes Argument, das letztlich nur dazu führt, die einmal beschlossene Selbstverpflichtung zur Einhaltung journalistisch-ethischer Grenzen aufzuweichen.

Die Übertragung wurde zur Chance für die extreme Rechte, sich vor einem internationalen Millionenpublikum darzustellen. Ab diesem Moment hatten sie die Möglichkeit, nicht nur im Nachrichtenblock präsent zu sein, sondern auch die Form der Präsentation zumindest ein Stück weit zu steuern: Gerade durch die Live-Berichterstattung ergab sich die Situation, daß die Medien umso ausführlicher berichteten, je brutaler die Übergriffe wurden. Dafür brauchte es keine Anführer; die andauernde Präsenz der Kameras vor Ort reichte aus, um jedem der Angreifer deutlich zu machen: Wir interessieren uns für das, was du tust, und wir lassen es dich tun. So entstand eine ungewollte Wechselbeziehung zwischen Gewalttätern und Journalisten.

In der Brandnacht wurden viele Interviews mit Anwohnern und Angreifern geführt. Eine Einordnung dieser Aussagen fand in der Regel nicht statt, sie blieben als Statements unkommentiert stehen und vermittelten sich dem Fernsehpublikum so oft als Rechtfertigung der Gewalt, die sich in eindrucksvollen Bildern darstellen ließ. Reality-TV mit jeder Menge Action. Weil aber die Hintergründe für die Gewalt nicht Thema waren, mußte man schon zwangsläufig das Gefühl haben, als sei hier plötzlich ein Pogrom gleichsam vom Himmel gefallen und habe durch puren Zufall Lichtenhagen getroffen.

Als Konsequenz daraus würde folgen, daß Live-Berichterstattung über rechtsextreme Straftaten künftig ausgeschlossen werden müßte. Dies forderte unter anderem der Vorsitzende des Deutschen Journalistenverbandes Hermann Meyn: »Keine Informationspflicht gebietet es, live die erfolgreiche Erstürmung eines Asylbewerberheimes zu übertragen. Wer es tut, sollte sich eingestehen: Er möchte damit ein anderes Bedürfnis befriedigen als das nach Information«.

Es ist unstrittig, daß aus Lichtenhagen berichtet werden mußte. Umstritten ist dagegen die Frage nach dem Wie. In Zeiten, in denen der Wert einer Nachricht eben auch nach wirtschaftlichen Gesichtspunkten beurteilt wird, hat die nüchterne Darstellung der Fakten allein (fast) keinen Raum mehr. Die *wahre* Nachricht wird zur *Ware* Nachricht. 50 Mark war einem Kamerateam jeder gezeigte Hitlergruß wert, der Zulauf soll gerade bei Jugendlichen groß gewesen sein. Es ist anzunehmen, daß für die Dargestellten eher das Geld als die Gesinnung eine Rolle spielte. Wer so gezeigt wurde, machte sich aber nicht nur strafbar, sondern mußte damit rechnen, ab sofort als Neonazi stigmatisiert zu sein. Von verantwortlichem Journalismus kann hier nicht mehr die Rede sein.

Um es klarzustellen: Keinem Journalisten kann bei der Berichterstattung über rechtsextreme Straftaten vorgeworfen werden, er habe die Gewaltakte so dargestellt, daß unter dem Strich eine Befürwortung herauskam.

Bei Medienwissenschaftlern und Journalisten löste das Pogrom von Lichtenhagen eine längst überfällige Diskussion über Möglichkeiten und Grenzen aktueller Berichterstattung aus. Ergebnis war ein Umdenkprozeß, der in der Folge derartige Vorfälle nicht nur verurteilen, sondern auch generell ausschließen sollte, ohne dabei Patentrezepte liefern zu können.

Der Rundfunkrat des Westdeutschen Rundfunks verabschiedete im Dezember 1993 eine Art Leitfaden »zum Umgang mit dem Problem des Rechtsextremismus im Programm«. Darin wurde gefordert, das Thema nicht totzuschweigen, sondern auch ohne spektakuläre Anlässe über Rechtsextremisten, ihre Organisationen und ihre Randerscheinungen zu berichten. Daneben aber sei es unerläßlich, auch den Alltag von Ausländern als selbstverständlichen Teil des Programms zu verstehen. Auf negativ besetzte Stereotype wie Asylant, Flut, Strom oder Chaos solle verzichtet werden, denn mit solchen Begriffen würden Täter in ihrem Wahn bestärkt, sich als Vollzieher des eigentlichen Bürgerwillens zu verstehen.

Für die Medien müsse gelten, sich und die eigene Rolle immer wieder zu betrachten. Es müsse ausgeschlossen sein, daß Rechtsextreme sie als breite Foren mißbrauchen könnten. Aber auch Aussagen von Politikern dürften nicht unkritisch transportiert werden.

Der Rundfunkrat des Bayerischen Rundfunks ging mit seiner Vorgabe an die Redaktionen noch weiter: Er legte ausdrücklich fest, daß bei der Berichterstattung über Rechtsextreme zum Ausdruck kommen muß, daß es sich um Kriminelle handelt.

Das ist allerdings nun leichter gesagt als getan. Zum einen wird durch diese »Weisung« aktuelle Berichterstattung über Rechtsextremismus unmöglich, denn eine derartige Beurteilung kann in Nachrichtensendungen gar nicht getroffen werden. Aber auch in den Genres Magazin, Feature und Dokumentation ist ein solches Vorgehen gefährlich: Rechtsextreme Straftaten als kriminelle Handlung zu verurteilen ist legitim, Mitglieder rechtsextremer Organisationen aber qua Gesinnung als kriminell zu bezeichnen, ohne ihnen eine konkrete Straftat nachweisen zu können, bedeutet eine unzulässige (und für die Behandlung des Themas auch unnötige) Stigmatisierung. Die dadurch entstehende Vorverurteilung kann sogar das Gegenteil bewirken, denn durch das Schaffen von Märtyrern wird die Rolle von Rechtsextremisten aufgewertet. Und viele warten genau darauf.

Wenn man die Fernsehberichterstattung über die Ereignisse von Lichtenhagen untersucht, so fällt auf, daß sich nahezu alle Beiträge mit der Situation vor Ort befassen, wie sie sich für die Anwohner, besonders aber für die Angreifer darstellt. Die Frage nach den Ausländern als dem Ziel von Gewalttaten taucht dagegen so gut wie nie auf. Eine der wenigen Ausnahmen bildet die Dokumentation »Wahrheit lie(ü)gt in Rostock«. Das britisch-deutsche Team war bemüht, alle Facetten rund um das Thema Lichtenhagen aufzuarbeiten. Dazu gehörten auch Interviews mit Asylbewerbern und Vietnamesen.

Ansonsten galt: Wenn Ausländer Thema der Berichterstattung waren, dann wurde *über* sie geredet, ohne ihnen die Möglichkeit zur Darstellung der Situation aus ihrer Sicht zu geben. Besonders eklatant wird dieses Vorgehen in der Dokumentation von SPIEGEL TV vom 30. August 1992 sichtbar. Obwohl die Journalisten über eine Woche lang vor Ort waren, gab es in ihrem Film kein einziges Interview mit den Opfern. Die Frage, was z. B. das Übernachten unter freiem Himmel ohne Verpflegung für sie bedeutete, stellte sich den Reportern nicht. Innenansichten zu zeigen bedeutet, den Dingen auf den Grund zu gehen. Das geschah bei SPIEGEL TV nicht. Interesse an Asylbewerbern oder Vietnamesen zu zeigen hätte erfordert, sich mit ihrer Situation auseinanderzusetzen und die Mißstände zu beleuchten.

Stattdessen wurde die Situation vor der Eskalation ausführlich beschrieben und durch eine Fülle von Anwohner-Statements belegt. Durch die Darstellung von Einzelpersonen wurde ein Bild erzeugt, das für das gesamte Umfeld stehen sollte. Diese Art der personalisierenden Milieuschilderung ist für eine umfassende Gesamtdarstellung völlig ungeeignet. Die Anwohner wurden lediglich als Zeugen herangezogen, mal gegen die Asylbewerber, mal gegen die Politik und mal auch ungewollt gegen sich selbst.

Viele der Interviews bei SPIEGEL TV vermittelten den Eindruck einer vorgefertigten Meinung über die Anwohner, als hätten sie generell Probleme mit Ausländern, weil sie sich selbst als Wendeverlierer betrachteten. Der Reportagetext zeigte die Interviewten so, wie man sich Ostdeutsche zwei Jahre nach der Wiedervereinigung im Westen gemeinhin vorstellte. Daß das Pogrom am Dienstagabend beendet werden konnte, lag einzig an der massiven Polizeipräsenz aus dem Westen, die schließlich die Ostjugendlichen in die Schranken wies. Die Quintessenz aus Bildern wie diesen hieß für den Zuschauer simpel: Das Gute hat gesiegt. Der verantwortliche Redakteur von SPIEGEL TV, Gunther Latsch, verteidigte diese Sichtweise im Nachhinein in einem Interview: »Sicher war das eine Interpretation dessen, was wir an Material hatten. Daß dies die Realität verfälscht hat, finde ich nicht. Das war damals eine korrekte Einschätzung. Man hätte sich im Westen keine Standing Ovations vorstellen können. Das war in Hoyerswerda und das war in Rostock. Das haben wir in Hünxe, Mölln und Solingen nicht gehabt. Es gab niemals eine so offene begeisterte Zustimmung breiter Bevölkerungsteile. Ganz im Gegenteil: Da gab es Lichterketten und Schweigemärsche.«

Schwarz-Weiß-Malerei par excellence. Der böse Ossi war schuld, vielleicht lag es sogar an der Mentalität. Ostdeutsche wurden so als diejenigen vorgeführt, die für Rechtsextremismus besonders empfänglich waren und letztlich deshalb verloren hatten: »Die Lichtenhäger werden von der Welle ihrer Zerstörungswut eingeholt«, resümierte SPIEGEL-TV. Daß die Opfer keine Rolle spielten, lag an der anderen Stoßrichtung, die Gunther Latsch von SPIEGEL TV von Anfang an verfolgte. »Die mangelnde Demokratiefähigkeit im deutschen Osten wurde konstatiert, um zu zeigen, in welcher Situation da etwas geschieht und wie schnell so etwas kippt.«

Das damit verbundene Selbstverständnis von Journalismus ist weit jenseits dessen, was noch legitim wäre. Ein Pogrom gegen Ausländer zu benutzen, um damit Defizite im Demokratieverständnis der ostdeutschen Bevölkerung aufzuzeigen, schließt nicht nur eine adäquate Behandlung des Themas Rechtsextremismus aus. Es rechtfertigt zudem alle im Westteil Deutschlands gängigen Klischees. Entsprechend nahe liegt der Gedanke, daß eine derart verkürzte Aussage des Berichts Alltagsrassismus eher fördert als ihm etwas entgegenzusetzen.

Schwarz-Weiß. Das Pogrom und die Zeitungen

Zustände unhaltbar!
Überschrift in den Norddeutschen Neuesten Nachrichten, 28. März 1992

Der Unterschied in der Wirkung zwischen elektronischen Medien und Printmedien liegt in der Art ihrer Rezeption. Fernsehen und Hörfunk werden eher flüchtig wahrgenommen. Bilder und Töne rauschen vorbei und sind in der Regel nicht rückholbar, es sei denn, man nimmt die Nachrichten auf Band auf. Aber wer macht das schon?

Die Printmedien nehmen im Gegensatz dazu eine andere Wertigkeit ein: ihre Inhalte sind für den Leser länger verfügbar. Dadurch besteht eine andere Form der Wahrnehmung, die sich – wenn man von Fotos, Zeichnungen und Grafiken einmal absieht – weniger visuell als mental vollzieht. Daher werden Statements oder auch nur einzelne Schlagworte in der Regel intensiver wahrgenommen. Ergo muß der Umgang mit Sprache, auch im Bereich der Printmedien, mit einem hohen Maß an Verantwortungsbewußtsein gekoppelt sein. Bei der Berichterstattung über die ZAst ließen das die örtlichen Zeitungen vermissen.

Der Unmut in der Bevölkerung Lichtenhagens in der Zeit vor dem Pogrom findet seine uneingeschränkte Zustimmung in der Berichterstattung durch die örtlichen Tageszeitungen. Diese These nachzuweisen fällt in der Tat nicht schwer: Allein die Überschriften sprechen eine deutliche Sprache. Dabei wird die Situation rund um die ZAst oft mit der Suche nach der politischen Verantwortung verbunden.

Die »Zustände« seien »unhaltbar«, konstatierten schon am 28. März 1992 die *Norddeutschen Neuesten Nachrichten* (NNN). Die Anwesenheit der Asylbewerber bringe Unruhe ins Viertel. Der Autor berichtete über eine Zusammenkunft der Anwohner, auf der eine Verlegung der ZAst gefordert wurde, und kam zu dem Schluß: »Es muß schnell gehen, denn die Geduld der Bürger ist am Ende.«

Die *Ostseezeitung* (OZ) titelt am 9. April »In Deutschland kein Platz für ganz Europa« und faßte damit die Auffassung von Ministerpräsident Seite über die Asylgesetzgebung zusammen. Eine Kommentierung fand nicht statt.

Am 22. Mai erschien in der OZ ein Interview mit Innenminister Kupfer. Überschrift: »Asylverfahrensrecht sollte schnellstens geändert werden«.

»Massive Kritik der Anwohner zum wilden Camp« hieß es am 19. Juni in der gleichen Zeitung. In dem Artikel beklagte der Autor, vor der ZAst gebe es »keine geordneten Verhältnisse, sondern die Grünfläche ist seit Wochen ein Platz, auf dem Unordnung das Bild prägt«.

Eine knappe Woche später wurde das Thema von der OZ erneut aufgegriffen. Am 25. Juni hieß es auf Seite 1: »Asylbewerber campieren auf dem Rasen«, im Lokalteil lieferte eine weitere Überschrift dafür die Erklärung: »Magdanz: Stadt verwaltet Notstand«. In dem Artikel war von »Belagerungszustand« die Rede, Innensenator Magdanz wurde zitiert, daß Stadt und Landkreis mit der »Flut von Asylbewerbern« überfordert seien. Dadurch trete eine Situation ein, die »unzumutbar für die Lichtenhäger« sei, so Magdanz weiter.

Am 26. Juni hieß es in der NNN: »Sozialer Sprengstoff: Asylstelle Lichtenhagen«. Die Wiese vor der ZAst gleiche seit einem Monat einem »Heerlager«.

Am 30. Juli erschien in der NNN der schon erwähnte Artikel »Möwengrillen in einer Einraumwohnung«, in dem Sinti und Roma beschrieben wurden: »Bettelnde Kinder und Frauen vor dem Supermarkt, trinkende und schlafende Männer Tag und Nacht auf der völlig verdreckten Wiese – besonders die völlig fremde Lebensart war mehr, als man den Lichtenhägern zumuten konnte.« Am 5. August titelte die NNN »Asylbewerber – im Juli soviel wie noch nie«. In der Unterzeile stand: »Seiters an SPD: Unkontrollierten Zustrom stoppen«. Bereits zu Beginn des Artikels wurde drohend festgestellt: »Mecklenburg-Vorpommern wird weitere Flüchtlinge aufnehmen.«

Am 6. August berichtete die OZ darüber, daß die Asylbewerber, die sich auf der Wiese aufhielten, verlegt wurden. Bereits in der Überschrift stellte das Blatt aber besorgt fest: »Schlepperbanden bringen bald die nächsten«.

Zwei Tage später lautete die OZ-Schlagzeile: »Lichtenhagen erlebt die Ohnmacht der Politiker gegenüber Asylproblem«. Im Artikel wurde Innensenator Magdanz als Zeuge zitiert, daß es sich bei den Asylbewerbern in der Regel nicht um politisch Verfolgte handele: »Zu Hause verdienen sie umgerechnet drei Mark am Tag. Hier bekommen sie zehn Mark Sozialhilfe. Selbst wenn sie nach Monaten abgeschoben werden, hat es sich für sie gelohnt, wenn sie das Geld sparen und es zu Hause wieder eintauschen.«

Am 12. August erschienen gleich zwei Artikel in der NNN: »Schickt Hamburg die Roma?« Darin wurde beschrieben, daß sich die »Stimmung in der Hansestadt« verschlechtere. Der zweite Artikel war überschrieben: »Notunterkünfte, wenn noch mehr kommen«. Inhalt war ein Gespräch mit dem Ausländerbeauftragten des Landes, Winfried Rusch. Danach lebten schon »11.400 Asylbewerber aus 75 Nationen« in Mecklenburg-Vorpommern.

Am 19. August brachte die NNN die bereits erwähnte Drohung: »Anonymer Anrufer kündigt heiße Nacht an«. In der Unterzeile wurde gefragt: »Gerät das Asylantenproblem außer Kontrolle?«

Im Innenteil war der Artikel mit »Lichtenhäger Bürgerwehr will ZAst ›aufräumen‹« überschrieben. Daneben war auf einem 16 mal 15 Zentimeter großen Foto eine Gruppe von Sinti und Roma zu sehen.

Zwei Tage später lautete die NNN-Schlagzeile »Lichtenhäger Kessel brodelt«. Darin wurde der Leserbrief einer Anwohnerin zitiert. »Unsere Kinder dürfen nur noch auf dem Hof spielen. In die Kaufhalle und in den Eisladen dürfen sie schon lange nicht mehr. Zu oft kam es vor, daß ihnen Asylantenkinder unterwegs das ganze Geld abnahmen. Selbst ich als Erwachsene gehe dort niemals allein lang.«

Am selben Tag brachte die OZ einen Artikel mit der Überschrift »Lichtenhäger wollen Protest auf der Straße«.

Untersucht man die Berichte auf ihre Wortwahl, so fällt auf, daß – von wenigen Ausnahmen abgesehen – statt des Schlagwortes Asylanten der korrekte Begriff *Asylbewerber* verwendet wurde. Dennoch finden sich viele negativ besetzte Formulierungen: In Lichtenhagen herrsche »Unordnung«, durch das »wilde Camp« der Asylbewerber gerate die Stadt in den »Notstand«, der einem »Belagerungszustand« und – wieder einmal – einem »Heerlager« gleichkäme. Die »Flut« von Asylbewerbern sei für die Anwohner »unzumutbar«, für die »völlig verdreckte Wiese« und die »völlig fremde Lebensart« gelte das selbe ... Die von Interviewten und Reportern gleichermaßen getätigten Äußerungen erweckten den Anschein, als handele es sich um die Darstellung von Fakten. Rassismus und Sprache haben ein eheähnliches Verhältnis.

An der Eskalation der Ereignisse bis hin zum Pogrom (und darüber hinaus) trugen die Medien mit der Art und der Form ihrer Berichte ein beträchtliches Maß an Mitschuld. Auch wenn sie nie explizit zu Gewalt aufgerufen hatten, so haben sie doch den Nährboden für eine Stimmung gelegt, die letztlich Gewaltbereitschaft förderte.

Dem latent in der Bevölkerung vorhandenen Alltagsrassismus wurde nichts entgegengesetzt. Auf eine Einordnung bzw. Kommentierung der verschiedenen Statements wurde gänzlich verzichtet; ebenso wurde ihr Wahrheitsgehalt nicht überprüft. Dadurch aber wurden bestehende Ressentiments verstärkt.

Dabei kam es nicht allein auf die plakative Wortwahl an. Ohne die Gruppe der Flüchtlinge näher bezeichnen zu müssen, wurde eine klare Abgrenzung vollzogen: »*Ich* bin nicht ausländerfeindlich. Aber wie *die* sich hier bewegen, das geht doch gegen jede deutsche Norm. Da sind *wir* Deutschen ganz anders (...) *Die* scheißen und pissen um *unseren* Block.« So äußerte sich eine Lichtenhägerin gegenüber SPIEGEL TV. Aber auch in nahezu jedem Zeitungsartikel waren ähnliche Beispiele zu finden, wenn es um Anwohner-Statements ging.

Demzufolge war es nicht verwunderlich, daß Stereotype, gerade in bezug auf Ausländer, zum Gemeingut in der Alltagssprache wurden. Das allerdings war kein lokales Problem: Die bundesweit erscheinenden Tageszeitungen und Nachrichtenmagazine standen dem in nichts nach.

Dabei fiel auf, daß schon der Versuch, die Ereignisse in Lichtenhagen zu bezeichnen, nicht so einfach war. Für die einen war es *Krieg* (Münchener Abendzeitung/Stuttgarter Zeitung/Expreß), für die anderen ein *Pogrom* (Frankfurter Rundschau/taz) oder *Randale* (Neue Zeit), *Brandschatzung* (Süddeutsche Zeitung), *Gewalttat* (BZ/Welt), *Abenteuer* (Frankfurter Allgemeine Zeitung), *Anschlag* (Zeit) oder *Ausschreitungen* (FR/FAZ/taz). Nahezu alle Zeitungen aber verwendeten den Begriff *Krawall* (FR/FAZ/BZ/Bild/SZ/Welt/Neue Zeit).

Durch die Bezeichnung Krawall wird der eindeutig rassistische Überfall verharmlost. Denn mit Krawall verbindet man in der Regel eine Handlungsweise, die nicht politisch motiviert ist. Der exaktere Begriff Pogrom wurde dagegen nur selten gebraucht, obwohl er als politisch motivierte und rassistische Straftat definiert ist.

Dies verwundert umso mehr, als die Gewalt und ihre Täter im Mittelpunkt der Berichterstattung standen. Das brennende Haus wurde ausführlich beschrieben, ebenso die Stimmung unter den Zuschauern. Für sie sei es ein »Live-Krimi« gewesen, schrieb die *Frankfurter Rundschau,* ein »Gemisch aus Haß, Neugier und Abenteuerlust«. Als das Haus brannte, habe die »gaffende und johlende Menge«

gesungen, schrieb die *Stuttgarter Zeitung*, und die *Berliner Zeitung* kannte sogar das Lied: »So ein Tag, so wunderschön wie heute ...«

Auffallend war, daß bei der Beschreibung die Beteiligten in zwei Gruppen geteilt wurden. Als Anwohner wurden vornehmlich Erwachsene befragt, die sich offenbar nur als Zuschauer oder schlimmstenfalls als Claqueure betätigen. Der Angriff auf das Haus dagegen wurde ausschließlich Jugendlichen und Kindern zugeschrieben. Eine Beschreibung, wonach auch Erwachsene Steine warfen oder Molotow-Cocktails herstellten, fand sich nicht. Durch dieses Ausblenden aber wurde ein Bild gezeichnet, als handelte es sich bei dem Brandanschlag um einen »Dumme-Jungen-Streich«.

Daß zu dieser Zeit die vietnamesischen Bewohner im Haus eingeschlossen waren, fand überall Erwähnung, frappierend aber war, daß diese Feststellung immer nur in Verbindung mit dem ZDF-Fernsehteam auftauchte. Daß sie dabei waren, ist in diesem Zusammenhang die eigentliche Nachricht: »ZDF-Team: ›Wir hatten den Tod im Nacken‹«, titelte die *Hamburger Morgenpost*; »ZDF-Reporter Thomas Euting schildert die Nacht des Grauens« schrieb der Kölner *Expreß*; »Nach Auskunft eines ZDF-Reporters gelang den Eingeschlossenen erst in letzter Minute die Flucht über das Dach«, berichtete die *taz*.

Daß Kollegen eine Innenansicht liefern konnten, wurde als Glücksfall angesehen, obgleich sowohl die Vietnamesen als auch die Asylbewerber sehr viel mehr und originärer über die Angriffe, denen sie schon mehrere Tage lang ausgesetzt waren, hätten berichten können. Das aber war von geringerem Interesse und wurde nicht in Anspruch genommen. Die Feststellung, daß es sich überhaupt um einen rassistischen Anschlag handelte, las man einzig in der *taz*.

Der überwiegende Teil der Berichterstattung über den Brandanschlag war allerdings kritisch und hat nach den Hintergründen gesucht. Viele Kommentare wurden geschrieben, die insbesondere die Rolle der Politiker unter die Lupe nahmen. Und schon früh wurde die Vermutung laut, daß eben doch nicht alles nur ein dummer Zufall gewesen sein könnte. »Der offenkundige Widerspruch zwischen Worten und Taten nährt nun in Rostock und Schwerin hartnäckige Fragen und Gerüchte«, konstatierte der Kommentator der *Süddeutschen Zeitung* am 28. August 1992, und fragte nach der Rolle des Innenministers: »Könnte es sein, daß Kupfer nicht aus Unfähigkeit, sondern absichtlich die Gefahr von Ausschreitungen riskiert habe, um ein unübersehbares politisches Signal zu setzen?«

Achtung: Leicht entflammbar! Oder wie man Demokratie organisiert

Am Lichtenhäger Sonnenblumenhaus ist ein Stück bundesdeutscher Geschichte geschrieben worden. Inhalt des Kapitels: Die Verantwortlichen aus Polizei, Justiz und Politik haben gemeinsam eklatant versagt.

Das könnte die knappe Quintessenz sein. Aber ist sie das? Oder steckt vielleicht nicht doch sehr viel mehr dahinter?

Die Fragestellung des vorliegenden Buches hat sich im Laufe der Zeit immer mehr auf die Suche nach der Verantwortung für die Ereignisse vor, während und nach dem Pogrom zugespitzt. Denn nach tiefgreifenden Ereignissen wie diesen sollte eine Aufarbeitung des Geschehenen selbstverständlich sein. Trotz zweier eingesetzter Untersuchungsausschüsse, dreier Abschlußberichte und mehrerer tausend Seiten Wortprotokolle ist diese Frage nie geklärt worden. Denn sie lag nicht im politischen Interesse. Stattdessen wurde die Verantwortung aufgrund unterschiedlicher politischer Ausrichtungen so lange gedreht und gewendet, bis sich die Frage nach ihr nicht mehr stellte.

So erschreckend es auch sein mag, letztlich war das Pogrom ein Konstrukt der Politik – oder einfacher gesagt: Der Volkszorn wurde geschürt, bis er sich in Gewalt entlud. Die zu verhindern wäre ein leichtes gewesen, wenn man es gewollt hätte. Man wollte es nicht. Denn der Volkszorn war nutzbar, hilfreich für politische Zwecke. Vox populi, die Stimme des Volkes, spielte erst ab dem Moment eine Rolle, als sie ins politische Konzept paßte. So wurde zwar von Politikern die Gewalt verurteilt, nicht aber die Menge derer, die sie Beifall klatschend unterstützte. Das Volk blieb in der Kritik unberücksichtigt.

Denn das Volk ist ein Wahlvolk – und dessen Stimmabgabe ist die Grundlage für ein demokratisches System. Demokratie heißt Mitbestimmung, aber diese Demokratie ist kein unverrückbarer Fixpunkt, sondern wird organisiert. Volkes Stimme muß für die Parteien von Nutzen sein, um damit eigene politische Inhalte voranzubringen. Das funktioniert nach jahrzehntelang erprobten Regeln.

Vox populi verkehrt sich zum parteipolitischen Populismus. Daraus läßt sich Kapital schlagen. Zwischen Parteien und Wählern gibt es seit jeher eine Wechselwirkung. Mal sind es die politischen Ziele, die der Basis schmackhaft gemacht werden müssen, um einen breiten Konsens zu finden, mal ist es die Stimme des Volkes, die die Politik zum Umschwenken führt. Beide sind sklavisch aneinander gebunden, keiner kann ohne den anderen.

Wie diese Wechselwirkung funktioniert, zeigt sich besonders eklatant in Lichtenhagen. Hier war es das Volk, das den Mißstand beklagte und politisches Handeln forderte. Gleichzeitig aber war es die Politik, die diese Forderungen über Monate nach außen hin ignorierte, dabei aber genau beobachtete. Man ließ die Situation hochkochen, um ab einem gewissen Moment die Stimmung unter der Bevölkerung nutzbar machen zu können für eigene weitergehende Interessen. Hier wurde also Demokratie *organisiert*, in vorgegebene Bahnen gebracht, so wie man einen Fluß umleitet, um ihm ein neues Bett zu geben.

Diese Art, politisch zu handeln, ist beileibe kein deutsches Phänomen: Es gehört zum demokratischen Prozeß der »Willensbildung«. Politik funktioniert nur so: entweder agiert sie selbst oder sie reagiert: Entweder macht sie ihren Willen mehrheitsfähig oder sie nutzt die Stimmung in der Bevölkerung, um dann Volkes Stimme zur eigenen zu machen. Letzteres ist bei populären Themen besonders ergiebig, denn es garantiert die Sympathien der Wähler, was sich wiederum prozentual messen läßt. Dabei allerdings werden oft Grenzen verletzt – so wie im Bremer Landtagswahlkampf der CDU 1991.

Das damals verwendete Schlagwort »Scheinasylanten« war ein Ergebnis dessen, was aus Teilen der Bevölkerung als Stimmungsbild ohne Skrupel übernommen wurde. Ausländerfeindlichkeit wurde plötzlich hoffähig. Anstatt sich an den im eigenen Parteinamen enthaltenen Begriffen »christlich« und »demokratisch« zu orientieren, machte die CDU den Wahlkampf zur Hetzveranstaltung gegen Minderheiten. Deren Anzahl wurde zum Schreckensgebilde aufgebaut: »Massenhaft Scheinasylanten – das ist dann Sache der SPD« hieß es in Zeitungsanzeigen. Wer sich von der viel beschworenen »Flut« überrollen lassen wolle – bitteschön, der wähle dann eben den politischen Gegner. Damit waren die Rollen verteilt und die Lösung des Problems vermeintlich in die Hände des mündigen Wählers gelegt. Und was machte der? Lösen konnte er das Problem nicht, also machte er sich Luft, wetterte gegen die Asylgefahr, die angeblich die eigenen Pfründe bedrohe. Und handelte damit exakt so, wie es die Wahlstrategen der Partei wollten. Organisierte Demokratie.

Christliche Tugenden traten in den Hintergrund, als es um Mehrheitsbeschaffung ging. Offiziell sollten damit den ultrarechten Parteien wie der DVU Stimmen abgejagt werden, um die Wähler am rechten Rand ins demokratische Lager zu ziehen. Tatsächlich aber ging es einzig und allein um die eigenen Prozente.

Nur ein Beispiel von vielen, die sich – um Mißverständnissen vorzubeugen – durch alle Parteien ziehen. Jede will die politische Macht, die aber hängt wesentlich an der Verbreitung durch die Medien. Auch hier gibt es eine Wechselwirkung: Zeitung, Hörfunk und Fernsehen sind die Boten der Parteiprogramme, sie sind das Sprachrohr, ohne das die Politik machtlos ist. Schon deshalb suchen die Parteivertreter die Nähe zu Journalisten mit dem Ziel, für die eigene Sache möglichst eine »gute Presse« zu bekommen. Denn davon hängt der Erfolg der Partei ab und damit auch der Erfolg der politischen Inhalte. Diese werden nahezu ausschließlich über die Medien verbreitet: Parteiprogramme liest eben nahezu keiner.

Ergebnis ist ein ganzes Geflecht von Machterhalts- und Machterwerbsstrategien, die von den Medienvertretern transportiert werden sollen. Den Redaktionen kommt die Aufarbeitung zu, sie entscheiden, was gesendet wird und was nicht. Seit es jedoch eine Fülle an Medien gibt, ist auch hier der Konkurrenzdruck enorm hoch. Letztlich bestimmt die Quote, ob ein Thema zur Veröffentlichung taugt – und die Quote bildet das Publikum. An dieser Stelle entscheidet es autonom, welche Informationen es für wichtig hält. Davon ist der Erfolg von Zeitung, Rundfunk und Fernsehen abhängig. Was man selbst nicht bringt, hat garantiert die Konkurrenz. Denn die Grundinformation ist bei allen die gleiche. Es kommt im Ergebnis auf die Präsentation der Nachricht an. Als logische Folge werden – zumindest in Teilen der Medien – Inhalte so aufbereitet, bis sie quotenträchtig sind. Ergebnis: *Vox populi*, die Stimme des Volkes als Zeichen für die Stimmung im Volk.

Aber auch diese Art der Demokratie ist letztlich organisiert, denn dem Publikum wird ein Ausschnitt der Informationen präsentiert, eben das, was Redaktionen für wichtig erachten. Da setzt – um den Bogen zu schließen – die Politik an, sie will am Prozess der Programmplanung beteiligt sein. Ihren Inhalten soll der gebührende Umfang zukommen.

Die Medien als vierte Macht im Staat können und müssen aber als unabhängiges Regulativ der Politik arbeiten. Schon deshalb sind sie für Parteien und Regierungen nicht unbedingt eine sichere Bank. Politische Magazine leben davon, gegen den Strom zu schwimmen. Hier läßt sich wenig Einfluß nehmen mit dem Ziel, bloße Inhalte zu publizieren. Denn hier wird hinterfragt und kommentiert. Hier wird Demokratie mehr *ge*nutzt als *be*nutzt. Hier funktioniert die Wechselwirkung nicht.

Nur so war es möglich, daß schon kurze Zeit nach dem Pogrom von Lichtenhagen viele Details bekannt wurden, einzelne Erkenntnisse, die aus der ersten Vermutung schnell zur Gewißheit wurden: die Verfehlungen der Stadt- und Landespolitiker und der Polizeieinsatz, der im wesentlichen Moment keiner war.

Im Laufe der eigenen Recherche kam immer mehr ans Tageslicht. Manchmal reichte es, den Zusammenhang zwischen Fakten herzustellen, die zum Teil im Abstand von Monaten und Jahren bekannt wurden. Aus diesen Details, gefunden auch in Gesprächen mit gegenwärtigen und ehemaligen Verantwortungsträgern, formte sich das Indizienbündel.

Das Pogrom vor dem Sonnenblumenhaus war kein Unfall – es war die logische Folge einer Politik, die in Rostock, in Schwerin und in Bonn mit dem Feuer spielte.

Hochrangige Vertreter von Politik und Polizei wurden ihrer Verantwortung nicht im Ansatz gerecht. Die Rechtsextremisten, die sich als Hüter der scheinbar überkommenen deutschen Tugenden Ordnung und Sauberkeit anboten, übernahmen diese Rolle und wurden in Lichtenhagen (und anderswo) erschreckenderweise freudig empfangen.

Weder Politik noch Polizei und Medien setzten dem etwas entgegen. So konnte durch ihr aktives (Nicht-)Handeln der rassistische Anschlag erst möglich werden. Aber wer zog daraus wiederum Nutzen?

Folgt man der These, daß hinter dem Pogrom ein übergeordnetes politisches Interesse gestanden habe, das die Gewalt nicht nur tolerierte, sondern bewußt inszenierte, so würde das bedeuten, daß alle Beteiligten in ihren Rollen brilliert hätten, ohne es selbst zu ahnen. Sie alle wären dann nur Spielball der in Bonn herrschenden Politik gewesen, die offenen Rassismus für das Umsetzen eigener Ziele benutzt hätte. Wenn es auch keinen echten Beweis für diese These gibt, so sprechen doch die gefundenen Indizien eine deutliche Sprache.

Am 30. August 1992 verfaßte der damalige Pressesprecher der SPD-Fraktion im Schweriner Landtag, Knut Degner, einen zehn Seiten langen offenen Brief und bat die Presse, diesen zu veröffentlichen. Auf der letzten Seite hieß es:

»Ich bitte alle um Vergebung, die in den letzten Wochen und Tagen durch das klägliche Versagen verantwortlicher Politiker Ängste und Schrecken erleben mußten, in Gefahr gerieten oder gar verletzt wurden.

Ich fühle mich mitverantwortlich. Ich selbst habe nicht alles in meinen Kräften Stehende getan, um das Geschehene zu verhindern und ich schäme mich zutiefst. Ich schäme mich meines Versagens und des Versagens so vieler Menschen in Deutschland.

Besonders schäme ich mich für diejenigen Deutschen, die den kriminellen Horden Beifall klatschten, sie anfeuerten oder in klammheimlicher Freude das unmenschliche Treiben heraufbeschworen haben und befürworten. Ich will alles in meinen Kräften Stehende tun, damit sich solches in Deutschland nicht wiederholen kann.

Knut Degner«

Am nächsten Morgen wurde er entlassen.

Dank
an alle in Polizei, Justiz und Politik, die bereit waren, offen mit mir zu reden; an Wolfgang Richter, der Kontakte herstellte und für Fragen immer zur Verfügung stand; an Nguyen do Thinh, der mir in vielen Gesprächen unter anderem die Situation der Vietnamesen in Rostock erklärte; an Kollegen verschiedener Medien, die mich bei der Suche nach Materialien unterstützten; an ZDF und NDR, die beratend tätig waren und Bildmaterial zur Verfügung stellten; an Dieter Finger, Rolf Hofmann und Horst Hofmann, die Korrektur gelesen haben und mir immer wieder neue Denkanstöße gaben; an Philipp und ganz besonders an meine Frau Katja, die mir über Monate den Rücken freigehalten und Mut gemacht hat und ohne die ich dieses Buch nicht hätte schreiben können.
Jochen Schmidt

Über Staat und Recht, Volkswille und Volkszorn und über den anhaltenden Kampf gegen die Demokratie mit Hilfe der Staatsmacht

Von Prof. Reinhard Kühnl

I.

Die Bilder der Ereignisse von Rostock-Lichtenhagen gingen um die Welt. Erschütterndes war da offensichtlich geschehen. Wie aber war das zu fassen? Publizisten und Politiker boten Erklärungen an. Aber vieles blieb reichlich mysteriös.

Jochen Schmidt war – auf sehr intensive Weise – »dabei gewesen«: als Mitglied eines zufällig anwesenden ZDF-Kamerateams in dem von den Nazi-Terrorbanden in Brand gesteckten Asylantenheim. In seiner Magisterarbeit am Institut für Politikwissenschaft der Universität Marburg suchte er seine Erfahrungen zusammen mit den zur Verfügung stehenden Materialien auszuwerten. Da gelang es schon manchen Durchblick zu schaffen. Doch manche Fragen mußten auch hier ungeklärt bleiben.

In einem neuen Anlauf hat er nun – zehn Jahre später – auf der Basis neu recherchierter Materialien und Zeugenaussagen die dunklen Stellen aufzuklären versucht. Auch jetzt konnten nicht alle Fragen eindeutig beantwortet werden. All zu fest blieben manche Kellertüren verschlossen, so daß der Verdacht besteht, daß dahinter doch noch manche Leiche liegen könnte. Daß wir jetzt aber viel klarer sehen als damals, hat Jochen Schmidt mit diesem Buch eindrucksvoll nachgewiesen.

Auch dieses Nachwort kann natürlich nicht den Anspruch erheben, die noch dunklen Stellen etwa aufklären zu können. Wohl aber kann es den Blick lenken auf einige strukturelle Zusammenhänge zwischen Staat und Recht, Regierung und Volk, also auf strukturelle Probleme und Gefährdungen von Demokratie. Viele Indizien deuten darauf hin, daß bei den Vorgängen in Rostock-Lichtenhagen Demokratie in mehrfacher Weise beschädigt worden ist. Über Einschränkung, Umgehung, partielle Außerkraftsetzung, kurzum: Gefährdungen von Demokratie in parlamentarischen Systemen liegen nun Erfahrungen aus mehr als zwei Jahrhunderten vor, die zu reflektieren nützlich sein könnte, um Gefährdungen der Demokratie in unserer Zeit rechtzeitig erkennen zu können.

II.

Von oben betrachtet erscheint die Problemlage eindeutig: Seit über 200 Jahren – genauer: seit der Französischen Revolution – macht das Volk in vielen Ländern Europas denen, die gesellschaftlich herrschen und politisch regieren, Schwierigkeiten. Das ist zwar nichts grundsätzlich Neues, wird doch schon aus den Sklavenhaltergesellschaften des Altertums und aus dem Feudalismus über Rebellionen der untergebenen Sklaven und Bauern berichtet. Diese konnten in der Regel aber rasch durch die Staatsgewalt unterdrückt werden, so daß der Normalzustand stabiler Herrschaft wieder dominierte, in welchem die Religion die bestehende Ordnung der Bevölkerung als gottgewollt präsentierte.

Diese schöne Ruhe und Ordnung war mit der Philosophie der Aufklärung und der Französischen Revolution von 1789 aber vorbei. Und so entstanden die ständigen Schwierigkeiten und Ärgernisse, mit denen die Oberen seither belästigt werden.

Aufklärung und Französische Revolution hatten nämlich nicht nur die ungeheuerliche Forderung nach »gleichen Rechten« für alle Menschen formuliert, sondern dies auch noch verbunden mit dem Prinzip der Volkssouveränität: Die Regierungen und ihre Politik konnten nur dann noch als legitim gelten, wenn sie durch den Willen des Volkssouveräns legitimiert war. Das zielte offensichtlich auf Demokratie im Sinne von Volksherrschaft. Und der Kampf um deren Realisierung bildete denn auch den Hauptinhalt der politischen Auseinandersetzungen der vergangenen 200 Jahre.

Die oberen Gesellschaftsklassen waren arg erschrocken, als ihnen klar wurde, was sie da angerichtet hatten. Das Bürgertum hatte durchaus den Adel und die Monarchie stürzen wollen, um selber die Macht zu übernehmen. Und es hatte für diese Revolution die Volksmassen mobilisieren müssen. Daß diese nun aber allen Ernstes

»Volkssouveränität« beanspruchten, war durchaus nicht vorgesehen gewesen.

So stellt sich für die oberen Klassen seither also immer wieder die Frage, wie die Konsequenzen von Rechtsgleichheit, Demokratie und Volkssouveränität vermieden werden können – ohne daß die Rebellion der betroffenen Bevölkerung die bestehende Ordnung umstürzt. Die Methoden des Manövrierens wurden in diesen zwei Jahrhunderten außerordentlich facettenreich gestaltet. An dieser Stelle muß ich mich freilich mit einem groben Holzschnitt begnügen.

Schon gleich nach der Revolution und der Verabschiedung der allgemeinen Menschen- und Bürgerrechte proklamierte die bürgerliche Regierung, daß sich die »Gleichheit der Rechte« natürlich nicht auf die politischen und schon gar nicht auf die sozialen Rechte beziehe sondern nur auf die Gleichheit vor dem Gesetz. Die große Mehrheit der Bevölkerung sollte von der politischen Mitbestimmung ausgeschlossen bleiben – und die Sklaven in den Kolonien sollten Sklaven bleiben, da sie rechtmäßig erworbenes Eigentum darstellten.

In der Tat konnte das gleiche Wahlrecht bis zum Zyklus der sozialistischen Revolutionen 1917/19 blockiert werden. Doch dann war es nicht mehr aufzuhalten. In den Forderungen nach direkter Demokratie, nach Volksbegehren, nach Volksentscheid, die im Modell der Rätedemokratie nach dem 1. Weltkrieg kulminierten, fand dies einen für die oberen Klassen besonders bedrohlichen Ausdruck. Denn es bestand nun die akute Gefahr, daß vermittels der politischen Gleichheit die Realisierung von sozialer Gleichheit auch auf parlamentarischen Wege in Angriff genommen werden konnte. Die Konsequenzen konnten aus konservativer Sicht, d. h. aus dem unbedingten Bestreben, die bestehende Gesellschaftsordnung und Reichtumsverteilung aufrecht zu erhalten, nun also nur noch dadurch blockiert werden, daß der Volkswille, der sich in Wahlen und Massenaktivitäten äußerte, aufgefangen und unschädlich gemacht wurde. Dies geschah 1. durch Verwandlung der Demokratie in Parlamentarismus und 2. durch Entmachtung der Volksvertretung vermittels »Gewaltenteilung«.

Das erste Prinzip besagte, daß die einmal vom Volk gewählten Vertreter nun machen können, was sie wollen, ohne auf den Volkssouverän noch weiter Rücksicht nehmen zu müssen. Und das zweite besagte, daß die so schon vom Volk abgehobene Volksvertretung noch dadurch geschwächt wird, daß ihr zwei andere, von ihr unabhängige Gewalten zur Seite gestellt werden: 1. die richterliche Gewalt, für deren Unabhängigkeit in einer Demokratie es gute Gründe gibt, denn es sind ja Mehrheitsbeschlüsse denkbar, die gegen die Menschenrechte verstoßen. Doch die Unabhängigkeit der Justiz lässt sich auch nutzen für eine konservative Politik im oben beschriebenen Sinn: nämlich dann, wenn sie sich der Volksvertretung generell überordnet und in jedem Fall die Entscheidung darüber beansprucht, ob die Volksvertretung überhaupt die Gesetze beschließen durfte, die sie beschlossen hat – womit von der »Volkssouveränität« dann kaum noch etwas übrig bleibt.

Diese richterliche Gewalt konnte bis weit ins 20. Jahrhundert hinein, teilweise bis heute, als gehörig immun gegen Versuchungen von »Volksherrschaft« gelten, weil sie sich sozial in hohem Maße aus den oberen Schichten rekrutierte. Dies gilt auch für die Rechtsgelehrten an den Universitäten.

Zweitens wurde der Volksvertretung die eigenständige Exekutivgewalt gegenübergestellt, die über den staatlichen Macht- und Gewaltapparat verfügt und parlamentarische Kontrollversuche gegenüber Militär, Polizei, Geheimdiensten, hoher Bürokratie usw. abzuwehren trachtet – in den meisten bürgerlichen Demokratien mit großem Erfolg, wie die Erfahrungen der letzten 200 Jahre anschaulich zeigen. Es gibt in der Tat keine parlamentarisch verfasste bürgerliche Gesellschaft, in der das Parlament den Exekutivapparat wirklich unter Kontrolle hat.

Damit ist der Volkssouverän nun schon sehr weitgehend entmachtet. Um ihn ruhig zu halten oder in die gewünschte Richtung zu aktivieren, muß er freilich intensiv und kontinuierlich beeinflußt werden. Diese Aufgabe, bis zum Beginn des 20. Jahrhunderts vor allem von der Kirche, den Universitäten und Schulen besorgt, haben in wachsendem Maße Presse, Rundfunk und Fernsehen übernommen. Soweit sie sich in Privateigentum befinden – und das gilt für den weit überwiegenden Teil –, können auf diese Weise also die oberen Klassen der Bevölkerung ihre Weltsicht und ihre Interessen vermitteln. Der Gipfel dieser von konservativen Interessen geprägten Staatskunst ist freilich erst dann erreicht, wenn es gelingt, die Bevölkerung nicht nur ruhig zu halten, sondern mindestens Teile der Massen dahin zu bringen, daß sie selber lautstark nach dem verlangen, was die oberen Klassen ihnen gern auferlegen würden, daß sie also ihre eigene Entmündigung fordern. Die Begeisterung großer Bevölkerungsmassen für den Krieg 1914 oder nach dem Einmarsch der Wehrmacht in Paris 1940 zeigt, welches Ausmaß an Entfremdung und Verdummung da erreicht werden kann. Heutzutage wird insbesondere von der Boulevardpresse, den Illustrierten und den privaten Fernsehprogrammen tagtäglich anschaulich vorgeführt, welche ungeheuerlichen Verdrehungen der Realität diese Medien leisten müssen, um ihre Ziele zu erreichen. Die Ereignisse von Rostock-Lichtenhagen weisen Elemente solchen »Volkszorns« auf.

Um die Interessen der verschiedenen Klassen und Schichten organisiert ausdrücken und auch zwischen den Wahlen zur Geltung bringen zu können, waren im Laufe der Demokratisierungsbemühungen politische Parteien entstanden. Hier bildete das skizzierte konservative Modell von Staat und Politik eine Kombination von zwei Elementen heraus, um zu verhindern, daß politische Parteien allzu weitgehend zum Ausdruck demokratischer Interessen werden konnten: durch Einflußnahme »von oben« – mittels Finanzierung, Ämtervergabe usw. – wurde angestrebt, die Willensbildung »von unten« in Grenzen zu halten. Zugleich wurde der staatliche Exekutivapparat zusammen mit den ideologischen Apparaten gegen diejenigen politischen Parteien massiv eingesetzt, die sich hier widerspenstig zeigten.

III.

Die hier skizzierten Linien konservativ gerichteter Interessenpolitik haben sich in allen parlamentarisch verfassten bürgerlichen Gesellschaften seit der Französischen Revolution herausgebildet. Sie wurden immer wieder der neuen Lage angepasst und können auch in der Gegenwart – freilich in national sehr unterschiedlichen Ausprägungen – noch allenthalben beobachtet werden. In Deutschland allerdings haben sich Sonderbedingungen entwickelt, die im besonderen Geschichtsverlauf bis hin zum Faschismus ihren Ausdruck fanden und in einigen Elementen auch nach 1945 fortdauerten – teilweise bis zur Gegenwart.

Die herrschenden Kräfte Deutschlands hatten von Anfang an die Prinzipien der radikalen Aufklärer und der Französischen Revolution zurückgewiesen: die Gleichheit der Rechte für alle Menschen, die also universal gerichtet war, und das Prinzip der Volkssouveränität. Noch 130 Jahre lang – bis 1918 – gelang es ihnen, ihre schon seit Jahrhunderten praktizierten Prinzipien der autoritären Herrschaft und der Gehorsamspflicht der Untertanen fortzuführen. Spitzeldienste, Zensur und im Ernstfall das preußische Militär sicherten dieses Herrschaftssystem ab. Während sich in den westeuropäischen Ländern eine schrittweise Öffnung in Richtung Parlamentarisierung und Anerkennung gewisser Partizipationsrechte vollzog, galt dem preußisch-deutschen Militärstaat dies alles als undeutsch und dekadent.

An der Revolution von 1918/19 sind für unsere Fragestellung hauptsächlich zwei Momente, nämlich zwei Defizite wichtig: Die Eliten des alten Systems, die Generäle und Offiziere, die Richter und Staatsanwälte, die Professoren und Bischöfe, die Herren der Industrie- und Bankkonzerne konnten ihre Positionen verteidigen – wenn auch etwas behindert durch die nun durchgesetzte Parlamentarisierung. Zugleich gelang es nicht nur, die realen Machtmittel auf der Rechten zu konzentrieren, sondern auch eine Verfassungsermächtigung zu schaffen, die dem Reichspräsidenten die Macht gab, das Parlament nach Hause zu schicken und das Militär auch gegen die eigene Bevölkerung einzusetzen. Diese Übermacht der Exekutivgewalt hielt den »legalen« Weg zur Abschaffung der Demokratie offen.

1930 wurde dies dann auch in Angriff genommen und 1933 abgeschlossen. Der Bankier Kurt von Schroeder formulierte 1945 zurückblickend in schöner Klarheit: »Die allgemeinen Bestrebungen der Männer der Wirtschaft gingen dahin, einen starken Führer an die Macht kommen zu sehen, der eine Regierung bilden würde, die lange an der Macht bleiben würde«. Also: Endlich Schluß mit den demokratischen Quertreibereien und dem parlamentarischen Firlefanz! Und der Führer der katholischen Zentrumspartei von Papen sah es als eine Bedingung für den Erfolg einer solchen Politik an, »eine Möglichkeit zur Zusammenarbeit der Rechtsparteien zu finden«. Starke Exekutive und Zusammenarbeit der Rechtsparteien – es besteht Anlass, sich diese beiden Prinzipien immer mal wieder ins Gedächtnis zu rufen.

Nach 1945 wurden zunächst radikale Reformen in Angriff genommen, um die neue Demokratie besser und stabiler zu gestalten. Doch die Elemente direkter Demokratie (Volksbegehren, Volksentscheid) und die Elemente sozialer Demokratie (Sozialisierung der Großindustrie), die 1946/47 die Länderverfassungen prägten, tauchten im Grundgesetz 1948/49, als die konservativen Eliten aus Staatsapparat und Wirtschaft, die den Faschismus mitgetragen hatten, sich schon wieder zu konsolidieren begannen, kaum noch auf. Und selbst der feste Entschluß des Grundgesetzes, keine Notstands- und Diktaturermächtigung zuzulassen, hielt nicht lange. Die Bemühungen, diese »Schwäche« zu revidieren, setzten schon in den 50er Jahren ein und wurden dann 1968 gegen den heftigen Widerstand einer breiten Volksbewegung durchgesetzt in Gestalt eines neuen Notstandsgesetzes. Die SPD war nach langem Widerstand bereit, doch mit zu machen. Damit war die Vormacht der Exekutivgewalt, die ohnehin die stärkste Macht in einer parlamentarischen Demokratie darstellt, nun mit dem Mantel der Legalität versehen – auch für Einsätze der härteren Art. Und Schäuble z. B. hat denn auch schon seit Jahren gefordert, daß auch der Einsatz von Militär im Innern, das heißt auch gegen die eigene Bevölkerung – wieder – möglich sein müsse. Kanzlerkandidat Stoiber hat diese Forderung soeben im Juni 2002 bekräftigt.

IV.

Vorgeschichte, Ablauf und Folgen der Ereignisse von Rostock-Lichtenhagen weisen nun, geht man von den recherchierten Indizien von Schmidt aus, eine ganze Reihe jener Merkmale auf, die seit 1789 entwickelt und praktiziert worden sind, um die Konsequenzen von Demokratie möglichst unschädlich zu machen. Konkret legen diese Indizien u.a. die folgenden Schlußfolgerungen nahe:

1) Die Ereignisse von Rostock-Lichtenhagen waren Teil eines strategischen Konzepts der Unionsparteien. Ziel war, das im Grundgesetz ohne Einschränkung garantierte Asylrecht abzuschaffen. Diese Forderung, zunächst von der Partei »Die Republikaner« erhoben und auf der politischen Rechten ziemlich populär, war von den Unionsparteien übernommen worden. Diese Forderung war selbst schon rechtlich nicht ganz unproblematisch, da es sich um ein Grundrecht handelte, welches offensichtlich in seinem Wesensgehalt angetastet werden sollte.

2) Jede Grundgesetzänderung aber verlangt eine Zweidrittel-Mehrheit in Bundestag und Bundesrat. Die aber stand nicht in Aussicht, da die SPD und die GRÜNEN sich auf Ablehnung einer solchen Änderung festgelegt hatten. Und auch die Stimmung in der Bevölkerung war durchaus geteilt. Das Ziel der Unionsparteien mußte also darin bestehen, ein Klima zu schaffen, in welchem sowohl die Stimmung in der Bevölkerung kippte als auch die SPD und die GRÜNEN massiv unter Druck gerieten.

3) Die taktische Durchführung bestand dann im wesentlichen aus drei Elementen:

a) Die Zentrale Aufnahmestelle für Asylbewerber in Rostock-Lichtenhagen wurde derart vollgestopft mit Asylanten, daß nicht nur in deren Lebensbedingungen von Menschenwürde (die nach dem Willen des Grundgesetzes, Art. 1, »unantastbar« sein soll) nicht gesprochen werden konnte, sondern in der Folge auch die deutschen Anwohner schwer zu leiden hatten. Die mit wachsender Dringlichkeit verfassten Eingaben von deutschen Betreuern an die zuständigen Behörden wurden systematisch ignoriert. So wuchs das Aggressionspotential mächtig an.

b) Als rechtsextreme Terrorbanden die Situation nutzten, gaben ihnen die Ordnungskräfte für eine gewisse Zeit und in einem gewissen Maße freie Hand. Der Beifall der von der Misswirtschaft betroffenen Bevölkerung wurde nun als elementarer Ausdruck des Volkszorns präsentiert.

c) Die breite Berichterstattung der Medien im In- und Ausland schien zu demonstrieren, daß »das Volk« nun wirklich genug habe von der Toleranz gegen immer neuen Wellen von Asylbewerbern.

4) Das Manöver zeigte durchschlagenden Erfolg. Die SPD, in der Sorge, sie könnte den Anschluß an die Stimmung der Bevölkerung verlieren, knickte ein und stimmte dann der Verfassungsänderung zu.

5) Gewalttätigkeit und terroristische Aktivitäten der extremen Rechten waren also von den zuständigen Behörden teils gezielt befördert, teils gezielt toleriert worden.

6) Das bedeutet:

a) Die Exekutive hatte ihre Macht gegenüber allen Kontrollinstanzen rigoros durchgesetzt und dabei die Grenzen der Legalität deutlich überschritten.

b) Es gibt maßgebliche Kräfte bei denen, die sich als »Mitte« definieren, die offensichtlich bereit sind, auch Ansätze von Kooperation mit der extremen Rechten ins Auge zu fassen. Und zwar nicht nur zur Nutzung rechtsextremer Potentiale im politisch-ideologischen Sinn, sondern auch zur Akzeptanz (oder gar zur Beförderung) von Ansätzen rechtsextremen Terrors. Die Grenzen zwischen der Mitte und dem rechtsextremen Terror verschwammen. Das ist freilich nichts Neues in der deutschen Geschichte. Das Verhalten von Polizei, Justiz und Reichswehr und auch angesehener Politiker der bürgerlichen Parteien beim Aufstieg der NSDAP liefert dafür anschauliches Material. Dazu paßt auch, daß die zuständige Justiz 10 Jahre brauchte, um die Verfahren gegen die Täter zu einem gewissen Abschluß zu bringen. Und auch die Resultate sprechen für sich: Es gab insgesamt nur drei Gefängnisstrafen und drei weitere auf Bewährung. Drastischer konnte die Justiz ihre Funktion bei diesem ganzen Spektakel kaum darstellen. Exekutivapparat und Justiz haben also – wieder einmal – wirksam zusammengespielt, um das, was Demokratie zu sein hätte, in den Bereich der Lächerlichkeit zu verweisen – wie meistens ohne negative Folgen für sie selber. Statt als Organ der Demokratie präsentierte sich die Staatsgewalt »populistisch« als Vollzugsorgan des Volkszorns.

7) Das Problem für diejenigen, die dies alles inszeniert hatten, bestand nun darin, wie der Öffentlichkeit und den im Einsatz befindlichen und teilweise allein gelassenen Polizeieinheiten irgendwie glaubhaft gemacht werden konnte, daß eine rasche Unterdrückung des Terrors, die allerdings den gewünschten Effekt nicht hätte erzielen können, einfach nicht möglich war. Angebliche Mängel der Koordination, das Versagen einiger Personen und allerlei unglückliche Zufälle sollen den effektiven Polizeieinsatz verhindert haben. Wie dies in der Folge dann bewerkstelligt wurde, schildert das vorliegende Buch sehr anschaulich. Das Verschwinden von wesentlichen Materialien gehörte ebenso dazu wie die Irreführung der betroffenen Polizeieinheiten und ihrer Führungen. So war gewährleistet, daß die folgenden »Untersuchungen« nicht viel Brauchbares zu Tage fördern konnten und der Kern der Sache fast gänzlich verborgen blieb: nämlich die Beteiligung höherer Instanzen auf Landes- und auf Bundesebene, vermutlich also derjenigen Instanzen, die das Ganze geplant und inszeniert hatten.

Sicherlich: Indizien sind keine Beweise im juristischen Sinne. Wenn sich diese Indizien aber dermaßen häufen und bündeln wie im vorliegenden Fall, dann ist es schwerlich möglich, die klar auf der Hand liegenden Schlußfolgerungen nicht zu ziehen.

Dies alles also wird uns in diesem Lande als Demokratie präsentiert. Mit dem deutschen Begriff wollen wir das aber lieber nicht benennen. Das könnte mancherlei Irritationen hervorrufen.

BRAUNBUCH
Kriegs- und Nazi-verbrecher
IN DER BUNDESREPUBLIK UND IN WESTBERLIN
STAAT
WIRTSCHAFT
VERWALTUNG
ARMEE
JUSTIZ
WISSENSCHAFT
REPRINT DER DRITTEN, ERWEITERTEN AUFLAGE

**Detlef Joseph beweist:
Die DDR war weder de jure noch dem Geiste nach Rechtsnachfolger des Dritten Reiches.**

In der DDR gab es einige Hundert Menschen, die im Dritten Reich Funktionen hatten. Die zweite deutsche Republik hielt sich auf ihren Antifaschismus viel zugute. Er war Staatsdoktrin. Daher glaubten jene, die mit dieser DDR abrechneten, dies sei ihr wunder Punkt. Wenn man den Nachweis führe, daß sie gar nicht so antifaschistisch war wie behauptet, dann würde auch der letzte das Unrechtmäßige dieses vermeintlichen Unrechtsstaates sehen. Und deshalb verwies und verweist man auf die angeblich nazistische Herkunft führender Personen in der DDR. Detlef Joseph untersucht die Biographien und das gesellschaftliche Umfeld, in dem diese Menschen handelten – vor 1945 und danach.

217 S., brosch., 12,90 Euro, ISBN 3-360-01031-0

edition ost

ISBN 3-360-01040-X

Rosa-Luxemburg-Straße 39, 10178 Berlin
eMail: verlag@edition-ost.de

Titel: Peperoni Werbeagentur, Berlin
Foto: nordlicht/AP.
Fotos: ZDF-Video, Autor
Satz: edition ost
Druck: Ebner & Spiegel, Ulm

Die Bücher der edition ost erscheinen
in der Eulenspiegel Verlagsgruppe.
www.eulenspiegel-verlag.de